普通高等院校"十三五"规划教材

计量经济学

JILIANG

JINGJIXUE

龚志民　马知遥◎主　编
韩　雷　周亚霆　李惠娟　莫　旋　阳玉香　文红武◎副主编

清华大学出版社
北京

内容简介

作者遵循国际主流教材的思想,以应用为导向,深入浅出地介绍了计量经济学理论及其在经济实践中的应用,涉及简单回归、多元回归、模型函数形式、虚拟变量、模型诊断及模型设定等内容。本书注重理论模型在现实世界中的应用,以丰富且通俗易懂的实例,系统介绍了经典线性回归理论,帮助培养读者的经济学直觉和实证分析能力。

本书是为计量经济学初学者提供的入门教材,适合作为普通高等院校经济类、管理类专业的教材。书中还提供了主要例题的基于 Stata 的实现过程,既适合课堂教学又可供读者自学使用。

本书封面贴有清华大学出版社防伪标签,无标签者不得销售。
版权所有,侵权必究。举报:010-62782989,beiqinquan@tup.tsinghua.edu.cn。

图书在版编目(CIP)数据

计量经济学 / 龚志民,马知遥主编. —北京:清华大学出版社,2017(2024.8重印)
(普通高等院校"十三五"规划教材)
ISBN 978-7-302-47862-1

Ⅰ.①计… Ⅱ.①龚… ②马… Ⅲ.①计量经济学-高等学校-教材 Ⅳ.①F224.0

中国版本图书馆 CIP 数据核字(2017)第 181048 号

责任编辑:刘志彬
封面设计:汉风唐韵
责任校对:王荣静
责任印制:曹婉颖

出版发行:清华大学出版社
网　　址:https://www.tup.com.cn, https://www.wqxuetang.com
地　　址:北京清华大学学研大厦 A 座　　　邮　编:100084
社 总 机:010-62770175　　　邮　购:010-62786544
投稿与读者服务:010-62776969, c-service@tup.tsinghua.edu.cn
质量反馈:010-62772015, zhiliang@tup.tsinghua.edu.cn

印 装 者:北京鑫海金澳胶印有限公司
经　　销:全国新华书店
开　　本:185mm×260mm　　印　张:15.5　　字　数:376 千字
版　　次:2017 年 8 月第 1 版　　印　次:2024 年 8 月第 10 次印刷
定　　价:43.80 元

产品编号:075462-01

前　言

编写本书的初衷是为经济类和管理类专业的本科生写一本难易程度适当的计量经济学教材。"计量经济学"对于大部分学生来说是一门比较难的课程，因为它是一个综合学科，涉及经济学、数理统计等多个学科，统计软件也是必备工具。关键是，计量经济学在实践中的应用往往不是一个"按部就班"的过程，而是一个再创造的过程。作为"计量经济学"的基础，"数理统计"本身就是一门比较难的课程，而且从观测数据解读其背后的形成机制不仅仅是统计学的问题，还涉及经济行为的分析，经济行为的研究并非流水线上的作业，这就是困难所在。因此，"计量经济学"课程的学习要求学生对其原理有透彻的理解，这是在实践中学会"变通"的前提。基于此，我们对本书设定的基本目标是，通俗但不失严谨，基本原理讲解透彻，但尽量避免学生在入门阶段过多地卷入数学与统计学的细节，既便于教师的教学，又便于学生的自学。

为了方便读者，本书所有的数据提供了 Excel、Stata 和 Eviews 三种格式的数据文件，名称为"TableX-Y"，如 Table1-1，表示第 1 章的第 1 个数据文件，数据文件等相关教辅资源可扫码下载。使用本书作为教材的教师也可以通过我们的电子邮箱索取本书的课件与习题答案。

本书由湘潭大学龚志民和马知遥任主编，湘潭大学韩雷、周亚霆，徐州工程学院李惠娟，衡阳师范学院莫旋、阳玉香和湖南工学院文红武任副主编。本书的完成是编写人员共同努力的结果，同时也得到了很多人的帮助。首先要感谢的是仔细阅读本书初稿的研究生，他们是杜素珍、汤启蓉、余龙、蒋小佳、张雯、肖调军、虢超和屈沙，正是他们细致的工作避免了很多错误。杜素珍、汤启蓉和余龙完成了大部分章节的习题，刘林志、张振环、吴雄和吴冰玉完成了增补习题的解答。限于水平，我们呈现的教材可能仍然有许多不尽如人意的地方，真诚地欢迎读者提供真知灼见。建议与批评均可通过邮箱 gzm@xtu.edu.cn 或 mazyao@xtu.edu.cn 告知我们，我们将不胜感激。本书的出版得到了湘潭大学教务处和湘潭大学商学院的支持，在此一并致谢。

编者

2017 年 8 月

目　录

第一部分　基本模型

第1章　导论　3
- 1.1　计量经济学的定义　3
- 1.2　计量经济学如何解决问题　4
- 1.3　数据类型　5
- 1.4　本书的结构安排　8
- 1.5　本书的习题和附录　9
- 思考与练习　9

第2章　线性回归模型的基本思想与最小二乘法　10
- 2.1　回归的含义　10
- 2.2　总体回归函数与样本回归函数　11
- 2.3　样本回归函数的计算与最小二乘法　13
- 2.4　拟合优度　16
- 2.5　一个例子　17
- 本章小结　17
- 思考与练习　17
- 本章附录　19

第3章　一元经典线性回归模型的基本假设与检验　21
- 3.1　经典线性回归模型的基本假设与高斯—马尔可夫定理　22
- 3.2　OLS估计量的精度　25
- 3.3　OLS估计量的抽样分布　26
- 3.4　假设检验　27
- 3.5　显著性水平　29
- 3.6　估计量的一致性　30
- 3.7　置信区间　31
- 3.8　CLRM假设的再审查：正态性检验　32

3.9 一个实例 ………………………………………………………… 34
3.10 统计软件应用于回归分析：菲利普斯曲线 ……………………… 36
3.11 "参数线性"的一个说明 ………………………………………… 37
本章小结 ……………………………………………………………… 38
思考与练习 …………………………………………………………… 38
本章附录 ……………………………………………………………… 40

第4章 多元线性回归模型的估计与假设检验 43

4.1 一个例子：偏回归系数的解释 …………………………………… 43
4.2 多元回归分析的 OLS 估计量 …………………………………… 44
4.3 CLRM 的假设与估计量的性质 …………………………………… 46
4.4 拟合优度 …………………………………………………………… 48
4.5 多元回归的假设检验 ……………………………………………… 48
4.6 显著性检验 ………………………………………………………… 49
4.7 置信区间 …………………………………………………………… 50
4.8 校正拟合优度（判定系数） ……………………………………… 51
4.9 联合检验与受限最小二乘 ………………………………………… 52
4.10 设定偏差与解释变量的增减 …………………………………… 55
4.11 综合实例 ………………………………………………………… 55
本章小结 ……………………………………………………………… 61
思考与练习 …………………………………………………………… 62
本章附录 ……………………………………………………………… 65

第5章 多重共线性 68

5.1 完全多重共线性 …………………………………………………… 68
5.2 近似或不完全多重共线性 ………………………………………… 70
5.3 多重共线性可能的来源 …………………………………………… 71
5.4 多重共线性带来的后果 …………………………………………… 72
5.5 多重共线性的诊断 ………………………………………………… 73
5.6 处理多重共线性的一些方法 ……………………………………… 75
本章小结 ……………………………………………………………… 79
思考与练习 …………………………………………………………… 79
本章附录 ……………………………………………………………… 81

第二部分 模型拓展

第 6 章 回归模型的函数形式　　85

- 6.1 线性回归的含义 …………………………………… 85
- 6.2 对数模型 …………………………………………… 86
- 6.3 多项式回归模型 …………………………………… 97
- 6.4 度量单位与回归结果 ……………………………… 101
- 6.5 标准化变量的回归 ………………………………… 102
- 本章小结 ……………………………………………… 104
- 思考与练习 …………………………………………… 104
- 本章附录 ……………………………………………… 107

第 7 章 虚拟变量　　110

- 7.1 虚拟变量及数据处理 ……………………………… 110
- 7.2 虚拟变量在回归模型中的作用 …………………… 114
- 7.3 虚拟变量的应用举例 ……………………………… 120
- 本章小结 ……………………………………………… 126
- 思考与练习 …………………………………………… 126
- 本章附录 ……………………………………………… 128

第 8 章 异方差　　130

- 8.1 异方差的性质 ……………………………………… 130
- 8.2 异方差性对 OLS 估计量的影响 …………………… 132
- 8.3 异方差性的检验 …………………………………… 134
- 8.4 异方差问题的处理 ………………………………… 141
- 本章小结 ……………………………………………… 146
- 思考与练习 …………………………………………… 146
- 本章附录 ……………………………………………… 147

第 9 章 自相关　　149

- 9.1 自相关的性质 ……………………………………… 149
- 9.2 自相关性对 OLS 估计量的影响 …………………… 151
- 9.3 自相关性的检验 …………………………………… 152
- 9.4 自相关问题的处理 ………………………………… 157
- 本章小结 ……………………………………………… 161
- 思考与练习 …………………………………………… 162

第 10 章　模型设定与实践　　163

10.1　模型选择的原则与指标 …………………………………………… 164
10.2　模型设定误差的类型 ……………………………………………… 166
10.3　模型设定误差的诊断 ……………………………………………… 167
10.4　嵌套模型与非嵌套模型 …………………………………………… 172
10.5　非嵌套模型的选择 ………………………………………………… 172
10.6　综合应用 …………………………………………………………… 176
本章小结 …………………………………………………………………… 179
思考与练习 ………………………………………………………………… 179

附　录　　183

附录1　主要例题的 Stata 操作 …………………………………………… 183
附录2　Stata 命令汇总表 ………………………………………………… 213
附录3　标准正态分布的累积概率 ………………………………………… 216
附录4　t 分布的临界值 …………………………………………………… 219
附录5　F 分布的 10% 上端临界值 ……………………………………… 221
附录6　F 分布的 5% 上端临界值 ………………………………………… 224
附录7　F 分布的 1% 上端临界值 ………………………………………… 226
附录8　χ^2 分布的上端临界值 …………………………………………… 228
附录9　DW 检验：5% 显著性水平下 d_L 和 d_U 的临界值（单侧检验）…… 230

参考文献 …………………………………………………………………… 239

第一部分 基本模型

第一部分包括5章内容，主要介绍计量经济学的基本模型：经典线性回归模型。

第1章是导论部分，对计量经济学的研究对象和研究范式做了简要的介绍，对学科本身及其相关学科的内涵做了说明，对本课程常用的几个数据类型做了基本分析。

第2章通过双变量模型阐述了线性回归模型的基本思想，重点讨论了总体回归函数和样本回归函数的概念，介绍了计量经济学常用的参数估计方法——最小二乘法。区分总体回归函数和样本回归函数有助于理解假设检验的基本思路。

第3章讨论假设检验，阐述了经典线性回归模型的基本假设及其目的：从样本"窥察"总体，保证样本估计量有优良的统计性质。经典线性回归模型是回归分析的起点和基础。

第4章把双变量模型的基本思想推广到多元回归模型，说明了推广的必要性和重要性，介绍了瓦尔德检验基本方法和受限最小二乘法的基本思想。

第5章讨论多重共线性的问题，以及克服或减轻多重共线性的基本方法。多重共线性是实践中常见的问题，虽然多重共线性并没有破坏经典线性回归模型的基本假设，但它会导致参数估计的精度下降，假设检验的结论的可靠性将会降低。

第1章 导论

1.1 计量经济学的定义

萨缪尔森对计量经济学的定义是[①]，数理统计应用于经济数据以获得数理模型的经验支持并获得数值估计，数理模型是利用数理经济学方法构建的经济模型。从某种意义上说，计量经济学是从数理统计分离出来的，已逐渐演化成一门独立的学科。独立性是基于以下几个方面的原因。

（1）计量经济学作为经济学的一个分支，强调定量研究，为经济理论提供经验内容，这是它独立于经济学或成为经济学独立学科的显著标志。[②]

（2）计量经济学不是数理统计学的简单应用。经济学研究中涉及的数据往往是非实验数据，这与自然科学研究中的实验数据有重要的差别，后者通常是在实验环境中获得的。在经济学中要获得实验数据是非常困难的，或者代价高昂，或者控制实验违反道德准则。数理统计学的一般原理和方法往往只适用于实验数据，即在可控条件下获得的数据不能直接应用于非实验数据。非实验数据又称观察数据，以强调研究者只是数据的被动收集者，数据不是在可控实验环境下得到的，不满足数理统计学原理直接应用的条件。因此，数理统计方法应用于经济学（包括其他社会科学）分析时，数据往往需要进行特别处理，甚至原理方法也有一个再创造的过程。

（3）计量经济学不同于数理经济学，后者用数学形式表述经济理论，但并不关心理论的可度量性及其经验验证。

（4）经济统计学的主要任务是对经济数据的收集和加工，并以图、表等各种形式展现经济发展现状。这些数据是计量经济学的原始素材，但经济统计学的工作到此为止。经济统计不涉及经济理论的探索和经济变量之间关系的研究，否则就进入了计量经济学的

[①] Samuelson et al., 1954, pp. 141-146; Samuelson P. A. Koopmans T. C and Stone J. R. N. (1954). Report to the evaluative committee for Econometrica. Econometrica, 22, 141-146.

[②] Johnston: The basic task of econometrics "is to put empirical flesh and blood on theoretical structure". Econometric Methods 3rd edn. Singapore: McGraw-Hill(By Johnston J.), 1985.

范畴。

通俗地说，计量经济学是利用经济学理论、数学、数理统计学方法、计算机工具和统计软件研究经济学问题的一门学科。这表明计量经济学涉及多个学科，但它仍然是经济学的一个分支，因为它的任务是研究经济学的问题。从方法论的角度来看，数理统计是它最基本的基础。

1.2 计量经济学如何解决问题

在某种意义上说，萨缪尔森给出的定义说明了计量经济学的内涵与解决问题的方法。经济理论的重要内容之一是探讨经济变量之间的各种关系，例如，需求曲线、生产函数和消费函数等就是对经济变量之间的关系的描述。与此相对照，计量经济学关心的问题如下：

（1）测量这种关系，并估计所涉及的参数；
（2）检验这种关系背后的经济理论；
（3）利用这种关系进行预测。

更具体地说，计量经济学利用经济数据和统计推断把数理经济学方程变为定量的形式。数理经济学是利用数学工具描述经济学的理论与方法，它能保证前提条件到结论之间的演绎的严谨性，但本质上，它对变量之间的关系的刻画仍是定性的。我们用一个例子来说明。货币理论认为货币总需求 M 取决于国民收入 Y 与利率 r，即

$$M = f(Y, r) \tag{1.1}$$

我们注意到，该理论认定 M 与 Y 之间的关系与一般价格水平无关。该理论还认为，国民收入上升将导致货币需求增加，而利率上升则导致货币需求下降。如果把该理论应用于实践，有很多问题需要进一步澄清。

（1）它没有告诉我们如何定义相关变量。例如，采用"狭义"的货币还是"广义"的货币？国民收入如何界定？哪个利率能最好地反映货币的持有成本？

（2）从一般理论我们得不出式（1.1）的确切函数形式，它可能具有线性形式

$$M = \alpha + \beta Y + \theta r \quad \beta > 0, \ \theta < 0 \tag{1.2}$$

也可能具有常数—弹性形式：

$$M = AY^\beta r^\theta \quad \beta > 0, \ \theta < 0 \tag{1.3}$$

并且有很多其他的非线性函数同样满足理论的约束条件。

（3）理论仅仅提供了 Y 和 r 如何影响货币需求的定性信息。例如，假设规模变量[①] Y 增加5%，理论仅仅告诉我们货币需求会增加，但不能告诉我们增加的幅度，即它没有提供数量信息。然而，数量信息往往不可或缺，例如式（1.3）中的弹性 β 和 θ 对于政府的决策具有重要意义。

（4）理论一般针对长期情形，即它告诉我们均衡情形下的结论。例如，市场达到均衡时，可认为货币供给和需求相等，这时把货币的供给当作需求是合理的，但货币市场很少

---

① 规模变量是指货币需求函数中决定货币需求规模的变量，这类变量主要有财富和收入两种。

达到均衡。非均衡情形下,把观察到的货币供给当作式(1.1)、式(1.2)和式(1.3)中的货币需求是否合理?更一般地说,经济理论对于如何从一个均衡变到另一个均衡很少提供见解,即理论很少描述调整过程,然而,经济数据往往是在调整过程中而非连续均衡情形下观察到的。

某种程度上,计量经济学家需要回答以下问题。例如,我们希望得到式(1.2)和式(1.3)中参数的数值估计,还需要检验理论的某些预测。又如,根据货币理论,形如式(1.1)的货币需求函数独立于一般价格水平。计量经济学检验该理论预测的方法是扩展式(1.2)或式(1.3),使之包含可能的价格效应,例如,把式(1.2)扩展为

$$M = \alpha + \beta Y + \theta r + \delta P \quad \beta > 0, \theta < 0 \tag{1.4}$$

式中,P 是一般价格水平。如果 $\delta = 0$,一般价格水平对货币需求没有影响。像 β、θ 一样,δ 的估计可以通过统计方法得到。如果证实它显著异于零,则理论的预测被否决。

到现在为止,我们的模型(方程)都默认变量之间的关系是精确的,但这与现实不符,经济人行为固有的随机性和未来的不确定性使社会或经济变量是不可能完全被预测的。于是,我们需要加上一个随机扰动项,把式(1.2)写成

$$M = \alpha + \beta Y + \theta r + u \tag{1.5}$$

式中,u 是扰动项,可正可负。增加扰动项之后,式(1.5)表明,Y 和 r 给定之后,货币需求 M 也不能完全确定。式(1.5)中扰动项的存在也意味着我们很难得到参数 α、β、θ 的精确估计,所以只能利用统计技术得到参数的估计值,这种估计不可能是精确的。

另一个例子是劳动力参与率的影响因素分析。劳动参与率是指经济活动人口(包括就业者和失业者)占劳动年龄人口的比率。根据经济学理论和各国的经验,劳动参与率反映了潜在劳动者个人对于工作收入与闲暇的选择偏好,它一方面受个人保留工资、家庭收入规模、性别、年龄等因素的影响;另一方面受社会保障的覆盖率和水平、劳动力市场状况等社会宏观经济形势的影响[①]。如果我们关心失业率对参与率的影响,这就是一个实证问题,计量经济学就可以派上用场。根据经济学理论,经济形势对人们工作愿望的影响有两种完全相反的效应:其一是受挫—工人效应,即经济形势恶化(表现为较高的失业率)时,一部分失业工人将放弃寻找工作并退出劳动力市场;其二是增加—工人效应,即当经济形势恶化时,未曾工作的后备工人(如家庭主妇)可能会由于养家的人失去工作而决定进入劳动力市场,以补贴家用。两种效应的大小比较不是一个理论问题,只能依靠定量分析,这正是计量经济学的用处。工资水平对劳动力参与率的影响也有两种相反的效应:收入效应和替代效应(把闲暇作为一种商品),两种效应的比较也需要借助计量经济学的方法来实现。

1.3 数据类型

经济数据有各种类型。尽管计量经济学方法可以直接应用于很多数据集,但对于某些

---

① 有一种算法是,劳动力参与率 = $\dfrac{\text{有工作人数} + \text{目前正在找工作人数}}{16 \text{岁以上人口}} \times 100\%$。

类型的数据集，需要做一些特别的分析和处理才能加以使用，这也是计量分析的重要组成部分。下面介绍几类常见的数据类型。

1.3.1 截面数据

截面数据(cross-section data)又称横截面数据，是指一个变量或多个变量在某个时点的数据集，即在同一个时点观察多个对象的某个属性或变量取值。例如，2015年我国部分省市的GDP数据构成一个截面数据，如表1-1所示。

表1-1　2015年我国部分省市GDP[①]　　　　　　　　　　单位：亿元

省市	GDP	省市	GDP	省市	GDP	省市	GDP
北京	22 968.6	上海	24 964.99	湖北	29 550.19	云南	13 717.88
天津	16 538.19	江苏	70 116	湖南	29 047.2	西藏	1 026.39
河北	29 806.1	浙江	42 886	广东	72 812.55	陕西	18 171.86
山西	12 802.58	安徽	22 005.6	广西	16 803.12	甘肃	6 790.32
内蒙古	18 032.79	福建	25 979.82	海南	3 702.8	青海	2 417.05
辽宁	28 700	江西	16 723.8	重庆	15 719.72	宁夏	2 911.77
吉林	14 274.11	山东	63 002.3	四川	30 103.1	新疆	9 324.8
黑龙江	15 083.7	河南	37 010.25	贵州	10 502.56		

1.3.2 时间序列数据

时间序列数据(time series data)是指对一个或几个变量跨期观察得到的数据，即按固定的时间间隔观察某个对象的属性或变量的取值。例如，1986—2015年我国国内生产总值构成一个时间序列，如表1-2所示。

表1-2　1986—2015年我国国内生产总值(以支出法计算)[②]　　单位：亿元

年份	国内生产总值	年份	国内生产总值	年份	国内生产总值
1986	10 376.2	1993	35 673.2	2000	100 280.1
1987	12 174.6	1994	48 637.5	2001	110 863.1
1988	15 180.4	1995	61 339.9	2002	121 717.4
1989	17 179.7	1996	71 813.6	2003	137 422
1990	18 872.9	1997	79 715	2004	161 840.2
1991	22 005.6	1998	85 195.5	2005	187 318.9
1992	27 194.5	1999	90 564.4	2006	219 438.5

[①] 见数据文件Table1-1，数据来源：国泰安数据库。
[②] 见数据文件Table1-2，数据来源：国泰安数据库。

续表

年份	国内生产总值	年份	国内生产总值	年份	国内生产总值
2007	270 232.3	2010	413 030.3	2013	595 244.4
2008	319 515.5	2011	489 300.6	2014	643 974
2009	349 081.4	2012	540 367.4	2015	689 052

1.3.3 合并截面数据

在不同时点截面数据的合并称为合并截面数据(pooled cross-sections)。不同时点的截面单位可以不同,即不同时点抽取的样本不必相同。例如,进行两次家庭收入调查,2005年抽取一个随机样本,2010年再抽取一个新的家庭样本,调查数据如表1-3所示。

表1-3 不同时间不同样本家庭的收入　　　　　单位:元

家庭号码	2005 年	家庭号码	2010 年
1	51 389	101	49 170
2	92 245	102	58 960
3	20 394	103	129 220
4	320 086	104	155 270
…	…	…	…
100	184 572	300	201 060

为了增加样本容量,可把两年的数据合并,得到合并截面数据。在分析政策效应时,合并截面数据常常是一个有效的方法。具体做法是分别收集政策改变前后的两个截面数据。

1.3.4 面板数据

面板数据(panel data)也称纵列数据,是对若干固定对象的属性或变量值跟踪观察而得的数据,跟踪观察一般是按固定时间间隔的跨期观察。面板数据与合并截面数据的差别是,在跨期观察中前者的截面单位是固定不变的,每个截面单位被跟踪调查,但后者的截面单位是可变的。对于面板数据而言,截面单位固定时,对应的是时间序列;考察的时点固定时,对应的是截面数据。例如,我国部分省市2010年、2011年和2015年的GDP数据构成面板数据,如表1-4所示。

表1-4 我国部分省市 2010 年、2011 年和 2015 年的 GDP 数据[①]　　　单位:亿元

省市	2010 年 GDP	2011 年 GDP	2015 年 GDP
北京	14 113.58	16 382.42	22 968.6

---

① 见数据文件 Table1-1,数据来源:国泰安数据库。

续表

省市	2010 年 GDP	2011 年 GDP	2015 年 GDP
天津	9 224.46	11 180.87	16 538.19
河北	20 394.26	24 674.26	29 806.1
山西	9 200.86	11 235.10	12 802.58
内蒙古	11 672.00	11 517.81	18 032.79
辽宁	18 457.27	22 530.00	28 700
吉林	8 667.58	10 475.20	14 274.11
黑龙江	10 368.60	14 318.73	15 083.7
上海	17 165.98	19 731.64	24 964.99
江苏	41 425.48	48 604.15	70 116
浙江	27 722.31	32 000.44	42 886
安徽	12 359.33	15 308.00	22 005.6
…	…	…	…

1.4 本书的结构安排

本书包括两个部分。

第一部分讨论计量经济学的基础——经典线性回归模型（CLRM）。正确理解 CLRM 的条件和结论、思想和方法对于进一步的学习和研究具有至关重要的作用。特别提醒读者，应注意对总体回归函数和样本回归函数的理解。建议在第一部分的教学中适当放慢进度。

第二部分讨论模型的扩展与应用。第一部分首先讨论 CLRM 固然有先易后难的考量，但更重要的是，CLRM 是一个参照，提供对问题本质的洞察，使得我们有可能把更复杂的问题化解为可控的"标准"问题。所以，第二部分讨论 CLRM 的假设条件不满足时如何"化解或腾挪"的问题，并进一步讨论更具有综合性也是更难的问题——模型选择问题。

本书主要用于本科"计量经济学"课程的教学。对于初学者来说，"计量经济学"是一门较难的学科，这或许是因为该学科分析问题的逻辑与思路需要数理统计的基础，但限于时间，不能专门讲解相关基础。因此，我们力图在计量经济学的理论阐述与实践教学之间取得平衡，用简洁、通俗的语言讨论所涉及的统计学原理，以避免读者在入门阶段不必要地卷入复杂的数学和统计学的细节，目的是使学生更多地关注计量经济学的方法和原理，并应用于实践。应当声明，线性代数、统计学等相关数学基础对于计量经济学的进一步深入学习和研究是必须的，透彻地理解计量经济学的基本原理是在实践中学会"变通"的前提。毕竟，计量经济学不是"傻瓜"式软件，更不是"公式套用"，在解决问题的过程中，需要创造性地使用相应的原理和方法。

计量经济学的生命力源于计算机技术的飞速发展，正是各种统计软件的强大功能使得计量经济学的价值得以体现。熟练掌握一至两门统计软件的使用对于该课程的学习不仅是必须的，而且能使我们更轻松地学习和理解计量经济学的原理和方法。本书的统计输出结果主要由 Eviews 和 Stata 两种统计软件得到，偶尔也用到 Excel 和 MatLab 进行辅助计算或作图。

1.5 本书的习题和附录

每章后面附有思考与练习，以帮助读者更好地理解基本概念并把握每章的要点。比较难的习题用"＊"标示，供有兴趣的读者做更深入的思考。有些习题用"＊＊"标示，表示需要通过计算机的辅助才能完成，这对于计量经济学的应用是不可或缺的环节。

为了使基本原理的叙述更加简洁和通俗，比较复杂的公式推导和说明放在附录中，供读者参考。

思考与练习

1.1 说明什么是横截面数据、时间序列数据、合并截面数据和面板数据。

1.2 你如何理解计量经济学？

1.3 数据文件 Table1-3 给出了中国 1952—2015 年 GDP 和消费支出的数据，尝试对消费和收入的关系做出描述，从中你有什么发现？

第 2 章
线性回归模型的基本思想与最小二乘法

探讨经济变量之间的关系是经济学研究的基本任务，但计量经济学不是定性层面的探讨，而是致力于变量之间数量关系或定量关系的研究。回归分析就是十分常见和有效的定量分析方法。

2.1 回归的含义

回归分析就是研究一个变量(称为因变量)对另外一个或多个自变量的依赖关系，旨在用自变量的给定值，去估计和预测因变量的均值[①]。一个可操作性的定义可以帮助我们更好地理解回归分析的本质：把因变量的均值(数学期望)表示成自变量的函数。本章讨论只有一个自变量的一元回归模型，用 X 和 Y 分别表示自变量和因变量，则回归模型可以表述为

$$E(Y \mid X) = f(X)$$

式中，等号左边是因变量 Y 对于给定自变量 X 的条件均值(数学期望)。最简单的情形是，f 是线性函数：$f(X) = \beta_1 + \beta_2 X$，此时回归模型表示为

$$E(Y \mid X) = \beta_1 + \beta_2 X \tag{2.1}$$

通俗地说，因变量不能完全由自变量的值确定，但因变量的条件均值由自变量确定。事实上，经济变量之间很少存在函数关系，这是由人类行为固有的随机性决定的，此外，影响经济运行的社会和自然环境也充满了随机性的变化。换句话说，对于任意给定的自变量，我们仅能确定因变量"扰动"的"中心"。对于某个特定的观察对象，对应的因变量等于由自变量决定的"扰动中心"加上一个随机性的"扰动"。于是，通常把式(2.1)写成

$$Y = \beta_1 + \beta_2 X + u = E(Y \mid X) + u \tag{2.2}$$

---

① 古扎拉蒂. 计量经济学基础(上册)[M]. 5 版. 北京：中国人民大学出版社，2011：16。

式中，u 是随机误差项或随机扰动项。用数学的术语来说，u 是随机变量，均值为 0。

更简单地说，回归分析的本质是把因变量的条件均值表示成自变量的线性函数，并以此为基础，用自变量的变化解释因变量（条件均值）的变化。因此，在计量分析中自变量一般被称为解释变量，因变量被称为被解释变量[①]。但这里的"线性"有更宽泛的含义，通过变量的变换，回归分析可以处理很多非线性的变量关系。更详细的讨论参见第 6 章。

2.2 总体回归函数与样本回归函数

回归分析的目的是揭示变量之间的关系，我们通过构建回归方程实现这一目标。如果我们构建的回归方程准确地描述了某种状态下或某个范围内变量之间客观存在的关系，则称为总体回归函数（population regression function）[②]。"总体"是"全局"相对于"样本"而言，强调它不是由某个样本数据计算得出的结果，而是对整体属性的表达。更重要的内涵是，它强调"客观存在性"，即尽管认识是"有限"的，但变量之间的关联是客观存在的，并能用回归模型描述。但真实的世界往往难以穷尽，只能逐步"接近"，因此"总体回归函数"的潜在含义是，它常常只能通过观察去"近似"。式（2.1）和式（2.2）就是总体回归函数，式中的系数称为总体参数，它们很难通过有限次的观察获其精确值，只能通过样本数据来近似计算或对其性质进行推断。顾名思义，利用样本数据得到的总体函数的近似表达就是样本回归函数。

下面以消费函数为例来说明。为了考察消费支出与工资收入的关系，我们从某地区随机抽查 26 个家庭，获得工资收入和消费支出的相关数据，这些数据构成一个样本，如表 2-1 所示[③]。这些数据也可以用包含 26 个点的散点图来表示（每个家庭的工资收入和消费支出构成平面上的一个点），如图 2-1 所示。

表 2-1　26 个家庭的工资收入和消费支出[④]　　　　　　　　单位：元

家庭	工资收入	消费支出	家庭	工资收入	消费支出
1	15 690	8 736	7	13 719	21 912
2	23 532	11 232	8	36 705	24 672
3	26 628	13 728	9	42 672	27 480
4	16 224	16 224	10	25 866	29 016
5	33 432	17 832	11	52 350	32 400
6	31 572	20 760	12	55 560	34 560

---

① 自变量又称回归元，因变量又称回归子。
② 更确切地说，总体回归函数正确描述了自变量与因变量的均值之间的函数关系。
③ 我们暂且把工资收入视为家庭的全部收入。
④ 见数据文件 Table2-1。

续表

家庭	工资收入	消费支出	家庭	工资收入	消费支出
13	33 540	37 440	20	71 160	56 160
14	64 380	41 688	21	54 540	60 240
15	43 380	43 680	22	111 900	62 400
16	52 308	47 808	23	57 480	69 480
17	64 620	49 920	24	74 136	71 136
18	84 792	52 272	25	80 880	74 880
19	56 568	53 568	26	89 870	76 970

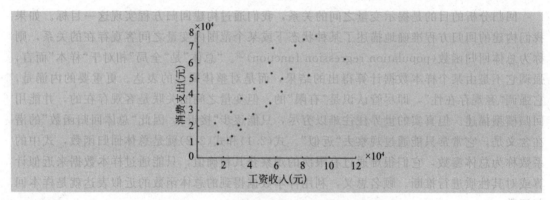

图 2-1 26 个家庭的工资收入和消费支出散点图

下面建立模型来刻画消费支出与收入之间的数量关系。根据凯恩斯的绝对收入假说，居民消费取决于绝对收入水平，消费支出增加量小于收入增加量，即边际消费倾向小于 1。基于此，我们假设消费支出 Y 与收入 X 之间服从如下关系：

$$Y = \beta_1 + \beta_2 X + u \tag{2.3}$$

这与式(2.2)相同，但其中的解释变量 X 和被解释变量 Y 被赋予了具体的内容：收入和消费支出。这里的收入用工资收入来代替，第 4 章的讨论中再考虑非工资收入。模型的设定意味着我们承认如下假设：它正确地描述了该地区居民消费支出与收入之间的关系，这就是所谓的总体回归函数。现在，对随机表达式(2.3)中的误差项 u 可以做出更明确的说明。首先，它代表收入以外的所有其他因素对消费的影响。当然，这里我们隐含地假设收入以外的其他各种因素的影响是微不足道的，收入才是最基本、最重要的因素。说得确切一点，收入以外的其他因素对消费的影响都是随机的。[①] 即使收入是唯一重要的影响因素，任何一个家庭的消费支出也不能由其收入完全确定，人类行为固有的随机性是不能排除的。因此，扰动项 u 包含了人类行为不可预测的随机扰动。我们设想，收入和消费支出（均值）之间的关系如图 2-2 中直线所示，称为总体回归线（population regression line，PRL）。

---

① 如果还有其他变量的影响，应加入到模型中，这就变成了多元回归，具体参见第 4 章。

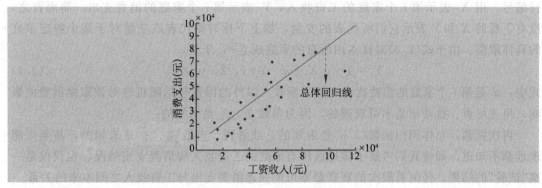

图 2-2　总体回归线

在实践中，总体回归函数通常是未知的，即图 2-2 中总体回归线的截距与斜率是未知的，这正是我们探索的目标。既然总体回归函数恰当地描述了消费和收入之间的关系，如果 26 个样本点具有较好的代表性，它们应"集聚"在总体回归线附近的两侧，或者说总体回归线"靠近"这些点，如图 2-2 所示。显然，从样本点无法确定总体回归线。按某种"标准"①，最"靠近" 26 个样本点的直线称为样本回归线（sample regression line，SRL），如图 2-3 中虚线所示。对应的函数称为样本回归函数（sample regression function，SRF）。我们有理由把样本回归函数作为总体回归函数的近似，但一般不等于总体回归函数，毕竟一个样本仅仅是有限次观察的结果。

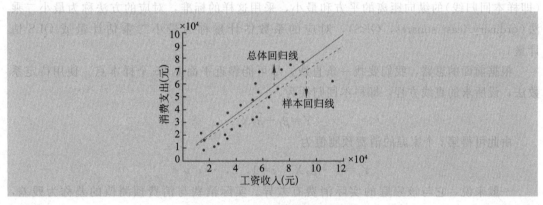

图 2-3　总体回归线和样本回归线

2.3　样本回归函数的计算与最小二乘法

目前为止，我们一直用 X 和 Y 表示解释变量和被解释变量，在上述具体问题中，分别代表工资收入和消费支出。假设 n 是样本容量（当前的例子中 $n=26$），把家庭从 $1 \sim n$ 进

---

① 下一节讨论最常用的一个标准：纵向距离平方和最小，相应的方法称为最小二乘法。

行编号。用 X_i 表示第 i 个家庭的工资收入,Y_i 表示第 i 个家庭的消费支出。简而言之,没有下标的 X 和 Y 表示它们所代表的变量,加上下标时则代表该变量对于某个特定家庭的具体取值。由于式(2.3)对样本内所有的家庭成立[①],于是,

$$Y_i = \beta_1 + \beta_2 X_i + u_i \quad i = 1, 2, \cdots, n \tag{2.4}$$

式中,u_i 是第 i 个家庭的消费扰动,即工资收入以外的因素包括随机性对该家庭消费的影响,可正可负。扰动项是不可观测的,因为参数 β_1、β_2 是未知的。

再次强调,总体回归函数(2.3)是未知的,或者说,参数 β_1、β_2 是未知的,甚至可能永远都不知道。即使我们考察了该地区所有家庭的工资收入和消费支出情况,也仅仅是一次"试验"的结果。任何有限次的观察都不可能获悉消费支出与工资收入之间本来的关系。

但我们可以利用包含 26 个家庭消费支出与工资收入数据的样本计算总体回归函数的"近似"表示,即对参数 β_1、β_2 进行估计。思路很简单,如果式(2.2)是总体回归函数,那么 26 个样本点应该分布在总体回归线 $Y = \beta_1 + \beta_2 X$ 的"附近"。很自然,我们希望寻找一条直线,"尽可能靠近"所获取的 26 个样本点("尽可能靠近"有多种标准,暂且搁置不论)。按某种标准,找到的这条直线称为样本回归线,对应的函数称为样本回归函数。不难理解,对于不同的样本,其样本回归线一般是不同的,这就提出了一个问题:如何判断样本回归函数是否能作为总体回归函数较好的"近似"?于是,得到样本回归函数之后,还必须对总体回归函数或对其系数的特征进行"统计推断"。

回过头来,再论"尽可能靠近"的标准。最常用的一个标准是所有样本点与待定直线(即样本回归线)的纵向距离的平方和最小,采用这样的标准,对应的方法称为最小二乘法(ordinary least squares,OLS),对应的系数估计量称为最小二乘估计量或 OLS 估计量。

根据前面的思路,我们要找一条直线,尽可能靠近平面上 26 个样本点。使用待定系数法,设所求的直线方程,即样本回归线为

$$Y = \hat{\beta}_1 + \hat{\beta}_2 X$$

由此可得第 i 个家庭的消费预测值为

$$\hat{Y}_i = \hat{\beta}_1 + \hat{\beta}_2 X_i \quad i = 1, 2, \cdots, n$$

一般来说,它与该家庭的实际消费有差异。实际消费与消费预测值的差称为残差,记为

$$\hat{u}_i = Y_i - \hat{Y}_i = Y_i - \hat{\beta}_1 - \hat{\beta}_2 X_i$$

其绝对值就是样本点 (X_i, Y_i) 与样本回归线的纵向距离,如图 2-4 所示,即

$$|Y_i - \hat{Y}_i| = |Y_i - \hat{\beta}_1 - \hat{\beta}_2 X_i|$$

我们要求纵向距离的平方和最小,等价于残差的平方和最小,即

$$S = \sum_{i=1}^{n} (Y_i - \hat{\beta}_1 - \hat{\beta}_2 X_i)^2$$

最小。为此,分别对参数估计量 $\hat{\beta}_1$、$\hat{\beta}_2$ 求偏导,并令其为 0,得到

[①] 实际上对考察地区所有家庭成立。

$$\frac{\partial S}{\partial \hat{\beta}_1} = 2\sum_{i=1}^{n}(Y_i - \hat{\beta}_1 - \hat{\beta}_2 X_i)(-1) = 0 \tag{2.5}$$

$$\frac{\partial S}{\partial \hat{\beta}_2} = 2\sum_{i=1}^{n}(Y_i - \hat{\beta}_1 - \hat{\beta}_2 X_i)(-X_i) = 0 \tag{2.6}$$

式(2.5)和式(2.6)称为正规方程(normal equations)，求解关于 $\hat{\beta}_1$、$\hat{\beta}_2$ 的方程组得到[①]

$$\hat{\beta}_2 = \frac{\sum X_i Y_i - (1/n)\sum X_i \sum Y_i}{\sum X_i^2 - (1/n)(\sum X_i)^2}, \quad \hat{\beta}_1 = \overline{Y} - \hat{\beta}_2 \overline{X}$$

式中，$\overline{X} = \dfrac{\sum_{i=1}^{n} X_i}{n}$，$\overline{Y} = \dfrac{\sum_{i=1}^{n} Y_i}{n}$。通常把系数估计量表示为

$$\hat{\beta}_2 = \frac{\sum_{i=1}^{n} x_i y_i}{\sum_{i=1}^{n} x_i^2}, \quad \hat{\beta}_1 = \overline{Y} - \hat{\beta}_2 \overline{X} \tag{2.7}$$

式中，$x_i = X_i - \overline{X}$，$y_i = Y_i - \overline{Y}$ 称为变量的离差形式。

根据26个家庭的样本数据，计算得到 $\hat{\beta}_2 = 0.7081$，$\hat{\beta}_1 = 4848.26$，从而得到样本回归函数为

$$\hat{Y} = 4848.26 + 0.7081 X \tag{2.8}$$

如图2-4所示。该结果表明，消费支出与工资收入之间表现为正向关系，这与先验预期是一致的。进一步，工资收入增加一个单位，平均消费增加0.7081个单位。强调"平均消费"增加，是因为回归模型假设消费支出"均值"(而不是消费本身)是工资收入的线性函数。当然，做出以上判断是基于一个假设：样本回归函数(2.8)是总体回归函数(2.3)较好的近似，该假设是否合理呢？这个问题将在第3章中讨论。

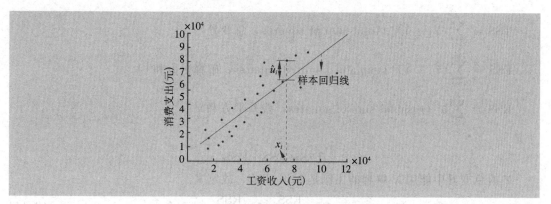

图2-4 样本点、样本回归线与纵向距离(残差)的几何含义

---

① 详细求解过程见附录2A。

2.4 拟合优度

如果所有样本点分布在一条直线上，该直线就是样本回归线。这时直线对样本点的"拟合"堪称完美，换句话说，在样本范围内，被解释变量与解释变量之间具有线性关系。一般情况下，不存在一条直线穿过所有样本点，此时我们所寻找的样本回归线"最大程度地靠近"所有样本点，如图2-4所示。直观上，图2-4中的样本回归线"比较好地拟合"了样本点，但"比较好地拟合"是一个模糊的说法，我们需要一个度量指标精确地说明直线对样本点拟合的优劣程度。

对于26个家庭工资收入和消费支出来说，拟合的优劣程度本质上就是在多大程度上能用家庭收入解释家庭消费，或者说家庭消费的变动有多大"比例"来源于收入的变动，后一个表述将引导我们给出"拟合优度"的定义。消费的变动或变异用家庭消费支出与消费支出均值的差来描述，即 $Y_i - \bar{Y}$，该变异中的一部分来源于收入的变动，能用收入解释的部分是 $\hat{Y}_i - \bar{Y} = \hat{\beta}_1 + \hat{\beta}_2 X_i - \bar{Y}$，它是家庭消费支出的预测值与消费支出均值之差。于是

$$Y_i - \bar{Y} = (\hat{Y}_i - \bar{Y}) + (Y_i - \hat{Y}_i) = (\hat{Y}_i - \bar{Y}) + \hat{u}_i \quad i = 1, 2, \cdots, n \quad (2.9)$$

式中，残差 $\hat{u}_i = Y_i - \hat{Y}_i$ 是不能用工资收入解释的部分。

因此，每个家庭消费支出的变异分解成两个部分：收入引起的变异 $(\hat{Y}_i - \bar{Y})$ 和残差 $\hat{u}_i = Y_i - \hat{Y}_i$。对所有家庭消费变异的平方加总，得到消费（因变量）的总变异 $\sum (Y_i - \bar{Y})^2$，亦可称为 Y 关于其均值的总变异。消费 Y 的总变异能归结于解释变量 X（收入）的部分是 $\sum (\hat{Y}_i - \bar{Y})^2$。可以证明（详见附录2B）

$$\sum_{i=1}^{n}(Y_i - \bar{Y})^2 = \sum_{i=1}^{n}(\hat{Y}_i - \bar{Y})^2 + \sum_{i=1}^{n}\hat{u}_i^2 \quad (2.10)$$

令

$$\text{TSS} = \sum_{i=1}^{n}(Y_i - \bar{Y})^2 \text{ (total sum of squares，总变异)}$$

$$\text{ESS} = \sum_{i=1}^{n}(\hat{Y}_i - \bar{Y})^2 \text{ (explained sum of squares，解释平方和①)}$$

$$\text{RSS} = \sum_{i=1}^{n}\hat{u}_i^2 \text{ (residual sum of squares，残差平方和)}$$

于是

$$\text{TSS} = \text{ESS} + \text{RSS}$$

Y 的总变异中能用 X 解释的比例是 ESS/TSS，故定义

$$R^2 = \frac{\text{ESS}}{\text{TSS}} = 1 - \frac{\text{RSS}}{\text{TSS}} \quad (2.11)$$

为拟合优度（goodness of fit）或判定系数（coefficient of determination）。显然，$0 \leqslant R^2 \leqslant 1$。

---

① 解释平方和又称回归平方和。

对于当前的消费函数，拟合优度就是收入引起的消费变异在消费总变异中的比例，也就是能用收入解释的消费变动。拟合优度越大，被解释变量的变异被解释的部分越多，拟合程度就越好。$R^2=1$ 或 $R^2=0$ 是两个极端情形，对于前者，变量之间具有线性关系；对于后者，解释变量对被解释变量没有任何解释力。

对于 26 个家庭构成的样本来说，$\hat{\beta}_2=0.7081$，$\hat{\beta}_1=4848.26$，进而得到[①] TSS=10 950 427 329，ESS=7 929 741 083，由式(2.11)得出 $R^2=0.724$。可以说，消费变异的 72.4% 归因于收入的变动，或者更通俗一点，消费的差异中有 72.4% 的部分是因为收入差异引起的。

2.5 一个例子

数据文件 Table1-3 给出了中国 1952—2012 年的收入(GDP)和最终消费支出(X)的数据(单位：亿元)，利用统计软件(这里采用 Eviews 6.0)可得到如下输出结果：

$$\hat{Y}_t = 2307.89 + 0.4927 X_t, \quad R^2 = 0.996$$

上述方程是凯恩斯总量(对整个国家而言)消费函数。X 的系数称为边际消费倾向。该方程显示，边际消费倾向约为 0.49，这表明收入每增加 1 元，平均个人消费支出增加 0.49 元。即使与发展中国家相比，这也是一个很低的消费率。

截距项通常没有任何经济意义，但这里的截距项可以理解为自发性消费。拟合优度很高，说明用收入解释消费的解释力很强。更具体一点，消费变异的 99.6% 可用 GDP 的变异来解释。

本章小结

本章介绍了总体回归函数和样本回归函数的基本概念，这有助于理解后面即将讨论的假设检验的原理与方法。总体回归函数正确地描述了变量之间的相互依存关系，是客观存在的"真实"模型，但"真实"模型是未知的，需要由样本回归函数进行推断。样本回归函数由样本数据计算所得，是总体回归函数的一个近似，它随样本的变化而变化，是"随机"的，因此样本回归函数的系数估计量是"随机变量"。本章还介绍了最小二乘法的基本思想和一元回归方程最小二乘系数估计量的计算公式，最小二乘法是回归分析的基础。

思考与练习

2.1 总体回归函数与样本回归函数有什么区别？

---
① 用 Excel 计算得到。

2.2 拟合优度的含义是什么?

2.3 随机误差项与残差有什么区别?

2.4** 10名学生统计学课程的期末成绩 Y 与平时成绩 X 的数据如表2-2所示。

表2-2 学生的期末成绩与平时成绩

学生序号	Y	X
1	70	78
2	87	90
3	54	67
4	82	89
5	96	94
6	83	80
7	67	75
8	73	70
9	90	92
10	78	73

(1) 计算两变量(期末成绩和平时成绩)的均值、标准差、相关系数和协方差。

(2) 分别绘制期末成绩与平时成绩的连线图与散点图(即相关图)。

(3) 用OLS方法进行回归分析,写出回归结果。

(4) 如果满足其他条件相同的假定,学生的期末成绩与平时成绩的关系如何?回归结果与预期一致吗?

2.5 某城市10个市场中某产品的需求(Y)和价格(X)的数据如表2-3所示。

表2-3 某产品的需求和价格

X(元/千克)	22	24	23	26	27	24	25	23	22	26
Y(千克)	99	91	70	79	60	55	70	101	81	67

(1) 计算 $\sum y^2$、$\sum x^2$、$\sum xy$。

(2) 假设 $Y=\beta_1+\beta_2 X+u$,计算系数的OLS估计量 $\hat{\beta}_1$、$\hat{\beta}_2$。

(3) 做出散点图和样本回归线(利用统计软件)。

(4) 估计该产品在样本均值点($\bar{X}$, $\bar{Y}$)的需求弹性($\frac{\Delta Y}{Y} \div \frac{\Delta X}{X} = \frac{\Delta Y}{\Delta X} \cdot \frac{X}{Y}$)。

2.6** 数据文件Table1-1给出了中国2011年各省市GDP(Y)和投资(X)的数据。利用统计软件回答以下问题:

(1) 做散点图,观察投资对GDP的影响。

(2) 估计回归方程 $Y_i = \beta_1 + \beta_2 X_i + u_i$。

(3) 如何解释斜率系数的含义?

2.7** 数据文件 Table2-2 给出了美国 1960—2006 年 GDP(X)与城市失业率(Y)的数据。利用统计软件回答以下问题:

(1) 估计 Y 的变动(失业率增量)对 X 的变化率(经济增长率的百分数)的回归方程。

(2) 提取自变量的系数,你有什么发现?

提示:研究奥肯定律。奥肯定律是指经济增长超过潜在的经济增长水平的增量每提升一定幅度时,失业率将下降一个百分点。①

2.8 假设一元回归方程中的截距项为零,即 $Y_i = \beta_2 X_i + u_i (i=1, 2, \cdots, n)$,利用最小二乘法的思想计算斜率系数 β_2 的估计量 $\hat{\beta}_2$。

2.9* 证明:被解释变量 Y 对解释变量 X 回归的拟合优度 R^2 等于 X 和 Y 的(样本)相关系数的平方,即 $R^2 = r_{XY}^2$,其中 r_{XY} 是 X 和 Y 的(样本)相关系数。

2.10* 采用正文中的记号,试证明 $\sum \hat{u}_i = 0, \sum \hat{u}_i x_i = 0, \sum \hat{u}_i \hat{Y}_i = 0, \bar{Y} = \bar{\hat{Y}}$。

2.11** 6 个企业的产出 Q 和单位成本 A 如表 2-4 所示。

表 2-4 习题 2.11 数据

Q(件)	18	25	52	9	39	31
A(元/件)	294	247	153	600	173	218

利用统计软件手动操作输入变量 Q 和 A 的数据,估计回归方程 $\hat{A} = \hat{\beta}_1 + \hat{\beta}_2 Q$,做散点图和样本回归线。

2.12** 消费理论最常用的一个关系就是恩格尔曲线,它把消费者在某一类产品上的支出和消费者个人或家庭的收入联系起来进行分析。数据文件 Table2-3 给出了美国 50 个州和哥伦比亚特区的总收入(income)及花费在国内旅游上的支出(exptrav)。两个变量均以 10 亿美元为单位,建立如下模型:

$$\text{exptrav} = \alpha + \beta \cdot \text{income} + u$$

(1) 画出散点图。你认为拟合度会很高吗?

(2) 估计简单线性回归模型,写出回归结果。截距系数和斜率系数的经济解释是什么?

(3) 求斜率系数 β 的 90% 的置信区间。

(4) 说明参数估计量 $\hat{\alpha}$、$\hat{\beta}$ 的分布。

本章附录

附录 2A 正规方程求解

由式(2.5)和式(2.6)得到:

---

① 萨缪尔森和诺德豪斯合著的《经济学》(第 16 版)做了如下表述:按照奥肯定律,GDP 增长比潜在 GDP 增长每超过 2%,失业率下降 1 个百分点。GDP 增长比潜在 GDP 增长每落后 2%,失业率上升 1 个百分点。更具体一点就是,失业率的变动 = -1/2 (实际 GDP 增长率 - 潜在 GDP 增长率)。但在实践中,不同地区或者同一个地区的不同阶段有不同的实证结论。

$$n\hat{\beta}_1 + \hat{\beta}_2 \sum X_i = \sum Y_i \qquad (2A.1)$$

$$\hat{\beta}_1 \sum X_i + \hat{\beta}_2 \sum X_i^2 = \sum X_i Y_i \qquad (2A.2)$$

式(2A.1)× $\sum X_i$ 得：

$$n\hat{\beta}_1 \sum X_i + \hat{\beta}_2 (\sum X_i)^2 = \sum X_i \sum Y_i$$

式(2A.2)×n 得：

$$\hat{\beta}_1 n \sum X_i + n\hat{\beta}_2 \sum X_i^2 = n \sum X_i Y_i$$

相减得：

$$\hat{\beta}_2 = \frac{\sum X_i \sum Y_i - n \sum X_i Y_i}{(\sum X_i)^2 - n \sum X_i^2}$$

容易验算：

$$\sum x_i^2 = \sum (X_i - \overline{X})^2 = \sum X_i^2 - 2\overline{X} \sum X_i + n\overline{X}^2 = \sum X_i^2 - n\overline{X}^2$$

$$\sum x_i y_i = \sum (X_i - \overline{X})(Y_i - \overline{Y}) = \sum X_i Y_i - \overline{X} \sum Y_i - \overline{Y} \sum X_i + n\overline{X}\,\overline{Y}$$
$$= \sum X_i Y_i - n\overline{X}\,\overline{Y}$$

因此，$\hat{\beta}_2 = \dfrac{\sum x_i y_i}{\sum x_i^2}$。

由式(2A.1)得 $n\overline{Y} - n\hat{\beta}_1 - n\hat{\beta}_2 \overline{X} = 0$，解出 $\hat{\beta}_1 = \overline{Y} - \hat{\beta}_2 \overline{X}$。

综上可得

$$\hat{\beta}_2 = \frac{\sum x_i y_i}{\sum x_i^2}, \quad \hat{\beta}_1 = \overline{Y} - \hat{\beta}_2 \overline{X}$$

式(2.7)得证。

附录2B 因变量总变异分解式(2.10)的证明

首先对恒等式(2.9)两边平方，得到：

$$\sum_{i=1}^{n}(Y_i - \overline{Y})^2 = \sum_{i=1}^{n}(\hat{Y}_i - \overline{Y})^2 + 2\sum_{i=1}^{n}(\hat{Y}_i - \overline{Y})\hat{u}_i + \sum_{i=1}^{n}\hat{u}_i^2$$

把式(2.5)和式(2.6)分别写成

$$\sum_{i=1}^{n}\hat{u}_i = 0, \quad \sum_{i=1}^{n}X_i \hat{u}_i = 0$$

故

$$\sum_{i=1}^{n}(\hat{Y}_i - \overline{Y})\hat{u}_i = \sum_{i=1}^{n}(\hat{\beta}_1 + \hat{\beta}_2 X_i - \overline{Y})\hat{u}_i = (\hat{\beta}_1 - \overline{Y})\sum_{i=1}^{n}\hat{u}_i + \hat{\beta}_2 \sum_{i=1}^{n}X_i \hat{u}_i = 0$$

式(2.10)得证。

第3章 一元经典线性回归模型的基本假设与检验

本章的讨论仍限于一元回归模型。在第2章中我们利用样本数据和最小二乘法求出了样本回归函数的系数,即最小二乘估计量(OLS估计量),那么能否以此为基础探讨变量之间的关系呢?例如,我们得到了消费函数(2.8),是否可以说我们所考察的地区消费倾向约为0.708 1?这些问题的回答取决于样本回归函数是否是总体回归函数的"良好近似",即OLS估计量是否是总体回归系数的"良好近似"。一个看似更简单的问题是,解释变量是否对被解释变量有影响?或者在该地区,收入对消费是否有影响?这个问题并不简单,因为我们并不知道总体回归函数或真实的消费函数,样本回归函数的斜率大于零并不意味着真实消费函数的斜率为正。以上问题涉及OLS估计量的一致性问题和统计推断问题,要回答这些问题,需要根据样本函数对总体参数进行推断。

但样本回归函数实际上是"一次试验"的结果。解释变量给定之后,被解释变量并未随之确定[①],因为除了解释变量的影响,还有随机扰动的作用。抽取一个样本也就是对被解释变量的一次观察,一次"随机试验",由此计算的OLS估计量是随机变量。我们观察不到总体回归函数,从观察到的一个样本或一个散点图得到的OLS估计量本质上是一次试验的结果。如果试图从OLS估计量推断总体参数(总体回归函数中的参数),需要判断OLS估计量是否与总体参数"充分接近",且必须知道OLS估计量的分布规律。为此,有必要对回归模型做出一些假设,有些假设甚至是比较苛刻的,但这些假设能使模型简化,有助于我们理解问题的本质。"由简入繁"是科学研究中常用的手段,假设放宽的情形将在后面讨论。

---

① 否则,解释变量与被解释变量就是函数关系。

3.1 经典线性回归模型的基本假设与高斯—马尔可夫定理

假设 1：被解释变量 Y 与解释变量 X 具有线性关系[①]。

也就是说，经典线性回归模型的基本出发点是，存在形如 $Y=\beta_1+\beta_2 X+u$ 的方程准确地描述了变量之间的关系。即被解释变量线性依赖于解释变量，同时还受到其他随机因素的影响。从而，对所有样本点，式(3.1)成立：

$$Y_i=\beta_1+\beta_2 X_i+u_i \quad i=1, 2, \cdots, n \tag{3.1}$$

假设 2：解释变量 X 是非随机的：在重复抽样的过程中，X 保持不变。

该假设意味着，研究者可以控制解释变量的取值。实际上，回归模型最早发展并应用于物理学，研究者或试验者根据研究目的选择解释变量的取值是可以做到的。在社会科学研究中，数据中的被解释变量 Y 和解释变量 X 通常都是同时抽取的，因此假设解释变量不是随机变量，看似与现实不符。实际上，社会科学研究中，通常只有一个样本，如果能多次抽样，更好的做法是加大样本容量。尽管该假设可以放宽[②]，但我们仍然保持这一假设，以使我们的分析简化，同时也有助于对 OLS 估计量性质的理解。实际上，"重复抽样"实为"虚拟假设"，如果找到"重复抽样"情形下 OLS 估计量的分布规律，将有助于理解 OLS 估计量的"优劣"并指引我们由估计量(一次试验的结果)推测真实的参数。只有在"重复抽样"的背景下，OLS 估计量才能视为一次试验的结果，如果解释变量的取值发生了变化，"重复试验"已经不是严格意义上的"重复"。在这个意义上，该假设是否真实已经不重要了，它旨在说明估计量的性质与规律。

假设 3：给定解释变量 X_i，随机误差项 u_i 的均值为 0，即

$$E(u_i \mid X_i)=0 \tag{3.2}$$

很显然，该假设与 $E(Y_i \mid X_i)=\beta_1+\beta_2 X_i$ 等价。它的直观含义是，被解释变量在其均值的上下"波动"，均值是"波动"的中心。当然，这个"中心点"是由解释变量决定的。

假设 4：误差项 u_i 的方差相等，即 u_i 的条件方差是常数，即

$$\operatorname{var}(u_i)=E[u_i-E(u_i \mid X_i)]^2=E(u_i^2)=\sigma^2 \tag{3.3}$$

式中，var 表示方差。该假设简称为同方差假设，它的直观含义是，对于给定的不同解释变量，扰动项尽管取值不同，但"波动幅度"是相同的，从而对应的被解释变量 Y 的总体有相同的"波动幅度"——方差。图 3-1 解释了同方差情形。

与图 3-2 所示的异方差情形进行对比，有助于理解同方差性质。

假设 5：各个误差项之间无自相关。对任意的两个 X_i, X_j, $i \neq j$, u_i 和 u_j 之间的相关系数为 0，即

$$\operatorname{cov}(u_i, u_j \mid X_i, X_j)=0 \tag{3.4}$$

无自相关假设意味着，两个误差项之间不会出现图 3-3(a) 和图 3-3(b) 的模式。图 3-3(c)

[①] 如果变量之间的关系通过非线性方程 $g(Y)=\beta_1+\beta_2 \cdot f(X)+u$ 来描述，通过变换 $z=g(Y)$，$w=f(X)$，方程变为 $z=\beta_1+\beta_2 w+u$，可以用线性回归模型的方法来处理。常用"参数线性"来表示可以转化为线性模型的情形，形如 $Y=\alpha_1+X^{\alpha_2}$ 的模型就不是参数线性的，因为待估参数出现在指数位置。

[②] 更弱的假设是：解释变量 X 和误差项 u 不相关：$\operatorname{cov}(X_i, u_i)=0$。

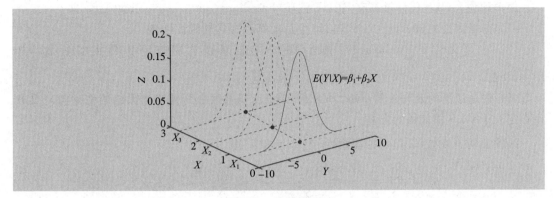

图 3-1　同方差情形

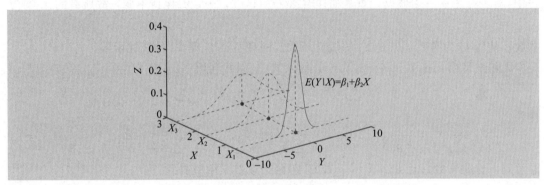

图 3-2　异方差情形

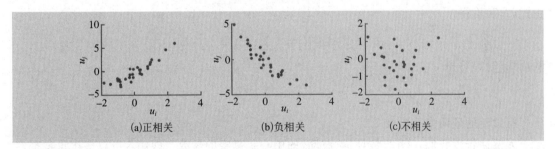

图 3-3　误差项的相关性

是无自相关情形。

以上经典线性回归模型(CLRM)的基本假设是我们研究的起点,尽管有些假设比较苛刻,但透彻理解 CLRM 是模型拓展的基础性工作[①]。

在以上这些假设下,OLS 估计量具有十分理想的性质,可以概括如下。

高斯—马尔可夫定理:在经典线性回归模型的假设下,最小二乘估计量是最优线性无偏估计量。最优的含义是,在所有线性无偏的估计量中,最小二乘估计量的方差最小。

---

① 还有两个默认要求没有正式列出:其一是样本容量不能小于待估参数的个数,例如,观察一个家庭的收入和消费不足以求出消费函数的截距和斜率;其二是样本中的解释变量不能取同一个值,即不能为常数。如果所有家庭收入相同,样本便没有任何收入变动影响消费变动的信息。实际上,此时第 2 章求出的 OLS 估计量分母为 0。为了简洁,我们省略了这些理所当然的要求,同时,也是为了重点关注更本质的假设。

简单地说，OLS 估计量具有 BLUE 性质(best linear unbiased estimator)，即

(1) 它是线性的(linear)：OLS 估计量是被解释变量的线性函数。

(2) 它是无偏的(unbiased)：估计量的均值或数学期望等于真实的参数，如 $E(\hat{\beta}_2)=\beta_2$。

(3) 它是最优的或有效的(best or efficient)：如果存在其他线性无偏的估计量，其方差必定大于 OLS 估计量的方差。

线性证明：由式(2.7)，并注意到 $\sum x_i = 0$，得

$$\hat{\beta}_2 = \frac{\sum x_i y_i}{\sum x_i^2} = \frac{\sum x_i(Y_i - \bar{Y})}{\sum x_i^2} = \frac{\sum x_i Y_i}{\sum x_i^2} = \sum k_i Y_i \tag{3.5}$$

式中，$k_i = \frac{x_i}{\sum x_j^2}$。由假设，重复抽样时 $X_i (i=1, 2, \cdots, n)$ 保持不变，故所有的 x_i 均为常数，从而 k_i 为常数，$\hat{\beta}_2$ 是 Y_i 的线性函数。同理可证 $\hat{\beta}_1$ 是 Y_i 的线性函数。

无偏性证明：把 $Y_i = \beta_1 + \beta_2 X_i + u_i$ 代入式(3.5)并利用

$$\sum k_i = 0, \quad \sum k_i X_i = \sum k_i(x_i + \bar{X}) = \sum k_i x_i = 1 \tag{3.6}$$

得到

$$\hat{\beta}_2 = \sum k_i(\beta_1 + \beta_2 X_i + u_i) = \beta_1 \sum k_i + \beta_2 \sum k_i X_i + \sum k_i u_i = \beta_2 + \sum k_i u_i \tag{3.7}$$

注意到，k_i 是常数，且 $E(u_i)=0$，式(3.7)两边取数学期望得到：[①]

$$E(\hat{\beta}_2) = \beta_2 + \sum k_i E(u_i) = \beta_2$$

由式(2.7)可得

$$\hat{\beta}_1 = \bar{Y} - \hat{\beta}_2 \bar{X} = (\sum Y_i)/n - \hat{\beta}_2 \bar{X}$$

利用式(3.1)可得

$$E(\hat{\beta}_1) = \frac{1}{n} E(\sum \beta_1 + \beta_2 X_i + u_i) - \bar{X} E(\hat{\beta}_2) = \beta_1 + \bar{X} \beta_2 - \bar{X} \beta_2 = \beta_1$$

有效性的证明参见附录 3A。

无偏性告诉我们，OLS 估计量"波动"的中心是真实的参数，即倘若可以多次重复抽样且解释变量保持不变，OLS 估计量的平均值随着抽样次数的增加而不断"逼近"总体参数。尽管"重复抽样"只是虚拟假设，但正是这一虚拟假设帮助我们说明了 OLS 估计量"环绕参数中心"的属性[②]。能否"重复抽样"已不重要。无偏性是假设检验不可或缺的基础。

最优性或有效性说明，OLS 估计量是我们所能得到的"最好"线性估计量，但要说明它"好到什么程度"，还需要知道估计量的精度。

[①] 如果解释变量是随机的，只要误差项与解释变量不相关，则 OLS 估计量仍然是无偏的，且可以证明在合理的假设下 OLS 估计量是一致的，参见 R. L. Thomas 所著 *Modern Econometrics: An introduction* 一书，161 页。

[②] 见无偏性的证明。

3.2 OLS 估计量的精度

很自然，从 OLS 估计量推测总体参数，还必须知道 OLS 估计量的精度。无偏性和有效性都不足以使我们能从一次试验的结果中推测总体参数的特性。OLS 估计量随着样本的变化而变化，而抽取一个样本本质上是一次"随机试验"，因此，OLS 估计量是随机变量。说明随机变量变化规律的一个基本度量指标是方差，它旨在刻画随机变量的"变动幅度"。以下是 OLS 估计量的方差计算。

从一个样本到另一个样本，解释变量保持不变，故所有 x_i 都可视为常数。由 CLRM 的同方差假设(3.3)易知 $\mathrm{var}(Y_i)=\sigma^2 (i=1,2,\cdots,n)$，再由式(3.5)得到

$$\mathrm{var}(\hat{\beta}_2) = \mathrm{var}(\sum k_i Y_i) = \sum k_i^2 \mathrm{var}(Y_i) = \frac{\sigma^2 \sum x_i^2}{(\sum x_i^2)^2} = \frac{\sigma^2}{\sum x_i^2}$$

由式(2.7)、式(3.5)和式(3.6)可得

$$\hat{\beta}_1 = \sum (1/n - k_i \overline{X}) Y_i$$

$$\begin{aligned}
\mathrm{var}(\hat{\beta}_1) &= \sigma^2 \sum (1/n - k_i \overline{X})^2 = \sigma^2 \sum (1/n^2 + k_i^2 \overline{X}^2 - 2k_i \overline{X}/n) \\
&= \sigma^2 \sum (1/n^2 + k_i^2 \overline{X}^2) = \sigma^2 (1/n + \frac{\overline{X}^2}{\sum x_i^2}) \\
&= \sigma^2 \frac{\sum x_i^2 + n \overline{X}^2}{n \sum x_i^2} = \sigma^2 \frac{\sum (X_i - \overline{X})^2 + n \overline{X}^2}{n \sum x_i^2} = \frac{\sum X_i^2}{n \sum x_i^2} \cdot \sigma^2
\end{aligned}$$

在 $\hat{\beta}_1$、$\hat{\beta}_2$ 的方差表达式中，σ^2 是未知的，但可用它的无偏估计量来代替。可以证明（详见附录 3B）：

$$E(\sum \hat{u}_i^2) = (n-2)\sigma^2$$

从而

$$\hat{\sigma}^2 = \frac{\sum \hat{u}_i^2}{n-2} \tag{3.8}$$

是误差项方差 σ^2 的无偏估计量，$\sum \hat{u}_i^2$ 是残差平方和，称 $\hat{\sigma}$ 为回归标准误差。由式(2.11)知道，回归标准误差越小，拟合优度越大。$n-2$ 是残差平方和的自由度，直观地说，它表示独立观察值的个数。实际上，对于既定的解释变量和估计量 $\hat{\beta}_1$ 和 $\hat{\beta}_2$，n 个残差 $\hat{u}_i = Y_i - \hat{\beta}_1 - \hat{\beta}_2 X_i$ 必须满足正规方程组，即式(2.5)和式(2.6)[①]。因此，n 个残差中只有 $n-2$ 个可以"自由取值"，其余两个随之确定。

至此，我们得到了 OLS 估计量 $\hat{\beta}_1$ 和 $\hat{\beta}_2$ 的标准差：

[①] 式(2.5)和式(2.6)可分别写成 $\sum_{i=1}^{n} \hat{u}_i = 0, \sum_{i=1}^{n} \hat{u}_i X_i = 0$。

$$se(\hat{\beta}_1) = \sqrt{\frac{\sum X_i^2}{n\sum x_i^2}} \cdot \sigma \approx \sqrt{\frac{\sum X_i^2}{n\sum x_i^2}} \cdot \sqrt{\frac{\sum \hat{u}_i^2}{n-2}} \qquad (3.9)$$

$$se(\hat{\beta}_2) = \frac{\sigma}{\sqrt{\sum x_i^2}} \approx \frac{1}{\sqrt{\sum x_i^2}} \cdot \sqrt{\frac{\sum \hat{u}_i^2}{n-2}} \qquad (3.10)$$

通过上述均值和标准差获悉 OLS 估计量的"扰动中心"和"波动幅度",但 OLS 估计量作为一次试验的结果,以此推测总体参数,尚需 OLS 估计量的分布规律。

3.3　OLS 估计量的抽样分布

OLS 估计量随着样本的变化而变化,作为随机变量,它们的分布称为抽样分布。为了获得 OLS 估计量的分布,还需要在 CLRM 的基本假设上增加如下假设。

假设 6:误差项 u_i 服从正态分布:$u_i \sim N(0, \sigma^2)$。

该假设的合理性可由中心极限定理来说明。[①] 在该假设下,$\hat{\beta}_1$ 和 $\hat{\beta}_2$ 的抽样分布都是正态分布。事实上,由于重复抽样时,所有 X_i 保持不变,Y_i 作为常数与误差项 u_i 之和也服从正态分布,$\hat{\beta}_1$ 和 $\hat{\beta}_2$ 作为 Y_i 的线性组合也服从正态分布。[②] 由此,我们知道

$$\frac{\hat{\beta}_2 - E(\hat{\beta}_2)}{se(\hat{\beta}_2)} = \frac{\hat{\beta}_2 - \beta_2}{se(\hat{\beta}_2)} \sim N(0, 1) \qquad (3.11)$$

$$\frac{\hat{\beta}_1 - E(\hat{\beta}_1)}{se(\hat{\beta}_1)} = \frac{\hat{\beta}_1 - \beta_1}{se(\hat{\beta}_1)} \sim N(0, 1) \qquad (3.12)$$

式中,$N(0, 1)$ 表示标准正态分布。如果扰动项方差 σ^2 已知,式(3.11)和式(3.12)便可作为总体线性回归参数推断的基础。但 σ^2 是未知的,只能用式(3.8)中的无偏估计量代替,$se(\hat{\beta}_1)$ 与 $se(\hat{\beta}_2)$ 也用式(3.9)和式(3.10)中的估计量

$$\widetilde{se}(\hat{\beta}_1) = \sqrt{\frac{\sum X_i^2}{n\sum x_i^2}} \cdot \sqrt{\frac{\sum \hat{u}_i^2}{n-2}} \qquad (3.13)$$

$$\widetilde{se}(\hat{\beta}_2) = \frac{1}{\sqrt{\sum x_i^2}} \cdot \sqrt{\frac{\sum \hat{u}_i^2}{n-2}} \qquad (3.14)$$

代替。不过,此时式(3.11)和式(3.12)中的两个统计量不再服从正态分布,而是服从学生 t 分布。即

[①] 中心极限定理通俗的描述是:除少数情形,大量独立同分布的随机变量之和将趋向于正态分布。直观地说,如果一个随机现象受到很多偶然因素的影响,各因素所起的作用都微不足道,没有哪个因素起主导作用,那么该随机现象的概率模型将近似服从正态分布。

[②] 正态分布的随机变量的线性组合仍然服从正态分布,许多概率论教科书均可找到其证明。

$$\frac{\hat{\beta}_2 - \beta_2}{\widetilde{se}(\hat{\beta}_2)} \sim t_{n-2}, \quad \frac{\hat{\beta}_1 - \beta_1}{\widetilde{se}(\hat{\beta}_1)} \sim t_{n-2} \tag{3.15}$$

式中，t_{n-2} 表示自由度为 $n-2$ 的 t 分布。证明方法见附录 3C。当自由度较大时，t 分布与标准正态分布很接近。图 3-4 是标准正态分布和自由度为 6 的 t 分布的密度函数。

式(3.15)是我们对总体参数进行推测和检验的基础。

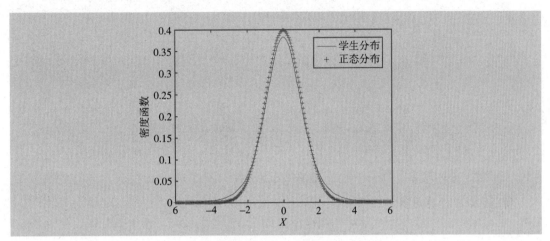

图 3-4 t 分布与正态分布

3.4 假设检验

现在我们可以回答本章开头提出的问题：对于我们所考察的地区来说，收入对消费是否有影响？换句话说，总体消费函数的斜率是否为零？根据假设，总体回归函数(2.3)正确地描述了消费与收入的关系，因此收入是否影响消费取决于总体回归函数 β_2 的斜率是否为零。

由式(2.8)中的样本回归函数 $\hat{Y} = 4\,848.26 + 0.708\,1 \cdot X$ 知道 $\hat{\beta}_2 = 0.708\,1$，经计算 $\widetilde{se}(\hat{\beta}_2) = 0.089\,2$，那么 β_2 等于 0 吗？

我们的逻辑是，如果 $H_0: \beta_2 = 0$ 导致"异常事件"发生，则拒绝该假设；如果没有导致"异常事件"发生，我们就"接受"该假设。这里的"异常事件"是指小概率事件。先假设 $H_0: \beta_2 = 0$ 成立，那么式(3.15)告诉我们

$$\frac{\hat{\beta}_2}{\widetilde{se}(\hat{\beta}_2)} \sim t_{24} \tag{3.16}$$

而对于当前的样本，$\dfrac{\hat{\beta}_2}{\widetilde{se}(\hat{\beta}_2)} \approx 7.94$。

如果能够重复抽样，且解释变量 X 保持不变，统计量 $t_{24} = \dfrac{\hat{\beta}_2}{\widetilde{se}(\hat{\beta}_2)}$ 的分布规律如图 3-5

所示。容易看出，t 在 0 的"附近"取值是"大概率事件"，是"常态"。换句话说，一般情形下，统计量不会偏离原点太远。

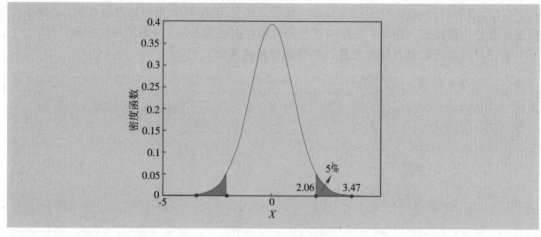

图 3-5　t_{24} 的分布

利用 Excel 计算可得

$(E_{-n}=10^{-n})$①

$\Pr.(|t_{24}|\geqslant 3.47)=0.001\ 98$

$\Pr.(|t_{24}|\geqslant 4)=5.27E_{-4}$

$\Pr.(|t_{24}|\geqslant 5)=4.157E_{-5}$

$\Pr.(|t_{24}|\geqslant 7.94)=3.605E_{-8}$

由图 3-5 及以上计算，可以把"t 在 0 的附近取值"描述得更准确：离开原点的距离超过 2.06 的概率约为 5‰；超过 3.47 的概率约为 2/100 0；超过 4 的概率约为 5/10 000；超过 7.94 的概率约为 $3.605/10^8$；即不超过 4/亿。这说明，在一次抽样中，统计量绝对值大于等于 7.94 的概率非常小，几乎不会发生。小概率事件的发生自然使我们怀疑"前提假设"的正确性，于是，我们拒绝假设 $H_0: \beta_2=0$。

称 $H_0: \beta_2=0$ 为"虚拟假设"，因为接受或拒绝它还取决于考察的结果：在这一假设下是否有"异常"发生。"虚拟假设"又称原假设或零假设（null hypothesis）。

就当前的例子来说，拒绝 $H_0: \beta_2=0$ 意味着我们认为 $\beta_2\neq 0$②，即收入对消费有影响。就做出判断的逻辑来说，我们并没有绝对的把握断言 $\beta_2\neq 0$。如果某一假设导致矛盾，该假设必然是错误的，但如果仅仅是导致小概率事件发生，该假设仍有可能成立。那么现在有多大的把握断言"收入对消费有影响"呢？或者说犯错误的可能性有多大？用概率来表示，答案为

$\Pr.(|t_{24}|\geqslant 7.94)\approx 3.605/$亿

我们知道，"小概率事件"在一次试验中是有可能发生的，只是在大量的试验中发生的

---

① 在 Excel 表格中任意单元格插入"=T.Dist.2T"，按提示输入自由度和临界值。

② 实际上，几乎可以肯定 β 为正，因为如果为负，代入式(3.13)计算得到的 t 统计量比 7.94 更大。

比例很低（该比例接近概率）。如果 $H_0: \beta_2 = 0$ 是真命题，在"重复抽取"的大量样本中[①]，统计量如此"远离"原点的样本比例为 3.605/亿。该比例也就是我们获取的特定样本具有如此"异常统计量"的概率[②]，因统计量"异常"我们拒绝零假设从而犯了错误。但我们犯错误的概率很低，仅为 3.605/亿。

原假设为真，被拒绝，这种错误称为第Ⅰ类错误。当然，还有另外一种情形，原假设是错误的，但被"接受"，这种错误称为第Ⅱ类错误。第二类错误是不能避免的，因为在错误的假设下，未必有"异常事件"即"小概率事件"发生。从逻辑上说，在某一假设下，我们没有发现矛盾并不意味着该假设必然成立。正是因为如此，在计量分析中，"接受原假设"常常应理解为"不能拒绝"，即我们没有足够的理由拒绝"原假设"。

就我们目前的问题来说，我们有很大的把握断言收入对消费有影响，因为犯第Ⅰ类错误的概率很小，即断言 $\beta_2 \neq 0$ 时犯错误的概率很小。

同样的方法可以论证，总体回归函数(2.3)的截距 β_1 也是显著不为零的[③]。

要记住的是，我们检验的假设是关于总体回归函数的系数，而不是来自一个特定样本的估计值，样本估计值我们已经知道，无须检验。

3.5 显著性水平

我们做假设检验的逻辑是：如果原假设导致"异常事件"或"小概率事件"发生，我们便拒绝原假设，否则就"接受"原假设。那么，"小概率事件"如何界定呢？实践中，常常把显著性水平确定为 $\alpha = 1\%$、5% 甚至 10%，如果概率小于 α 的事件发生，就拒绝原假设。α 就是被容许犯第Ⅰ类错误的概率上限。

显著性水平并非一成不变。很显然，如果希望减少犯第Ⅰ类错误的可能性，应使显著性水平 α 小一些，从而使得拒绝原假设的"门槛"高一些。但这就增加了犯第Ⅱ类错误的概率，这时更容易接受"原假设"，即使"原假设"是错的。两类错误发生的机会之间有一种替代关系，所以显著性水平 α 的选取取决于我们对两类错误发生的代价的判断和我们的研究目的。

实际上，统计软件通常会报告精确的 p 值：在原假设下得到样本对应的 t 统计值，大于或等于 $|t|$ 的概率就是 p 值。如果 p 值小于或等于所确定的显著性水平（$|t|$ 大于或等于相应的临界值），我们称相应的总体回归系数显著或显著地异于零。如果 p 值大于给定的显著性水平，通常说"接受原假设"，但这时需要特别谨慎。在经济学的研究中，我们常常关心解释变量是否影响被解释变量，即使 $p > 10\%$，如 $p = 12\%$，也不要轻易地断言解释变量没有影响，否则犯错误（第Ⅱ类错误）可能性较大。关键是，此时我们更倾向于相信解

[①] 正如本章 3.2 节所指出的那样，是否能重复抽取样本不重要，重要的是我们能观察该"虚拟假设"下统计量的分布规律。

[②] 指统计量大于或等于 7.94。

[③] 很多情形下，截距项没有明确的经济意义，但消费函数中的截距项被称为自发性消费。

释变量对被解释变量的影响的确存在[1]。记住,在显著性检验时,"接受"的本来含义是"不能很有把握地拒绝"。

3.6 估计量的一致性[2]

在上节,我们回答了一个相对简单的问题,即总体回归函数的系数是否不等于零的问题。对于我们所考察的消费问题来说,我们断言该地区的消费倾向为正[3]。但很多时候这还远远不够。例如,该地区的消费倾向为多少,即总体回归函数(消费函数)的斜率 β_2 为多少?

再次指出,样本回归函数(2.8)仅仅是总体回归函数(2.3)的一个近似,根据假设,后者正确地描述了消费与收入的关系。所以,问题的本质是,样本回归函数(2.8)的斜率 0.708 1 是否是 β_2 的一个"好的近似"?该问题的回答涉及 OLS 估计量的一致性问题。

定义:估计量 θ_n 称为参数 θ 的一致估计量,如果 $p\lim_{n\to\infty}\theta_n = \theta$。其中,$n$ 是样本容量,极限等式表示 θ_n 依概率收敛于 θ。

通俗地说,当样本容量趋向无穷时,一致估计量趋于被估计的参数[4]。这意味着,当样本容量充分大时,我们能确信估计值接近于真实的参数。某种意义上说,一致性是比无偏性更"实用"的性质,因为无偏性展示的是估计量的抽样分布特性,并没有告诉我们单个估计值是否接近真实的参数,而后者告诉我们足够大的容量就能保证估计值近似等于真实参数[5]。

那么,OLS 估计量是否是一致估计量呢?幸运的是,在非常一般的条件下,OLS 估计量也是一致估计量。例如,对于既定的总体[6],解释变量 X 的方差是一个既定的正数,从而样本方差的极限等于总体方差,即

$$p\lim_{n\to\infty}\frac{\sum_{i=1}^{n}x_i^2}{n-1} = \text{var}(X) = Q$$

由式(3.7)可得

$$p\lim\hat{\beta}_2 = \beta_2 + p\lim\frac{\sum x_i u_i}{\sum x_i^2} = \beta_2 + \frac{p\lim \sum x_i u_i/(n-1)}{p\lim \sum x_i^2/(n-1)} = \beta_2 + \frac{0}{Q} = \beta_2$$

---

[1] 当样本容量较小时,尤其如此。
[2] 初学者可以跳过本节的数学推导,甚至略过本节也不影响后续讨论。
[3] 严格地说,在 3.5 节中我们得出的结论是消费倾向 $\beta\neq 0$,进一步可以断言 $\beta>0$。一方面,从直观上看消费倾向为负不符合常理;另一方面,3.5 节中的方法不加改变就可以说明 β 小于零的可能性几乎没有。
[4] 严格地说,依概率收敛的含义是,对于任意指定的正数 δ,样本容量趋于无穷时,估计量与待估参数之差的绝对值大于 δ 的概率趋于零。
[5] 多次抽样时,估计量的平均值逼近真实参数,但实践中我们只有一个样本。
[6] 对于非既定总体,例如,考虑时间序列问题时,可以直接假设 $\lim_{n\to\infty}\left[\sum_{i=1}^{n}x_i^2/n\right] = Q > 0$,这是一个比较宽泛的条件。

式中用到 $\text{cov}(X, u) = 0$ 以及样本协方差是总体协方差的一致估计量。

对于一致估计量来说，样本容量有多大时才能保证估计量与真实参数"充分接近"？理论上并没有明确的答案，实际上这取决于很多因素，如总体的大小、变量的分布等。对于具体的问题，我们可以用蒙特卡洛(MonteCarlo)试验来探究合适的样本容量，以便用较小的代价获得满意的参数近似值。就我们现在的问题来说，样本容量偏小，消费倾向 β_2 "充分接近" 0.708 1 的概率较小[①]。也就是说，我们没有把握将它作为消费倾向 β_2 的近似值。

对总体参数的值进行估计，称为点估计，常用方法是用样本值作为参数的近似值。但如果对估计误差的精度没有足够的"把握"，我们可以对参数所在的区间进行判断，这种估计称为区间估计。

3.7 置信区间

如果不能获得总体参数较高精度的近似值，求出它所在的区间也是有价值的。例如，求出消费倾向 β_2 的近似值固然是最理想的结果，但如果做不到，知道它的变动区间也是次优的结果。利用式(3.15)中的 $\dfrac{\hat{\beta}_2 - \beta_2}{\widetilde{se}(\hat{\beta}_2)} \sim t_{n-2}$，对于给定的显著性水平 α，有

$$\text{Pr.}\left\{\left|\dfrac{\hat{\beta}_2 - \beta_2}{\widetilde{se}(\hat{\beta}_2)}\right| \leqslant t_{\alpha/2}\right\} = 1 - \alpha$$

式中，$t_{\alpha/2}$ 表示显著性水平 α 所对应的临界值[②]，即 t 统计量介于 $\pm t_{\alpha/2}$ 之间的概率为 $1-\alpha$，或者说落在 $t_{\alpha/2}$ 右端的概率为 $\alpha/2$。对于特定的样本

$$\text{Pr.}[\hat{\beta}_2 - \widetilde{se}(\hat{\beta}_2) \cdot t_{\alpha/2} \leqslant \beta_2 \leqslant \hat{\beta}_2 + \widetilde{se}(\hat{\beta}_2) \cdot t_{\alpha/2}] = 1 - \alpha$$

意味着

$$\hat{\beta}_2 - \widetilde{se}(\hat{\beta}_2) \cdot t_{\alpha/2} \leqslant \beta_2 \leqslant \hat{\beta}_2 + \widetilde{se}(\hat{\beta}_2) \cdot t_{\alpha/2}$$

成立的概率为 $1-\alpha$，以上区间称为 β_2 的置信区间，置信度为 $1-\alpha$。

如果取 $\alpha = 5\%$，对于消费函数问题来说，自由度为 $n-2 = 24$，则 $t_{\alpha/2} = 2.064$。已知 $\hat{\beta}_2 = 0.708\ 1$，由式(3.13)，$\widetilde{se}(\hat{\beta}_2) = 0.089\ 2$，故

$$0.524\ 0 \leqslant \beta_2 \leqslant 0.892\ 2$$

由此得到 β_2 的置信度为 95% 的置信区间为 [0.524 0, 0.892 2]。显然，要缩小置信区间，就不得不降低置信水平。通俗地说，如果希望我们的判断有比较大的正确率，就不得不降低判断的精度，对于样本容量较小的情形尤其如此，因为此时估计量的方差较大，参

[①] 蒙特卡洛试验表明：对于含有一万个家庭的地区来说(方差既定，用样本方差代替)，600 个家庭的样本才能基本保证回归斜率的误差小于 0.03(概率超过 0.9)；对于十万个家庭的地区，700 个家庭的样本基本能保证回归斜率的误差小于 0.03(概率超过 0.92)。

[②] t_{n-2} 与 $t_{\alpha/2}$：前者表示具有学生 t 分布的随机变量；后者表示该随机变量(统计量)的特定取值。前者的下标表示自由度，是大于或等于 1 的正整数；后者的下标是显著性水平的一半，小于 1。

见式(3.13)和式(3.14)。

至此，我们已经回答了本章开头提出的问题。重要的是，我们通过消费函数的问题阐述了解决问题的基本思路和方法，这些基本思路和方法稍加修改就可运用到多元回归分析。

3.8　CLRM 假设的再审查：正态性检验

以上的讨论，特别是所做的推断都基于对经典线性回归模型所做的假设。如果这些假设不成立，所得结论就未必成立。变量之间的"线性关系"是经验判断，是观察的结果，很难进行直接检验。但误差项服从正态分布的假设必须进行检验，这是得出统计量的抽样分布的基础。况且对误差项的检验还能间接地检验模型设定的恰当性。如果模型是正确的，即模型包含了所有重要的影响因素（解释变量）且正确地描述了变量之间的关系，那么误差项就是众多非决定性因素共同作用的结果，假设它服从正态分布是合理的，背后的原理是中心极限定理。

在这个意义上，误差项服从正态分布是模型正确设定的必要条件。那么如何检验误差项是否服从正态分布呢？下面介绍三种方法：残差直方图、正态概率图和雅克—贝拉检验(Jarque-Bera Test)。

3.8.1　残差直方图

残差直方图是指用频率描述随机变量概率密度函数的图示法。把残差取值分成适当的等分区间，以区间为底边做矩形，使矩形的高等于残差落在底边区间的次数，如图 3-6 所示。把矩形上缘连接起来就得到概率密度函数的近似表示，如图 3-7 所示。

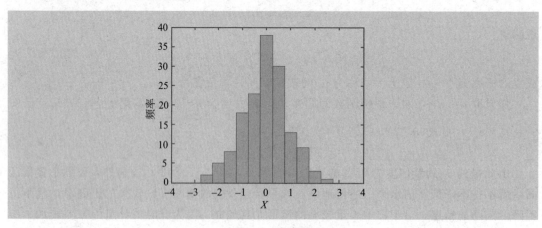

图 3-6　直方图

3.8.2　正态概率图

为了检验一组数据是否服从正态分布，可以把它标准化之后与标准正态分布比较。基本原理是，如果两组数据均来源于相同的分布，则对应同一分位水平（百分比）的分位数

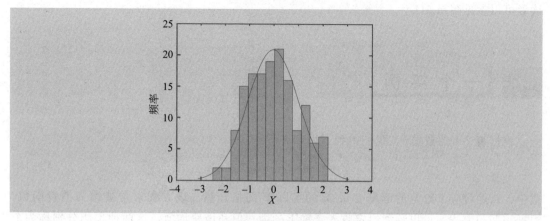

图 3-7 带正态密度曲线的直方图

(quantile)近似相等(分位数是指某个点,位于其下数值个数的占比恰为所给百分比)。例如,对于50%的分位水平,标准正态分布对应的分位数是0,即服从标准正态分布的随机变量小于0的概率是50%;对应于2.5%的分位数是−1.96。根据以上原理,把两组数据标准化[①],对应于一系列分位水平(如5%、10%、15%等),分别求出两组数据的分位数,每对分位数分别作为横坐标和纵坐标描点。如果两组数据来源于同样的分布,则每个点的纵横坐标近似相等,这些散点将分布在45°线的附近;反之,亦然。通常情况下,可以省略标准化的过程,如果散点聚集在一条直线附近,则标准化之后它们有相同的分布。这样的图形称为分位数图(quantile-quantile,Q-Q图)。

如果要检验一组数据是否服从正态分布,只需求出一系列分位水平下该数据的分位数并与标准正态分布相应的分位数比较。直观的比较是做出如下图形:横坐标(纵坐标)是标准正态分布的分位数,纵坐标(横坐标)是待查数据的分位数。这样的图形称为正态概率图(normal probability plot,NPP),它是分位数图的特例。一般的统计软件都能直接做出正态概率图。

3.8.3 雅克—贝拉检验

雅克—贝拉检验是正态性检验中常用的方法,一般的统计软件都包含这种方法。雅克—贝拉检验是大样本检验,仅对大样本有效。根据残差,计算如下统计量:

$$JB = n\left[\frac{S^2}{6} + \frac{(K-3)^2}{24}\right] \tag{3.17}$$

式中,n是样本容量,S是偏态系数(偏度 skewness),K是峰态系数(峰度 kurtosis)。对于正态分布变量,$S=0$,$K=3$。如果残差服从正态分布,雅克和贝拉证明了雅克—贝拉统计量服从自由度为2的χ^2分布。如果雅克—贝拉统计量对应的p值很小,就拒绝残差服从正态分布的零假设,否则就不能拒绝正态分布假设。

在回归方程(2.8)中,残差的雅克—贝拉统计量为0.733,对应的$p=0.69$,不能拒绝残差服从正态分布的虚拟假设。这些结果可由统计软件直接得到,有兴趣了解计算公式的

---

① 每个数据减均值再除以标准差。

读者可以参见附录 3D。

3.9 一个实例

根据表 2-1 的数据[①]，我们得到了回归方程：

$$\hat{Y} = 4\ 848.26 + 0.708\ 1X \qquad (3.18)$$

式中，$\hat{Y}$ 是对应于给定的解释变量 X 的实际 Y 的估计量。该方程常常被称为消费函数。根据该回归方程，可以预测给定收入条件下的消费值和消费均值，这两种预测分别称为个值预测和均值预测。

3.9.1 均值预测

为了方便，假设 $X_0 = 100\ 000$ 元，要预测 $E(Y \mid X_0)$，即收入为 10 万的家庭的平均消费。注意到

$$E(\hat{Y}) = E(\hat{\beta}_1 + \hat{\beta}_2 X) = \beta_1 + \beta_2 X = E(Y \mid X) \qquad (3.19)$$

由式(3.18)得到 $E(Y \mid X_0)$ 的点估计：

$$\hat{Y}_0 = \hat{\beta}_1 + \hat{\beta}_2 X = 4\ 848.26 + 0.708\ 1 \times 100\ 000 = 75\ 658.26 \qquad (3.20)$$

它一般不等于真实值(给定收入的消费均值)。但当样本变化时，它作为随机变量以均值为中心变化，其"波动"的幅度将决定我们预测均值的精度。因此，为了评估预测的误差，我们需要确定 $\hat{Y}_0$ 的抽样分布(它的分布规律)。由于在 CLRM 的假设下，OLS 估计量服从正态分布，从而式(3.20)中的 $\hat{Y}_0$ 服从正态分布，其方差为[②]

$$\text{var}(\hat{Y}_0) = \sigma^2 \left[\frac{1}{n} + \frac{(X_0 - \overline{X})^2}{\sum x_i^2} \right] \qquad (3.21)$$

由于 σ 未知，用它的无偏估计量 $\hat{\sigma}$ (见式(3.8))代替，式(3.21)的平方根的近似值用 $\widetilde{se}(\hat{Y}_0)$ 来表示，可证

$$t = \frac{\hat{Y}_0 - (\beta_1 + \beta_2 X_0)}{\widetilde{se}(\hat{Y}_0)}$$

服从自由度为 $n-2$ 的 t 分布，由此可推测 $E(Y \mid X_0)$ 的置信区间。其中

$$\widetilde{se}(\hat{Y}_0) = \hat{\sigma} \sqrt{\frac{1}{n} + \frac{(X_0 - \overline{X})^2}{\sum x_i^2}}$$

于是

---

① 见数据文件 Table2-1。
② 古扎拉蒂. 计量经济学基础(上册)[M]. 5版. 北京：中国人民大学出版社，2011：147。

$$\text{Pr.}\left[\,\left|\frac{\hat{Y}_0-(\beta_1+\beta_2 X_0)}{\widetilde{se}(\hat{Y}_0)}\right|\leqslant t_{\alpha/2}\right]=1-\alpha$$

即

$$\text{Pr.}\left[\hat{\beta}_1+\hat{\beta}_2 X_0-t_{\alpha/2}\widetilde{se}(\hat{Y}_0)\leqslant\beta_1+\beta_2 X_0\leqslant\hat{\beta}_1+\hat{\beta}_2 X_0+t_{\alpha/2}\widetilde{se}(\hat{Y}_0)\right]=1-\alpha \quad (3.22)$$

对于我们的例子,

$$\widetilde{se}(\hat{Y}_0)=11\ 218.8\sqrt{\frac{1}{26}+\frac{2\ 448\ 331\ 299}{15\ 813\ 418\ 296}}=4\ 932.29$$

取 $\alpha=5\%$,$t_{\alpha/2}=2.064$(自由度$=26-2=24$)。因此,$E(Y\mid X_0)$ 的 95% 的置信区间为

$$\hat{Y}_0-2.064\times 4\ 932.29\leqslant E(Y\mid X_0)\leqslant \hat{Y}_0+2.064\times 4\ 932.29$$

即

$$65\ 478.0\leqslant E(Y\mid X_0)\leqslant 85\ 838.5$$

通俗地说,我们有 95% 的把握判断,[65 478.0, 85 838.5] 包含了收入为 10 万的家庭的平均消费,称为置信区间,置信度为 95%。

3.9.2 个值预测

由式(3.19)可知,Y_0 的均值并不知道,也需要预测,因此当要预测 $Y_0\mid X_0$ 时,必须通过预测 $\hat{Y}_0$ 来实现,两者均值相同,而后者是可计算的。但 $\text{var}(\hat{Y}_0)$ 不能满足我们对预测误差的评估,因为现在要预测的不是均值,而是 Y_0。自然地,我们考虑 $\hat{Y}_0-Y_0$(均值为 0)的方差[1]

$$\text{var}(\hat{Y}_0-Y_0)=\sigma^2\left[1+\frac{1}{n}+\frac{(X_0-\overline{X})^2}{\sum x_i^2}\right] \quad (3.23)$$

容易知道 Y_0 服从正态分布[2],从而 $\hat{Y}_0-Y_0$ 也服从正态分布,并且

$$t=\frac{\hat{Y}_0-Y_0}{\widetilde{se}(Y_0-\hat{Y}_0)}$$

服从自由度为 $n-2$ 的 t 分布。其中

$$\widetilde{se}(\hat{Y}_0-Y_0)=\hat{\sigma}\sqrt{1+\frac{1}{n}+\frac{(X_0-\overline{X})^2}{\sum x_i^2}}$$

从而

$$\text{Pr.}\left[\hat{Y}_0-t_{\alpha/2}\widetilde{se}(Y_0-\hat{Y}_0)\leqslant Y_0\leqslant \hat{Y}_0+t_{\alpha/2}\widetilde{se}(Y_0-\hat{Y}_0)\right]=1-\alpha \quad (3.24)$$

对于 3.9.1 小节中的例子,

$$\hat{Y}_0-2.064\cdot 12\ 255.16\leqslant Y_0\leqslant \hat{Y}_0+2.064\cdot 12\ 255.16$$

即

---

[1] 古扎拉蒂. 计量经济学基础(上册)[M]. 5 版. 北京:中国人民大学出版社,2011:148.
[2] 根据 CLRM 的假设,误差项服从正态分布,对于给定的解释变量,被解释变量自然服从正态分布。

$$50\ 363.61 \leqslant Y_0 \leqslant 100\ 952.91$$

就是 Y_0 的置信区间，它比均值的置信区间更宽。这是很自然的结果，我们也可以通过比较式(3.21)与式(3.23)找到其中的原因。

3.10 统计软件应用于回归分析：菲利普斯曲线[①]

【例 3.1】 表 3-1[②] 给出了美国 1958—1969 年的收入年增长率和失业率的数据。

表 3-1 收入年增长率与失业率

年份	1958	1959	1960	1961	1962	1963	1964	1965	1966	1967	1968	1969
X(%)	6.8	5.5	5.5	6.7	5.5	5.7	5.2	4.5	3.8	3.8	3.6	3.5
Y(%)	4.2	3.5	3.4	3.0	3.4	2.8	2.8	3.6	4.3	5.0	6.1	6.7

用 Y 表示收入年增长率，X 表示失业率，则统计软件给出如图 3-8 和图 3-9 所示的回归结果。

```
Dependent Variable: Y
Method: Least Squares
Date: 04/20/14   Time: 17:58
Sample: 1958 1969
Included observations: 12

Variable         Coefficient   Std. Error    t-Statistic   Prob.
C                8.014701      1.240188      6.462492      0.0001
X               -0.788293      0.241772     -3.260479      0.0086

R-squared             0.515286    Mean dependent var      4.066667
Adjusted R-squared    0.466815    S.D. dependent var      1.271601
S.E. of regression    0.928517    Akaike info criterion   2.840556
Sum squared resid     8.621445    Schwarz criterion       2.921374
Log likelihood      -15.04334    Hannan-Quinn criter.     2.810635
F-statistic          10.63073    Durbin-Watson stat       0.657106
Prob(F-statistic)     0.008567
```

图 3-8 Eviews 报告结果

其中，与 Coefficient、Std. Error、t-Statistic、Prob. 对应的数值分别是解释变量（包括常数项）的系数估计值、系数估计量的标准误、系数显著性检验的 t 统计量及相应的 p 值。R-squared 是拟合优度，Adjusted R-squared 是校正拟合优度，S.E. of regression 是回归标准误，Sum squared resid 是残差平方和，Prob(F-Statistic) 是整体显著性检验的 p

---

[①] 菲利普斯曲线(Phillips Curve)描述的是失业率与名义工资变化率之间的关系，如果用通胀率代替名义工资变化率，菲利普斯曲线描述的就是通胀率与失业率之间的交替关系(参见第 6 章例 6.2)。描述经济增长率与失业率之间的关系曲线也可称为菲利普斯曲线。

[②] 见数据文件 Table3-1。

值。Akaike info criterion(AIC)、Schwarz criterion(SIC)和 Hannan-Quinn criter(HQ)是模型评价指标，详见第10章的讨论。

```
  Source |       SS       df       MS              Number of obs =      12
---------+------------------------------            F(  1,    10) =   10.63
   Model | 9.16522139      1   9.16522139           Prob > F      =  0.0086
Residual | 8.62144528     10   .862144528           R-squared     =  0.5153
---------+------------------------------            Adj R-squared =  0.4668
   Total | 17.7866667     11   1.6169697            Root MSE      =  .92852

       Y |     Coef.   Std. Err.      t    P>|t|     [95% Conf. Interval]
---------+--------------------------------------------------------------
       X | -.7882931   .2417722    -3.26   0.009    -1.326995   -.2495912
   _cons |  8.014701   1.240188     6.46   0.000     5.251391    10.77801
```

图 3-9 Stata 报告结果

Stata 给出的结果与 Eviews 的相似，报告系数的估计值、标准误、显著性检验的 t 值及 p 值，还给出了系数的置信区间。回归结果同时包括样本数、方程整体显著性检验的 F 值及 P 值、拟合优度、校正拟合优度、回归标准误(Root MSE)。

Stata 的 OLS 回归还生成了方差分析表。其中，与 SS 对应的数值分别是回归平方和(Model)、残差平方和(Residual)和总变异或总离差(Total)，df 是自由度，MS 是 SS 与 df 的比值。

学术文献中常把基本信息总结成如下形式：

$$\hat{Y} = 8.014\ 7 - 0.788\ 3X$$
$$se = (1.240\ 2)(0.241\ 8)$$
$$t = (6.462\ 5)(-3.260\ 5) \quad R^2 = 0.513 \quad \overline{R}^2 = 0.466\ 8$$
$$p = (0.000\ 1)(0.008\ 6)$$

有时为了简洁，仅列出标准误，t 统计量和 p 值可由此计算。

X 的系数高度显著，且符号为负，这说明失业率对收入变化率有影响。具体来说，失业率上升 1 个百分点，收入增长下降 0.79 个百分点。

3.11 "参数线性"的一个说明

在很多情形下，虽然变量之间不是线性关系，但可以通过适当的变换使得回归分析的方法仍然是适用的。例如，变量 Y 与 X 之间的关系通过以下方程来描述：

$$\ln Y = \beta_1 + \beta_2(1/X) + u$$

这显然不是线性方程。但如果视 $Z = \ln Y$，$W = 1/X$ 为两个新的变量，则上述方程与线性回归模型并无本质差别，我们仍然可用 OLS 方法求出参数估计量。为了强调非线性关系也有可能转化为线性回归模型，很多教材中用"参数线性"来代替"线性"作为 CLRM 的基本假设之一。但本质上，OLS 方法是针对线性模型的。在处理非线性模型时，也要化为线性模型。一般而言，OLS方法归根结底只能处理线性关系，只是变量赋予了新的形式和含义。所以本书中没有特别强调"参数线性"，变量"线性"仍然是问题的核心。有时候，非"参数线性"也可化为线性模型。更详细的讨论参见第6章。

本章小结

利用样本回归函数对总体回归函数进行推断时，我们希望样本函数的系数估计量有"良好"的性质，以保证推断的有效性和准确性。高斯—马尔可夫定理表明，在CLRM的假设下，OLS估计量具有BLUE性质，即它是线性、无偏的最优估计量，这是我们进行统计推断的基础。在CLRM的假设下，可以计算出OLS系数估计量的标准差。如果模型设定正确，误差项服从正态分布是一个合理的假设，在该假设下回归方程的系数估计量服从学生t分布，这是对系数进行显著性检验的理论依据。系数显著性检验也可以通过计算其置信区间来实现，置信区间的计算有它本身的意义。系数显著（异于零）的含义是真实参数不等于零的概率较大，无偏性的含义是系数估计量的期望值等于真实参数，它们都不能保证OLS系数估计值是真实参数的良好近似。幸运的是，在非常一般的条件下，OLS系数估计量具有一致性，即样本容量比较大时，OLS系数估计量是真实参数的"良好近似"。

思考与练习

3.1 TSS、RSS、ESS的自由度如何计算？直观含义是什么？

3.2 为什么做单边检验时，犯第一类错误的概率的评估会下调一半？

3.3 常常把高斯—马尔可夫定理简述为：OLS估计量具有BLUE性质，其含义是什么？

3.4 做显著性检验时，针对的是总体回归函数的系数还是样本回归函数的系数？为什么？

3.5 以下说法正确吗？请说明理由。

(1) X值越接近样本均值，斜率的OLS估计值就越精确。

(2) 如果误差项u与解释变量X相关，则估计量仍然是无偏的。

(3) 仅当误差项服从正态分布时，估计量才具有BLUE性质。

(4) 如果误差项不服从正态分布，则不能进行t检验和F检验。

(5) 如果误差项的方差较大，则置信区间较宽。

(6) 如果解释变量方差较大，则系数的置信区间较窄。

(7) p值较大意味着系数为零的可能性小。

(8) 如果选择的显著性水平较高，则回归系数为显著的可能性较大。

(9) 如果误差项序列相关或为异方差，则估计系数不再是无偏或BLUE。

(10) p值是零假设为真的概率。

3.6 商品价格P和商品供给S的数据如表3-2所示。

表 3-2 商品价格和商品供给数据

P(元)	2	7	5	1	4	8	2	8
S(件)	15	41	32	9	28	43	17	40

$\sum s^2 = 1025, \sum p^2 = 55.9, \sum ps = 255.4$。

其中，小写字母表示离差(观察值减去均值)。

(1) 用 OLS 法估计线性回归方程 $E(S) = \beta_1 + \beta_2 P$。

(2) 计算 $\hat{\beta}_1$、$\hat{\beta}_2$ 的标准差。

(3) 检验假设：价格影响供给。

(4) 求 β_1 的置信度为 95% 的置信区间。你对置信区间有何评论？

3.7 已知 Y 和 X 满足总体回归模型 $Y = \beta_1 + \beta_2 X + u$。

(1) 根据 Y 和 X 的 5 对观测值计算出 $\sum X = 55, \sum Y = 15, \sum x^2 = 74, \sum y^2 = 10, \sum xy = 27$，利用最小二乘法估计 β_1、β_2。

(2) 经计算，该回归模型的残差平方和 RSS 为 1.4。计算判定系数，并估计回归标准误 σ。

3.8 假设某人利用容量为 19 的样本估计了消费函数 $C_i = \alpha + \beta Y_i + u_i$，并获得下列结果：

$\hat{C}_i = 15 + 0.81 Y_i$

$t = (3.1)(18.7) \quad R^2 = 0.98$

(1) 计算参数估计量的标准差。

(2) 构造 β 的 95% 的置信区间，据此检验 β 的统计显著性。

3.9 已经得到如下回归方程：

$\hat{Y} = 0.2033 + 0.6560 X$

$se = (0.0976)(0.1961)$

$R^2 = 0.397 \quad ESS = 0.0544 \quad RSS = 0.0358$

其中，$Y = 1972$ 年妇女的劳动参与率，$X = 1968$ 年妇女的劳动参与率。该回归结果来自于美国 19 个城市构成的数据样本。

(1) 你如何解释该结果？

(2) 在对立假设为 $H_1: \beta_2 > 1$ 的前提下，检验 $H_0: \beta_2 = 1$ 的虚拟假设(零假设)。应使用什么方法进行检验？为什么？

(3) 假设 1968 年的劳动参与率为 0.58(或 58%)，基于上述回归结果，1972 年的劳动参与率的均值的估计值是多少？构造其真实均值的 95% 的置信区间。

(4) 如何检验总体回归误差项服从正态分布的虚拟假设？

3.10 双变量模型如下。

模型Ⅰ：$Y_i = \beta_1 + \beta_2 X_i + u_i$

模型Ⅱ：$Y_i = \alpha_1 + \alpha_2 (X_i - \bar{X}) + u_i$

其中，$\bar{X} = (\sum X_i)/n$，n 是样本容量。

(1) 它们的 OLS 估计量是否相同($\hat{\beta}_1$ 与 $\hat{\alpha}_1$，$\hat{\beta}_2$ 与 $\hat{\alpha}_2$)？

(2) OLS 估计量的方差是否相同？你认为哪个模型更好？

3.11** 数据文件 Table3-2 给出了美国在 1960—2005 年商业和非农商业部门的小时产出指数(X)和实际工资(Y)的数据，基年(1992年)指数为 100，且指数经过了季节调整。

(1) 分别就两个部门将 Y 对 X 描点。

(2) 这两个变量之间关系的背后有什么经济理论？散点图支持该理论吗？

(3) 估计 Y 对 X 的回归方程。

3.12** 蒙特卡罗试验：给定 10 个 X 的值：80、100、120、140、160、180、200、220、240、260。变量 Y 的生成机制是回归方程 $Y_i = 20 + 0.6X_i + u_i$，其中 $u_i \sim N(0, 9)$。

(1) 生成 100 个样本，求出 100 个样本回归方程的系数估计值，对这些估计值描图，你有什么发现？

(2) 计算每个回归方程的残差平方和除以 $(10-2=8)$ 的商，考察 100 个商的平均值，你有何发现？

3.13* 下列模型中，哪些可以化为线性回归模型来处理：

(1) $Y = e^{\beta_1 + \beta_2 X + u}$；

(2) $Y = \dfrac{1}{1 + e^{\beta_1 + \beta_2 X + u}}$；

(3) $Y = \beta_1 + e^{-\beta_2(X-2)} + u$；

(4) $Y = \beta_1 + \beta_2^3 X + u$；

(5) $Y = \dfrac{1}{\beta_1 + \beta_2 e^{2X + X^2} + u}$。

3.14* 考虑过原点的回归方程 $Y_i = \beta_2 X_i + u_i$，CLRM 的假设仍然成立。

(1) 求系数估计量 $\hat{\beta}_2$ 及其方差 $\mathrm{var}(\hat{\beta}_2)$(参见第 2 章思考与练习 2.8)。

(2) 求 $\mathrm{var}(u_i)$ 的估计量及 $\mathrm{var}(\hat{\beta}_2)$ 的估计量。

(3) TSS=ESS+RSS 仍然成立吗？如果不成立，如何合理定义拟合优度？

3.15 以式(2.8)为基础，检验假设：边际消费倾向 $\beta_2 = 1$。

本章附录

附录 3A OLS 估计量有效性(最小方差性)的证明

假设 β_2 还有另一线性无偏估计量 $\beta_2' = \sum \lambda_i Y_i$，于是

$$E(\beta_2') = \sum \lambda_i E(Y_i) = \sum \lambda_i (\beta_1 + \beta_2 X_i) = \beta_1 \sum \lambda_i + \beta_2 \sum \lambda_i X_i$$

欲使 β_2' 无偏，必有 $\sum \lambda_i = 0, \sum \lambda_i X_i = 1$。

利用同方差假设和误差项无自相关假设 $\mathrm{cov}(Y_i, Y_j) = 0 (i \neq j)$，$\mathrm{var}(Y_i) = \sigma^2$，得到：

$$\mathrm{var}(\beta_2') = \mathrm{var}(\sum \lambda_i Y_i) = \sum \lambda_i^2 \mathrm{var}(Y_i) = \sigma^2 \sum \lambda_i^2 = \sigma^2 \sum [(\lambda_i - k_i) + k_i]^2$$

$$= \sigma^2 \sum (\lambda_i - k_i)^2 + \sigma^2 \sum k_i^2 + 2\sigma^2 \sum (\lambda_i - k_i) k_i$$

$$= \sigma^2 \sum (\lambda_i - k_i)^2 + \sigma^2 \sum k_i^2$$

式中，$\sum(\lambda_i - k_i)k_i = 0$ 可直接验算。

要使 $\text{var}(\hat{\beta}_2)$ 最小，必有 $\lambda_i = k_i (i=1, 2, \cdots, n)$，这说明方差最小的线性无偏估计量必定是 OLS 估计量[①]。

同理可证，$\text{var}(\hat{\beta}_1)$ 也是 β_1 的线性无偏估计量中方差最小的。

附录 3B 式(3.8)的证明

由式 $Y_i = \beta_1 + \beta_2 X_i + u_i$ 和式 $\bar{Y} = \beta_1 + \beta_2 \bar{X} + \bar{u}$ 相减得到：

$$y_i = \beta_2 x_i + (u_i - \bar{u})$$

从而

$$\hat{u}_i = y_i - \hat{\beta}_2 x_i = \beta_2 x_i + (u_i - \bar{u}) - \hat{\beta}_2 x_i = (\beta_2 - \hat{\beta}_2) x_i + (u_i - \bar{u})$$

两边平方可得

$$\sum \hat{u}_i^2 = (\beta_2 - \hat{\beta}_2)^2 \sum x_i^2 + \sum (u_i - \bar{u})^2 - 2(\beta_2 - \hat{\beta}_2) \sum x_i (u_i - \bar{u})$$

两边取数学期望可得

$$\begin{aligned}
E\left(\sum \hat{u}_i^2\right) &= E[(\beta_2 - \hat{\beta}_2)^2] \sum x_i^2 + E\left[\sum (u_i - \bar{u})^2\right] - 2E\left[(\beta_2 - \hat{\beta}_2) \sum x_i (u_i - \bar{u})\right] \\
&= \text{var}(\hat{\beta}_2) \sum x_i^2 + (n-1)\text{var}(u_i) - 2E\left[\sum k_i u_i (x_i u_i)\right] \\
&= \sigma^2 + (n-1)\sigma^2 - 2E\left[\sum k_i x_i u_i^2\right] \\
&= \sigma^2 + (n-1)\sigma^2 - 2\sigma^2 = (n-2)\sigma^2
\end{aligned}$$

其中用到

$$E\sum(u_i - \bar{u})^2 = E\left[\sum u_i^2 - n\bar{u}^2\right] = E\left[\sum u_i^2 - n\left(\frac{\sum u_i}{n}\right)^2\right] = E\left[\sum u_i^2 - \frac{\sum u_i^2}{n}\right] = (n-1)\sigma^2$$

其中用到假设：误差项 u_i 互不相关且方差均为 σ^2。

附录 3C 式(3.15)的证明

可以证明：$\sum \hat{u}_i^2 / \sigma^2$ 服从自由度为 $n-2$ 的 χ^2 分布[②]，由式(3.11)知

$$\frac{\hat{\beta}_2 - \beta_2}{se(\hat{\beta}_2)} \sim N(0, 1)$$

利用概率论定理[③]，可知

$$\frac{\hat{\beta}_2 - \beta_2}{se(\hat{\beta}_2)} \bigg/ \sqrt{\frac{\sum \hat{u}_i^2}{(n-2)\sigma^2}} \sim t_{n-2}$$

[①] 这里，我们也可得到 $\text{var}(\hat{\beta}_2) = \sigma^2 \sum k_i^2 = \dfrac{\sigma^2}{\sum x_i^2}$。

[②] 梁之舜. 概率论与数理统计[M]. 2 版. 北京：高等教育出版社，1988：200。

[③] 设随机变量 ξ, η 独立，前者服从标准正态分布，后者服从自由度为 n 的 χ^2 分布，则 $\xi / \sqrt{\eta/n}$ 服从自由度为 n 的学生分布。例如，参见杨振明所著《概率论》(第 2 版)，101 页。

上式左边化简即得

$$\frac{\hat{\beta}_2 - \beta_2}{\frac{1}{\sqrt{\sum x_i^2}}} / \sqrt{\frac{\sum u_i^2}{n-2}} = \frac{\hat{\beta}_2 - \beta}{\widetilde{se}(\hat{\beta}_2)} \sim t_{n-2}$$

同理可证：

$$\frac{\hat{\beta}_1 - \beta_1}{\widetilde{se}(\hat{\beta}_1)} \sim t_{n-2}$$

附录 3D 偏度和峰度的计算

设 X 是随机变量，$\mu_X = E(X)$，$\sigma_X^2 = \text{var}(X) = E(X - \mu_X)^2$，则 X 的偏度和峰度定义为

$$S = \frac{E(X-\mu_X)^3}{\sigma_X^3}, \quad K = \frac{E(X-\mu_X)^4}{\sigma_X^4}$$

对于给定的样本，上述公式的分子用下式来代替（称为样本三阶矩和样本四阶矩）：

$$\frac{\sum (X-\overline{X})^3}{n-1}, \frac{\sum (X-\overline{X})^4}{n-1}$$

σ_X 用样本方差的平方根来代替，替代后计算的结果称为样本偏度和样本峰度。

第4章 多元线性回归模型的估计与假设检验

在一元回归分析中,一个隐含的前提是,影响被解释变量的主要因素只有一个,即解释变量只有一个,其他影响都是随机性的。但经济变量之间的关系往往涉及多个变量,或者说,经济变量一般会受到多个因素的影响。例如,食品需求不仅取决于食品本身的价格,还与替代品与互补品的价格有关,甚至还受一般物价水平的影响。因此,考虑多个解释变量的回归是十分自然的。

多元回归使我们能够处理更加复杂的变量关系,更加灵活地建立模型。在研究某个因素对被解释变量的影响时,多元回归有助于我们"剥离"其他因素的影响,这也是"其他因素不变的情况下"的经济分析的有用工具。实际上,要"剥离"某个特定因素的影响,就必须承认它的存在性,对应的变量就必须出现在模型中。把一个变量纳入模型时,才能"控制"它。聚焦于某个变量的影响时,"保持其他条件不变"是一个重要的技术手段。

4.1 一个例子:偏回归系数的解释

在第1章中,利用一元回归分析研究收入对消费的影响时,我们考虑如下消费函数

$$\text{Consum} = \beta_1 + \beta_2 \cdot \text{Income} + u$$

式中,Income 表示工资收入,Consum 表示消费支出。在该模型中,我们实际上是把"工资收入"以外的因素都纳入到误差项中,这仅仅在其他因素的影响微不足道时才是合适的。否则,误差项将不满足 CLRM 的条件,也不能以该一元回归模型为基础来研究其他条件不变时工资收入对消费的影响。利用表2-1中的数据[①],我们得到消费对工资收入的回归方程为

$$\hat{Y} = 4\,848.26 + 0.708\,1X, \quad R^2 = 0.724 \tag{4.1}$$

[①] 见数据文件 Table2-1。

较低的拟合优度表明我们或许漏掉了影响消费的其他重要因素。实际上，在第 2 章的讨论中，我们把工资收入视为家庭的全部收入，那里提到的家庭收入实际上是工资收入。非工资收入具有不稳定性，它对消费的影响与工资的影响或有差别，但显然它也是重要的影响因素，应该纳入模型中。如果稍加扩展，把非工资收入加入模型，则消费函数为

$$\text{Consum} = \beta_1 + \beta_2 \cdot \text{Wage} + \beta_3 \cdot \text{E-Income} + u \tag{4.2}$$

其中，Wage 是工资收入，E-Income 是工资以外的收入或称非工资收入。当我们关注工资收入对消费的影响时，需要"剥离"非工资收入的影响，"非工资收入"作为解释变量出现在模型中使这成为可能。非工资收入对消费的影响已经体现在 $\beta_3 \cdot \text{E-Income}$ 中，式(4.2)中 β_2 的含义是，当非工资收入 E-Income 不变时，工资收入增加 1 个单位所引起的消费增量。这样，我们就剥离了非工资收入的影响。当然，我们也可以研究工资收入相同情形下非工资收入对消费的影响。更关键的是，主要变量包含在模型中之后，误差项才有可能满足 CLRM 所要求的条件。

4.2 多元回归分析的 OLS 估计量

首先，我们把第 2 章中总体回归函数的概念推广到多元回归的情形。假设方程

$$Y = \beta_1 + \beta_2 X_2 + \beta_3 X_3 + \cdots + \beta_k X_k + u \quad k \geqslant 2 \tag{4.3}$$

正确地描述了诸解释变量（或回归元）$X_j (j=2, 3, \cdots, k)$ 与被解释变量（又称回归子）Y 之间的关系，这就是所谓的总体回归函数。换句话说，方程(4.3)是对观察对象整体属性的描述，不是某一阶段或某个样本的属性。其中的误差项或扰动项 u 表示解释变量以外的所有其他因素对被解释变量的影响，是一个随机变量。与一元回归方程相类似，这里我们同样假设解释变量以外的其他各种因素的影响是微不足道的，这样才能保证误差项所代表的各种影响的"总和"是近似服从正态分布的随机扰动。方程(4.3)中的总体参数 $\beta_1, \beta_2, \cdots, \beta_k$ 也被称为回归系数，β_1 称为截距，$\beta_2, \cdots, \beta_k$ 称为斜率系数或偏回归系数。总体参数对于研究者来说是未知的，当然也是研究者所关注的。

应当说明的是，我们按比较通行的做法把第一个解释变量记为 X_2，第二个记为 X_3，第 $k-1$ 个记为 X_k。为了方便，我们不妨把常数项 β_1 视为变量 X_1 的系数，X_1 的取值恒为 1。

像一元回归一样，假设误差项的条件均值为 0，即 $E(u \mid X) = 0$，则对于给定的解释变量 $X_j (j=2, 3, \cdots, k)$，对方程(4.1)两端取数学期望得到

$$E(Y \mid X) = \beta_1 + \beta_2 X_2 + \beta_3 X_3 + \cdots + \beta_k X_k \tag{4.4}$$

这是总体回归函数的期望表示。也就是说，在多元回归模型中，我们假设被解释变量的条件均值可以表示为解释变量的（多元）线性函数。

由于总体回归方程是未知的，只能利用样本数据来估计。假设我们已经获取包含 n 次观察的样本数据，每次观察包含被解释变量和解释变量的值。把第 i 次观察值记为

$$Y_i, X_{2i}, X_{3i}, \cdots, X_{ki}$$

其中，解释变量的第 1 个下标表示变量名称，第 2 个下标表示观察点的序号或时点。例如，X_{35} 表示第 5 次观察或家庭"5"的调查中解释变量 X_3 的取值。每次观察值构成的数组

$(Y_i, X_{2i}, X_{3i}, \cdots, X_{ki})$ 是 k 维空间的一个点。

由于总体回归函数方程(4.3)正确地描述了被解释变量与解释变量之间的关系，因此它是样本数据生成的机制，从而每次观察值应满足方程

$$Y_i = \beta_1 + \beta_2 X_{2i} + \beta_3 X_{3i} + \cdots + \beta_k X_{ki} + u_i \quad i = 1, 2, \cdots, n$$

其中，u_i 是第 i 次观察（或个体 i）的扰动项。

通俗地说，利用 OLS 求回归方程的基本思想是，寻找一个"超平面"[①]

$$Y = \hat{\beta}_1 + \hat{\beta}_2 X_2 + \hat{\beta}_3 X_3 + \cdots + \hat{\beta}_k X_k$$

使其"尽可能靠近"样本数据（n 次观察）对应的散点。该函数由样本数据决定，故称为样本回归函数。其中，$\hat{\beta}_j$ 是参数 β_j 的估计值。令

$$\hat{Y}_i = \hat{\beta}_1 + \hat{\beta}_2 X_{2i} + \cdots + \hat{\beta}_k X_{ki}$$

它是利用样本回归方程得到 Y 的预测值，一般不等于实际观察值。两者之差

$$\hat{u}_i = Y_i - \hat{Y}_i = Y_i - \hat{\beta}_1 - \hat{\beta}_2 X_{2i} - \cdots - \hat{\beta}_k X_{ki}$$

称为残差。"尽可能靠近"的含义是残差的平方和

$$S = \sum_{i=1}^{n} (Y_i - \hat{Y}_i)^2 = \sum_{i=1}^{n} (Y_i - \hat{\beta}_1 - \hat{\beta}_2 X_{2i} - \cdots - \hat{\beta}_k X_{ki})^2$$

最小。上式也可以理解为散点与超平面的纵向距离的平方和。它取到最小值的充要条件是[②]

$$\frac{\partial S}{\partial \hat{\beta}_1} = \sum_{i=1}^{n} 2(Y_i - \hat{\beta}_1 - \hat{\beta}_2 X_{2i} - \cdots - \hat{\beta}_k X_{ki})(-1) = 0$$

$$\frac{\partial S}{\partial \hat{\beta}_2} = \sum_{i=1}^{n} 2(Y_i - \hat{\beta}_1 - \hat{\beta}_2 X_{2i} - \cdots - \hat{\beta}_k X_{ki})(-X_{2i}) = 0$$

$$\vdots$$

$$\frac{\partial S}{\partial \hat{\beta}_k} = \sum_{i=1}^{n} 2(Y_i - \hat{\beta}_1 - \hat{\beta}_2 X_{2i} - \cdots - \hat{\beta}_k X_{ki})(-X_{ki}) = 0$$

上述方程组称为正规方程组。在适当的假设下[③]，由上述方程可以求出 $\hat{\beta}_1, \hat{\beta}_2, \cdots, \hat{\beta}_k$ 的唯一解。

用小写字母表示相关变量对其样本均值的离差，则以 $k=2$ 的情形为例，可以得到 OLS 估计量为

$$\hat{\beta}_1 = \bar{Y} - \hat{\beta}_2 \bar{X}_2 - \hat{\beta}_3 \bar{X}_3 \tag{4.5}$$

$$\hat{\beta}_2 = \frac{(\sum y_i x_{2i})(\sum x_{3i}^2) - (\sum y_i x_{3i})(\sum x_{2i} x_{3i})}{(\sum x_{2i}^2)(\sum x_{3i}^2) - (\sum x_{2i} x_{3i})^2} \tag{4.6}$$

$$\hat{\beta}_3 = \frac{(\sum y_i x_{3i})(\sum x_{2i}^2) - (\sum y_i x_{2i})(\sum x_{2i} x_{3i})}{(\sum x_{2i}^2)(\sum x_{3i}^2) - (\sum x_{2i} x_{3i})^2} \tag{4.7}$$

[①] $k=2$ 时，退化为直线。
[②] 又称一阶条件。利用矩阵有更简洁的表示，见附录 4A。
[③] 见 4.3 节的讨论。

式中，$\bar{X}_2 = \frac{\sum_{i=1}^{n} X_{2i}}{n}$，$\bar{X}_3 = \frac{\sum_{i=1}^{n} X_{3i}}{n}$。$x_{2i} = X_{2i} - \bar{X}_2$，$x_{3i} = X_{3i} - \bar{X}_3$，$y_i = Y_i - \bar{Y}$。

对于一般情形下 OLS 估计量的推导，需要利用线性代数的工具，详细的讨论见附录 4A。

与一元回归的情形相类似，为了保证多元回归 OLS 估计量具有良好的性质，需要对多元回归模型做适当的假设，这些假设与一元回归模型是类似的，但要增加一个假设：解释变量之间不存在完全共线性。

4.3　CLRM 的假设与估计量的性质

对多元回归模型的假设如下。

假设 1：被解释变量 Y 与解释变量 X 具有线性关系。

也就是说，多元回归模型的基础是假设变量之间的关系由式(4.3)表述。有时用"模型是参数线性的"表示可以转化为线性模型的情形，如

$$Y = \beta_1 + \beta_2 X^2 + \beta_3 \sqrt{X} + u$$

就是参数线性的。一个简单的变量代换可以将它化为式(4.3)的形式，因此以下的讨论总是以式(4.3)为基础，即式(4.3)是样本数据的生成机制。

假设 2：解释变量是非随机的，在重复抽样的过程中，每个解释变量 $X_j (j = 2, 3, \cdots, k)$ 的取值保持不变[①]。

我们可以做出类似于一元回归模型相应假设的说明。简单地说，我们希望通过虚拟的重复试验说明估计量的性质。从样本数据推测总体性质，本质上就是利用一次试验的结果对总体特征（如总体参数）进行推断，为此我们需要研究"重复抽样"情形下 OLS 估计量的分布规律。解释变量的取值保持不变，"重复试验"才能得以进行，使得我们可以"剥离"解释变量对估计量的影响，在同样的参照下考察估计量性质。

假设 3：给定解释变量 $X_2, X_3, \cdots, X_k$，随机误差项 u_i 的均值为 0，即 $E(u_I | X_2, \cdots, X_k) = 0$。

假设 4：误差项 u_i 的方差相等，即 u_i 的方差是常数：$\mathrm{var}(u_i) = \sigma^2$，其中 var 表示方差。该假设简称为同方差假设。

假设 5：各个误差项之间无自相关或序列相关。即对任意的 $i \neq j$，$\mathrm{cov}(u_i, u_j) = 0$。

除以上假设外，还有一个一元回归没有的假设。

假设 6：解释变量之间不存在完全共线性，或者说，任何一个解释变量不能表示成其他解释变量的线性函数[②]。

[①] 如果每个解释变量与误差项不相关，则无偏性仍然成立。

[②] 如果引入"变量"$X_1 \equiv 1$，则该假设用线性代数的语言表述就是 $X_1, X_2, \cdots, X_k$ 线性无关。

与一元回归的情形一样，我们还要求样本容量不小于待估参数的个数[①]，样本中的每个解释变量均有变异，即任何一个解释变量不能在样本范围内取常数，为了突出重点，我们省略这些显而易见的默认假设。实际上，我们还默认模型设定是正确的，否则所有的讨论便失去了基础[②]。

与一元回归相类似，可以得到以下结论：

高斯—马尔可夫定理：如果假设 1～假设 6 成立，则最小二乘估计量是最优线性无偏估计量。最优的含义是，在所有线性无偏的估计量中，最小二乘估计量的方差最小。

简单地说，多元回归的 OLS 估计量仍然具有 BLUE 性质。即

(1) 它是线性的(linear)：OLS 估计量是被解释变量的线性函数。

(2) 它是无偏的(unbiased)：估计量的均值或数学期望等于真实的参数，即

$$E(\hat{\beta}_j) = \beta_j \quad i = 1, 2, \cdots, k$$

(3) 它是最优的或有效的(best or efficient)：如果存在其他线性无偏的估计量，其方差必定大于 OLS 估计量的方差。

以上性质与一元回归情形是完全类似的，证明可见附录 4A。

无偏性告诉我们，OLS 估计量"波动"的中心是真实的参数，即倘若可以多次重复抽样且解释变量保持不变，OLS 估计量的平均值随着抽样次数的增加而不断"逼近"总体参数。尽管"重复抽样"只是虚拟假设，但正是这一虚拟假设帮助我们说明 OLS 估计量"环绕中心"的属性，能否"重复抽样"已不重要。无偏性是假设检验不可或缺的基础。

最优性或有效性说明，OLS 估计量是我们所能得到的"最好"线性估计量，但要说明它"好到什么程度"，还需要知道估计量的精度。估计量的精度用方差或方差的算术根即标准差来刻画。为了利用样本估计量推测总体回归函数的性质，还需要知道估计量作为随机变量的分布函数，为此需要另外一个假设。

假设 7：误差项 u_i 服从正态分布：$u_i \sim N(0, \sigma^2)$。

利用假设 1～假设 7 及式(4.5)～式(4.7)，可计算得到参数估计量的方差 $\text{var}(\hat{\beta}_1)$、$\text{var}(\hat{\beta}_2)$、$\text{var}(\hat{\beta}_3)$：

$$\text{var}(\hat{\beta}_1) = \left[\frac{1}{n} + \frac{\bar{X}_2^2 (\sum x_{3i}^2) + \bar{X}_2^2 (\sum x_{2i}^2) - 2\bar{X}_2 \bar{X}_3 (\sum x_{2i} x_{3i})}{(\sum x_{2i}^2)(\sum x_{3i}^2) - (\sum x_{2i} x_{3i})^2} \right] \cdot \sigma^2 \quad (4.8)$$

$$\text{var}(\hat{\beta}_2) = \left[\frac{\sum x_{3i}^2}{(\sum x_{2i}^2)(\sum x_{3i}^2) - (\sum x_{2i} x_{3i})^2} \right] \cdot \sigma^2 \quad (4.9)$$

$$\text{var}(\hat{\beta}_3) = \left[\frac{\sum x_{2i}^2}{(\sum x_{2i}^2)(\sum x_{3i}^2) - (\sum x_{2i} x_{3i})^2} \right] \cdot \sigma^2 \quad (4.10)$$

通常情况下，σ^2 是未知的，我们用它的无偏估计量

$$\hat{\sigma}^2 = \frac{\sum \hat{u}_i^2}{n-3}$$

[①] 如果样本容量等于待估参数的个数，则样本回归方程通过所有的样本点，残差平方和等于零。

[②] 假设 1 已经表达了模型设定正确的含义，或者说假设 1～假设 6 已经可以保证 OLS 估计量的 BLUE 性质。

来代替，其中 $n-3$ 是 $\sum \hat{u}_i^2$ 的自由度，它是式(3.8)的推广。关于自由度可以参见第3章相关的说明。

用 $\hat{\sigma}^2$ 代替 σ^2 之后，参数估计量的方差估计量分别记为 $\widetilde{\text{var}}(\hat{\beta}_1)$，$\widetilde{\text{var}}(\hat{\beta}_2)$，$\widetilde{\text{var}}(\hat{\beta}_3)$，其算术平方根分别记为 $\widetilde{se}(\hat{\beta}_1)$，$\widetilde{se}(\hat{\beta}_2)$，$\widetilde{se}(\hat{\beta}_3)$。

4.4 拟合优度

与一元回归相类似，对于多元样本回归函数也可定义拟合优度，即被解释变量的变异能被解释变量解释的比例。保持第2章中的定义：

$$\text{TSS} = \sum_{i=1}^{n}(Y_i - \bar{Y})^2 \ (\text{total sum of squares，总变异})$$

$$\text{ESS} = \sum_{i=1}^{n}(\hat{Y}_i - \bar{Y})^2 \ (\text{explained sum of squares，解释平方和})$$

$$\text{RSS} = \sum_{i=1}^{n}\hat{u}_i^2 \ (\text{residual sum of squares，残差平方和})$$

其中，TSS 是被解释变量的总变异，ESS 是回归平方和，即能被解释变量解释的部分。不难证明[①]

$$\text{TSS} = \text{ESS} + \text{RSS}$$

Y 的总变异中能用 X 解释的比例是 ESS/TSS，故定义

$$R^2 = \frac{\text{ESS}}{\text{TSS}} = 1 - \frac{\text{RSS}}{\text{TSS}}$$

称为拟合优度或判定系数(coefficient of multiple determination)。显然，$0 \leqslant R^2 \leqslant 1$。$R^2 = 1$ 或 $R^2 = 0$ 是两个极端情形，对于前者，散点在同一超平面上；对于后者，解释变量对被解释变量没有任何解释力。

4.5 多元回归的假设检验

总体回归函数正确地描述了变量之间的关系，因此根据总体回归函数考察解释变量对被解释变量的影响及其影响程度是自然的选择。但由于总体回归函数通常是未知的，我们只能利用样本回归函数对其进行推测。例如，解释变量 X_3 是否对被解释变量有影响？这等价于，总体回归函数中 X_3 的偏回归系数 β_3 是否为零？但我们仅仅知道样本回归函数中 X_3 的系数 $\hat{\beta}_3$，只能利用后者对 β_3 进行推断，其原理与一元回归模型的系数显著性检验相

[①] 对于两个解释变量的情形，见附录2B；对于一般情形，见附录4D的证明。

同。在 CLRM 的假设下，容易证明

$$t=\frac{\hat{\beta}_3-\beta_3}{\widetilde{se}(\hat{\beta}_3)} \sim t_{n-k}$$

式中，$n-k$ 是自由度，k 是回归方程中参数的个数（如果方程有常数项，k 等于解释变量的个数加 1）。如果我们关心的问题是 β_3 是否为零，不妨假设 $H_0: \beta_3=0$（原假设），$H_1: \beta_3 \neq 0$ 是备择假设。

此时，

$$t=\frac{\hat{\beta}_3}{\widetilde{se}(\hat{\beta}_3)} \sim t_{n-k}$$

根据样本回归方程可以得出上述统计量的值，实际上它是上述随机变量的一次实现，或随机试验的一次结果。如果一次试验中小概率事件发生，我们便拒绝原假设，从而接受备择假设，否则，"接受"原假设。t 统计量以较大的概率在原点"附近"取值，远离原点的概率很小，小概率事件就是指 $|t|$ 超过某个临界值。

应当说明的是，与一元回归的情形相同，我们需要检验的是总体回归函数的系数，而非样本回归函数的估计系数，后者已由样本数据计算而得。

对其他解释变量的偏回归系数（包括常数项）的检验是类似的。实际上，

$$t=\frac{\hat{\beta}_j-\beta_j}{\widetilde{se}(\hat{\beta}_j)} \sim t_{n-k} \tag{4.11}$$

对所有的 $i=1, 2, \cdots, k$ 都成立，这是多元回归系数的假设检验的理论依据。

4.6 显著性检验

假设检验中，最常见的是偏回归系数的显著性检验。我们以消费的回归方程为例来说明。第 2 章中方程(2.8)仅包含家庭工资收入作为解释变量，但还有其他因素也会对消费产生影响，至少从经验上判断非工资收入就是一个比较重要的因素。为了验证，利用数据文件 Table2-1 中的数据，把非工资收入和工资收入同时作为解释变量，得到消费的回归方程：

$$\hat{Y}=2\,149+0.668X_2+0.685X_3 \quad R^2=0.887$$
$$se= \qquad (0.058\,7) \ (0.119) \tag{4.12}$$

式中，X_2, X_3, Y 分别表示家庭工资收入、非工资收入和消费支出。

为了验证其他收入对消费的影响，需要检验总体回归函数(4.2)中的系数 β_3 是否为零。在零假设 $H_0: \beta_3=0$ 下，计算得到：

$$t=\frac{\hat{\beta}_3-\beta_3}{\widetilde{se}(\hat{\beta}_3)}=\frac{0.685-0}{0.119} \approx 5.76$$

上述统计量服从学生 t 分布，自由度为 $n-k=26-3=23$。如果选择显著性水平 $\alpha=5\%$，

查表得：
$$\Pr.(|t_{23}|\leqslant 2.069)=1-\alpha=0.95$$

因此，$|t|\geqslant 5.76$ 是小概率事件。拒绝原假设犯第 I 类错误的概率小于 $\alpha=5\%$。实际上，用 Excel 计算可得 $\Pr.(|t|\geqslant 5.76)\approx 7.23\times 10^{-6}$，因此，拒绝原假设 H_0 几乎不会犯错误。称系数显著，或显著异于零，含义就是断言系数不为零时犯错误的概率小于（或等于）给定的显著性水平 α。没有特定要求时，常常会选择 $\alpha=5\%$，但这不是一个绝对的标准，也不是一个理所当然的标准。

应当指出的是，如果我们先验地预期非工资收入的系数非负[①]，对于既定的 t 统计量，我们对犯第 I 类错误的概率有新的评估[②]。做双边检验时，如果 $t\leqslant -2.069$，我们将拒绝零假设，因为它的绝对值超过了临界值。做单边检验时，已经知道总体参数 $\beta_3\geqslant 0$，由 t 统计量的计算方法可知，其估计值 $\hat{\beta}_3$ 是一个绝对值较大的负数，从而判断 $\beta_3=0$ 的可能性较大[③]，即接受零假设。于是拒绝区域变成单尾 $t\geqslant 2.069$。原假设为真的前提下，统计量出现在该区间的概率仅为 $\alpha/2=2.5\%$，这时就会犯第 I 类错误，但犯错误的概率已经修正为双边检验的一半。

4.7 置信区间

计算总体参数的置信区间除了它本身的意义外，还能用于回归系数的假设检验。以方程(4.2)为例来说明，由前面的说明知道
$$\Pr.(|t_{23}|\leqslant 2.069)=1-\alpha=0.95$$
也就是
$$\Pr.\left(-2.069\leqslant \frac{\hat{\beta}_3-\beta_3}{\widetilde{se}(\hat{\beta}_3)}\leqslant 2.069\right)=0.95$$
将 $\widetilde{se}(\hat{\beta}_3)=0.119$ 代入，并整理得
$$\Pr.(0.44\leqslant \beta_3\leqslant 0.93)=0.95$$
通俗地说，我们有 95% 的把握断言，区间 [0.44, 0.93] 包含 β_3[④]，称为 β_3 的置信区间（置信度或置信水平为 95%）。由于该区间不含零，故拒绝原假设 $H_0:\beta_3=0$。

[①] 即总体回归函数(4.2)中 E-Income 的系数大于或等于零。先验预期在这里的含义是，我们肯定该预期是正确的。

[②] 犯第 I 类错误的概率是不变的，但对这种概率的认识有进一步的修正。没有先验预期时，我们只能说拒绝原假设犯错的概率不超过 5%，但有了先验预期后，我们进一步知道弃真犯错的概率其实小于 2.5%。

[③] 正半轴上，原点离估计值最近。

[④] 注意，不能说 β_3 区间在 [0.44, 0.93] 中的概率为 95%，因为根据不同样本计算所得出的置信区间是不同的，这些区间中约有 95% 的比例包含 β_3。故可以说，我们有 95% 的把握说计算所得特定区间包含参数 β_3。

4.8 校正拟合优度(判定系数)

不难证明，增加一个解释变量时，拟合优度必定会增加，至少不会减少。我们省略证明的细节，仅从直观上给予说明。事实上，计算 OLS 估计量时，要求参数适当地取值使得残差的平方和 RSS 最小，当增加一个新的变量时，出现了一个新的参数，如果限定该参数为零，让原有参数变化，则最小残差平方和与先前相同。但新的参数未必为零，它变化时(原有参数可以相应地变动)所得到的最小残差平方和通常比先前的更小，这时回归平方和更大，从而拟合优度更大。即使增加的变量与被解释变量无关，上述结论仍成立，但这就会产生误导。

理论上说，如果有足够多的数据，增加一个解释变量并无太大的危害，通过计算可以判断其系数不显著。但对于既定的数据，增加一个解释变量就会损失一个自由度[①]，但这种"不利影响"没有体现在拟合优度中。因此，我们需要一个指标，它能"权衡"增加解释变量的"得与失"。

回顾拟合优度的定义，它的本质是度量被解释变量的变异有多大的比例能用解释变量的变化来解释。等价的问题是，有多大的比例是误差项导致的？如果被解释变量与误差项的变异都用其方差来表示，则拟合优度采用下述定义是合理的：

$$R^2 = 1 - \frac{\text{var}(u)}{\text{var}(Y)}$$

但由于误差项与被解释变量的方差都是未知的，我们用它们的无偏估计量来代替。可以证明[②]，它们的无偏估计量分别为

$$\widehat{\text{var}(u)} = \frac{\text{RSS}}{n-k} \tag{4.13}$$

$$\widehat{\text{var}(Y)} = \frac{\text{TSS}}{n-1} \tag{4.14}$$

式中，k 是解释变量的个数(包括常数项)。代入前面的公式得到：

$$\bar{R}^2 = 1 - \frac{\text{RSS}}{n-k} \cdot \frac{n-1}{\text{TSS}} = 1 - (1-R^2)\left(\frac{n-1}{n-k}\right) \tag{4.15}$$

这就是校正拟合优度。容易看到，如果误差项与被解释变量的方差分别用 RSS/n 与 TSS/n 来代替，则得到拟合优度，但 RSS/n 与 TSS/n 分别是 var(u) 与 var(Y) 的有偏估计量。因此，校正拟合优度更合理一些。作为一个简单的规则，校正拟合优度可以用来初步评判增加一个解释变量的得失。校正拟合优度增加的充要条件是，所增加的变量对应的 t 统计量其绝对值大于 1。

校正拟合优度的一个缺陷是，它可能取负值，这时也可能说明模型没有恰当地描述数据的生成过程。

[①] 直观上，为了估计额外的参数，损失了一个观察值。
[②] 式(4.14)的证明简单，式(4.13)的特殊情形($k=2$)可见第 3 章。

4.9 联合检验与受限最小二乘

t 检验主要用于检验某个系数的显著性。但有时我们需要检验一组条件是否成立，如检验若干个系数同时为零的假设。

4.9.1 瓦尔德检验

设非受限模型和受限模型分别为

(U)　　$Y=\beta_1+\beta_2 X_2+\cdots+\beta_m X_m+\beta_{m+1}X_{m+1}+\cdots+\beta_k X_k+u$

(R)　　$Y=\beta_1+\beta_2 X_2+\beta_3 X_3+\cdots+\beta_m X_m+u$

其中，U 和 R 分别是 Unrestricted 和 Restricted 的首字母，分别表示未受限制和受限模型，模型(R)受到的限制条件是(零假设)

$H_0: \beta_{m+1}=\beta_{m+2}=\cdots=\beta_k=0$（备择假设 H_1：至少一个不为零）

我们要考察的问题是，这 $k-m$ 个约束是否对因变量的解释产生影响，如果没有影响，则受限模型是正确的；如果有影响，说明所加限制不能成立。零假设不成立时，称模型(U)中后 $k-m$ 个变量是联合显著的(整体显著)。对该联合假设进行的检验称为瓦尔德检验。

我们的基本思路是，通过观察残差平方和的变化来判断约束是否恰当，即如果残差平方和增加"太多"，说明约束失当。

瓦尔德检验的步骤是：先分别计算回归方程(U)与(R)的残差平方和 RSS_U 与 RSS_R，可以证明，如果零假设成立，则有[①]

$\text{RSS}_U/\sigma^2 \sim \chi^2(n-k)$（卡方分布，自由度为 $n-k$）

$\text{RSS}_R/\sigma^2 \sim \chi^2(n-m)$

并且两者独立，于是，

$$(\text{RSS}_R-\text{RSS}_U)/\sigma^2 \sim \chi^2(k-m)$$

得到

$$F_c=\frac{(\text{RSS}_R-\text{RSS}_U)/[\sigma^2(k-m)]}{\text{RSS}_U/[\sigma^2(n-k)]}=\frac{(R_U^2-R_R^2)/(k-m)}{(1-R_U^2)/(n-k)} \tag{4.16}$$

式中，R^2 表示拟合优度。在零假设下，F_c 服从 F 分布，分子自由度为 $k-m$，分母自由度为 $n-k$，即 $F_{k-m,n-k}$。图 4-1 给出了分子自由度为 2，分母自由度为 10 的 F 分布的密度函数。

给定显著性水平 α，查出右尾面积(概率)为 α 的 F 临界值 F^*，如果 $F_c \geqslant F^*$，则在显著性水平 α 下拒绝零假设。这时犯第 I 类错误的概率不超过 α。

从式(4.16)可见联合检验的直观含义：如果去掉一些解释变量后，拟合优度变化不大，说明这些变量无关紧要，是联合不显著的；如果拟合优度变化较大，则它们作为一个"集体"对被解释变量是有影响的，是联合显著的。

瓦尔德检验的一种特殊情形是 $m=1$，这时的检验称为总体显著性检验，原假设是

[①] 格林所著《计量经济分析(上册)》(第 6 版)81～83 页或梁之舜所著《概率论与数理统计》200～202 页。

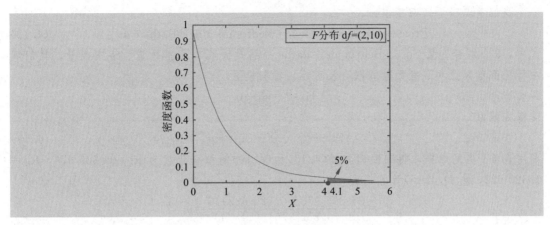

图 4-1　F 分布图

H_0：所有解释变量的系数全为零。式(4.16)中的统计量可化为(见附录 4B)

$$F_c = \frac{\text{ESS}_U/(k-1)}{\text{RSS}_U/(n-k)} = \frac{R_U^2/(k-1)}{(1-R_U^2)/(n-k)} \tag{4.17}$$

比较式(4.16)与式(4.17)，易知总体显著性检验等价于 $R^2=0$ 的检验。

【例 4.1】 考察房屋价格的影响因素

表 4-1 给出了 1990 年圣地哥大学城独栋房屋相关数据[①]，据此考察房屋价格的影响因素。

表 4-1　独栋房屋的价格、面积、卧室数与浴室数数据[②]

房屋序号	价格(千美元)	面积(平方米)	卧室数(个)	浴室数(个)
1	199.9	1 065	3	1.75
2	228	1 254	3	2
3	235	1 300	3	2
4	285	1 577	4	2.5
5	239	1 600	3	2
6	293	1 750	4	2
7	285	1 800	4	2.75
8	365	1 870	4	2
9	295	1 935	4	2.5
10	290	1 948	4	2
11	385	2 254	4	3
12	505	2 600	3	2.5
13	425	2 800	4	3
14	415	3 000	4	3

---

① 见数据文件 Table4-1。
② 拉姆·拉玛纳山. 应用经济计量学[M]. 5 版. 北京：机械工业出版社，2003。

我们考虑以下回归模型：
$$\text{Price} = \beta_1 + \beta_2 \cdot \text{Sqft} + \beta_3 \cdot \text{Bedrooms} + \beta_4 \cdot \text{Baths} + u \qquad (4.18)$$

式中，3个解释变量Sqft、Bedrooms、Baths分别是面积、卧室数量、浴室数量。我们现在检验卧室数量和浴室数量的联合显著性。零假设是

$$H_0: \beta_3 = \beta_4 = 0$$

受限方程为

$$\text{Price} = \beta_1 + \beta_2 \cdot \text{Sqft} + u \qquad (4.19)$$

利用表4-1中的数据，得到回归方程(4.18)和(4.19)的拟合优度为 $R_U^2 = 0.835\,976$，$R_R^2 = 0.820\,522$，由式(4.16)计算得到

$$F_c = \frac{(0.835\,976 - 0.820\,522)/2}{(1 - 0.835\,976)/(14-4)} = 0.471$$

查表，$F_{2,10}^*(0.05) = 4.1$（i. e. $\Pr(F_{2,10} \geqslant 4.1) = 5\%$），由于 $F_c < F^*$，因此不能拒绝原假设。即使选择显著性水平 $\alpha = 10\%$，由于 $F_{2,10}^*(0.10) = 2.92$，仍然不能拒绝零假设。因此，在 $\alpha = 10\%$ 的显著性水平下，β_2 和 β_3 是联合不显著的。图4-1有助于我们理解联合检验的逻辑。

实际上，回归方程(4.18)的具体结果是

$$\widehat{\text{Price}} = 129.062 + 0.154\,8 \cdot \text{Sqft} - 21.588 \cdot \text{Bedrooms} - 12.193 \cdot \text{Baths}$$
$$t = \qquad (4.84) \qquad\quad (-0.79) \qquad\qquad (-0.28)$$
$$R^2 = 0.84, \bar{R}^2 = 0.79$$

单个 β_3 和 β_4 也是不显著的，这是必然的结果。如果一组系数中有一个显著，则该组系数必定是联合显著的[①]；反之，不然。

式(4.19)的具体结果为

$$\widehat{\text{Price}} = 52.35 + 0.138\,8 \cdot \text{Sqft}$$
$$t = \qquad (7.407) \qquad R^2 = 0.82, \bar{R}^2 = 0.81$$

由此可见，房屋价格的主要影响因素是面积。

4.9.2 检验系数的线性组合

有时我们需要考察回归系数之间的线性关系，如 $\beta_2 = \beta_3$，$\beta_2 + \beta_3 = 1$ 是否成立？在回归方程(4.2)中，我们把家庭的工资收入与非工资收入区别对待，理由是后者的可持续性可能没有保障。但它们对消费的影响是否确有差别，尚需进一步确认。如果它们的系数相同[②]，则它们的影响没有差别，否则就存在差别。于是需要检验 $H_0: \beta_2 = \beta_3$。

方法1：考虑两个方程

(U)　$\text{Consum} = \beta_1 + \beta_2 \cdot \text{Wage} + \beta_3 \cdot \text{E-Income} + u$

(R)　$\text{Consum} = \beta_1 + \beta_2 \cdot (\text{Wage} + \text{E-Income}) + u$

其中，第二个是受限方程，把 $\beta_3 = \beta_2$ 代入第一个方程即可得到。

[①] 根据假设检验的逻辑，系数显著意味着，假定它等于零便导致小概率事件发生。因此如果一组系数为零也必然导致小概率事件发生。

[②] 指总体回归函数的系数相同。

利用数据文件 Table2-1 中的数据可得 $R_U^2=0.887\ 266$，$R_R^2=0.887\ 197$，利用式 (4.16) 计算得到

$$F_c=\frac{(R_U^2-R_R^2)/(k-m)}{(1-R_U^2)/(n-k)}=\frac{0.887\ 266-0.887\ 198}{1-0.887\ 266} \cdot \frac{23}{1}=0.013\ 9$$

远远小于 $\alpha=5\%$ 对应临界值 4.28，实际上它对应的 p 约为 0.91，故接受受限方程。

方法 2：令 $\delta=\beta_2-\beta_3$ 代入方程 (U) 得到

$$\text{Consum}=\beta_1+(\beta_3+\delta) \cdot \text{Wage}+\beta_3 \cdot \text{E-Income}+u$$
$$=\beta_1+\beta_3 \cdot (\text{Wage}+\text{E-Income})+\delta \cdot \text{Wage}+u$$

问题变为对 $\delta=0$ 的检验。利用数据文件 Table2-1 中的数据得到

$$\widehat{\text{Consum}}=2\ 049.2+0.685(\text{Wage}+\text{E-Income})-0.016\text{Wage}$$
$$t=\qquad\quad(5.769)\qquad\qquad\qquad(-0.118)$$

Wage 的系数不显著，对应的 p 值为 0.45。接受 $\delta=0$ 的假设，即 $\beta_3=\beta_2$。

两种检验方法均表明，非工资收入与工资收入对家庭消费的影响没有区别[①]。

4.10 设定偏差与解释变量的增减

比较式 (4.1) 和式 (4.12)，发现后者的拟合优度有较大幅度的增加，且工资收入的系数发生了变化。拟合优度的大幅度提升说明增加非工资收入这一变量能更好地解释家庭消费的变动，工资收入系数的变化则提示我们模型设定可能存在问题。模型设定正确是我们估计与检验的前提，并且通常只有一个是正确的，两个模型系数不同在情理之中，但这还没有触及问题的本质。更具体一点，当我们在式 (4.1) 中增加非工资收入这一变量时，工资收入系数反映的是工资收入对消费的净影响或净效果，非工资收入的影响被剔除掉了，即非工资收入对消费的影响反映在它自己的系数中。但式 (4.1) 中不含这一变量时，工资收入系数反映的是综合影响，把非工资收入对消费的部分影响错误地纳入其中。如果式 (4.2) 是正确的模型，那么式 (4.1) 就存在设定偏差，具体来说，这里的设定偏差是遗漏相关变量引起的。当我们增加一个变量时，需要对其合理性进行评估，校正拟合优度可以作为一个参考，但还需要考虑其他因素，进一步的讨论参见第 10 章。

4.11 综合实例

【例 4.2】 分析公共汽车需求的影响因素

利用美国 40 个城市的横截面数据 (数据文件 Table4-2)，分析公共汽车需求。其中变

---

① 对所考察的地区和时点而言。

量含义如下：

BusTravl＝城市交通公车乘车需求（单位：千乘客小时）

Fare＝公共车费（单位：美元）

Gasprice＝汽油价格（单位：美元/加仑）

Income＝人均收入（单位：美元）

Pop＝人口（单位：千人）

Density＝城市密度（单位：每平方千米人数）

Landarea＝城市陆地面积（单位：平方英亩）

模型初步设定为

BusTravl＝$\beta_1+\beta_2$Fare＋β_3Gasprice＋β_4Income＋β_5Pop＋β_6Density＋β_7Landarea＋u

在该模型中，考虑到公共汽车的公共产品属性，忽略了供给的影响，但我们没有足够的理由直接排除其他解释变量，直观上它们都有可能对乘车需要产生影响。

模型1：包含 Fare、Gasprice、Income、Pop、Density、Landarea 6个解释变量（obs＝40）。输出结果如表 4-2 所示。

表 4-2 模型 1 的输出结果（被解释变量为 BusTravl）

变量	系数	标准差	T 统计值	Pr.($\|t\|>T$)
C	2 744.680	2 641.672	1.038 994	0.306 4
Fare	−238.654 4	451.728 1	−0.528 314	0.600 8
Gasprice	522.113 2	2 658.228	0.196 414	0.845 5
Income	−0.194 744	0.064 887	−3.001 294	0.005 1
Pop	1.711 442	0.231 364	7.397 176	0.000 0
Density	0.116 415	0.059 570	1.954 253	0.059 2
Landarea	−1.155 230	1.802 638	−0.640 855	0.526 0
R^2	0.921 026	Akaike info criterion		16.216 66
Adjusted R^2	0.906 667	Schwarz criterion		16.512 21
回归标准差	742.911 3	Hannan-Quinn criter.		16.323 52
残差平方和	18 213 267	德宾-瓦尔森统计值		2.082 671

校正拟合优度 0.907 对横截面数据来说是一个很好的结果。Income、Pop 的系数在 5% 的水平下显著，Density 在 10% 的水平下显著，常数项、Fare、Gasprice 和 Landarea 的系数即使在 25% 的水平下也不显著。常数项通常没有直观解释，但反映了解释变量以外的其他因素的平均影响，所以，即使常数项不显著，一般也将它保留。从 p 值来说，我们有比较充分的理由将 Fare、Gasprice 和 Landarea 从模型中删除，但同时去掉多个变量不是最稳妥的方法，即使联合检验表明它们是联合不显著的。同时删除多个变量可能会去除那些处于显著边界的变量或具有理论重要性的变量。因此，删除变量确有必要时，比较稳妥的办法是每次去掉一个变量。

尝试删除其系数不显著的变量以进一步分析比较是有必要的，其好处是：模型更简洁，增加了自由度，降低了变量高度相关的可能性。解释变量高度相关时，系数估计量的精度会下降，单个系数的解释会失真。① 一般情况下，优先删除回归系数不合常理或最不显著的变量，即 p 值最大的变量，但不包括常数项。在模型 1 中，系数最不显著的是 Gasprice，其 p 值高达 84.5%，于是先把它去掉，得到下面的模型 2②。

模型 2：包含 Fare、Income、Pop、Density、Landarea 5 个解释变量。输出结果如表 4-3 所示。

表 4-3　模型 2 的输出结果（被解释变量为 BusTravl）

变量	系数	标准差	T 统计值	Pr.($|t|>T$)
C	3 215.856	1 090.469	2.949 058	0.005 7
Fare	−225.659 5	440.493 6	−0.512 288	0.611 8
Income	−0.195 716	0.063 777	−3.068 778	0.004 2
Pop	1.716 808	0.226 474	7.580 596	0.000 0
Density	0.118 216	0.058 023	2.037 401	0.049 5
Landarea	−1.195 297	1.765 554	−0.677 010	0.503 0
R^2	0.920 934	Akaike info criterion		16.167 83
Adjusted R^2	0.909 307	Schwarz criterion		16.421 16
回归标准差	732.332 3	Hannan-Quinn criter.		16.259 42
残差平方和	18 234 559	德宾-瓦尔森统计值		2.079 321

可以看到，删除 Gasprice 之后，Income、Pop、Density 的显著性进一步提高。现在系数最不显著的变量是 Fare，因为它的 p 值最大，高达 61.1%，但据经济理论价格一般来说对需求具有重要的作用，故将车费暂时保留，先删除其他系数不显著的变量。Landarea 的系数其 p 值高达 50%，从模型中去掉。

模型 3：包含 Fare、Income、Pop、Density 4 个解释变量。输出结果如表 4-4 所示。

表 4-4　模型 3 的输出结果（被解释变量为 BusTravl）

变量	系数	标准差	T 统计值	Pr.($|t|>T$)
C	3 111.181	1 071.067	2.904 749	0.006 3
Fare	−295.730 6	424.835 4	−0.696 106	0.491 0
Income	−0.202 197	0.062 564	−3.231 821	0.002 7
Pop	1.588 337	0.122 654	12.949 73	0.000 0
Density	0.149 027	0.035 713	4.172 925	0.000 2
R^2	0.919 868	Akaike info criterion		16.131 22
Adjusted R^2	0.910 710	Schwarz criterion		16.342 33
回归标准差	726.643 4	Hannan-Quinn criter.		16.207 55
残差平方和	18 480 373	德宾-瓦尔森统计值		1.995 180

---

① 参见第 5 章的讨论。
② 最不显著的系数也可能是显著的，或者虽不显著但去掉它对改善模型没有益处时，仍需保留。

剔除掉 Landarea 之后，剩余变量的显著性水平进一步提高，特别是 Density 的显著性提高幅度较大。但 Fare 的 p 值仍然高达 49%，这显然不是其他变量"分担"其影响所致，因为已经没有其他不显著的系数了，这表明价格对公共汽车的乘车需求影响很小，或许是因为作为生活或工作的基本需求，消费者对乘车价格敏感度较低。基于以上分析，我们有必要去掉 Fare。

模型 4：包含 Income、Pop、Density 3 个解释变量。输出结果如表 4-5 所示。

表 4-5　模型 4 的输出结果（被解释变量为 BusTravl）

变量	系数	标准差	T 统计值	Pr.($\|t\|>T$)
C	2 815.703	976.300 7	2.884 053	0.006 6
Income	−0.201 273	0.062 101	−3.241 076	0.002 6
Pop	1.576 575	0.120 612	13.071 48	0.000 0
Density	0.153 421	0.034 898	4.396 311	0.000 1
R^2	0.918 759	Akaike info criterion		16.094 97
Adjusted R^2	0.911 989	Schwarz criterion		16.263 86
回归标准差	721.422 8	Hannan-Quinn criter.		16.156 03
残差平方和	18 736 228	德宾-瓦尔森统计值		1.878 671

模型 4 的所有系数（包括常数项）都很显著，且从模型 3 到模型 4 其解释变量 Income、Pop 和 Density 的系数并没有明显变化，这也间接说明 Fare 的非显著性不是由于这 3 个变量"侵占"其影响所致。同时，从模型 1 到模型 4，3 个模型评价指标 AIC、Schwarz 和 HQ 均逐步下降，这是模型不断改善的一个"提示"①。令人意外的是，收入的系数为负。根据经济理论，收入对一般商品需求的影响都为正，除非它是"低档商品"。这表明，经济发展到一定水平时，较多家庭或个人更愿意选择私家车作为出行工具。

从模型 1 到模型 4，依次删除了 3 个变量，为了进一步验证其合理性，也是为了完整起见，我们对 3 个变量 Gasprice、Landarea 和 Fare 进行联合检验。也就是考察它们作为一个"集体"是否对乘车需求有"贡献"。这里的零假设是 $\beta_2=\beta_3=\beta_7=0$，模型 1 是非受限模型，模型 4 是受限模型，分别计算它们的拟合优度（已经给出），利用式(4.16)得到

$$F_c = \frac{(0.921\ 026 - 0.918\ 759)/3}{(1 - 0.921\ 026)/33} = 0.315\ 762$$

经计算 Pr.($|F_{3,33}|>0.315\ 762)=0.813\ 9$，不能拒绝原假设，这表明 Gasprice、Landarea 和 Fare 3 个变量是联合不显著的。由于在很低的显著性水平下都不能拒绝零假设，同时删除 3 个变量或许是更便捷的做法，但正如前面已经说明的，这种做法不值得鼓励。在逐步删除变量的过程中或许可以得到额外的启示。

【例 4.3】 分析工资的影响因素

利用数据文件 Table 4-3 中的 526 个工人有关工资(wage)、受教育年限(educ)、工作年限(exper)和现职务任期(tenure)的观测数据，得到如下回归方程：

---

① 我们没有用"标志"一词，因为模型选择指标也仅仅是一个参考，不能当作一个绝对的标准。参见 10.1 节。

$$\widehat{\log(\text{wage})} = 0.284 + 0.092\text{educ} + 0.0041\text{exper} + 0.022\text{tennue}$$
$$(t, p) = \quad\quad\quad (12.56, 0.00)(2.39, 0.017)(7.13, 0.00)$$
$$R^2 = 0.316$$

括号里引用的数据中，前面的数值是 t 统计量，后面的数值是与其对应的 p 值。

显然，每个变量都是显著的。这里的显著是统计意义上的，换句话说，当我们断言系数不为零或解释变量对被解释变量有影响时，犯错的可能性很小。统计显著性由 t 统计值来决定，但一个变量的经济显著性，或它对被解释变量的实际贡献与系数大小（及符号）和变量的量纲有关。在工资方程中，被解释变量是工资的对数，变量系数表示的是百分比增量（见附录 4C 的证明或参见第 6 章相关的讨论）。具体来说，受教育年限增加 1 时工资增长 9.2%，工龄增加 1 年时工资增长 0.41%；任职时间增加 1 年时工资增加 2.2%。尽管工龄是统计显著的，但相对于其他因素来说，对工资的实际影响较小。[①] 以上分析并不意味着我们需要省略工作年限这一变量，只是指出统计意义上的显著与经济意义上的显著之间的差别。

【例 4.4】 分析国内主要城市出租车需求的决定因素

表 4-6 是国内主要城市出租车需求与 GDP、市区人口、市区面积的数据[②]（2003 年数据，由韩彪、王树佳、王江整理[③]）。

表 4-6 城市出租车需求数据

城市	GDP（亿元）	市区人口（万人）POP	市区面积（平方千米）AREA	出租车（辆）TAXI
北京	3 130	1 136	16 807	61 740
上海	5 408	1 335	6 340	46 921
天津	2 023	919	11 300	31 939
重庆	1 971	3 107	82 400	15 039
广州	3 002	994	3 719	16 598
沈阳	1 400	485	3 489	15 773
哈尔滨	1 232	312	1 637	11 556
成都	1 666	1 003	1 418	8 215
南京	1 295	553	2 599	8 956
杭州	1 780	387	3 068	6 257
济南	1 200	569	2 119	8 500
郑州	927	206	1 010	10 764
武汉	1 493	740	1 627	12 166
长沙	811	587	556	7 192
深圳	2 239	504	1 949	9 571

---

① 工作 10 年，工资增长约为 4.1%（就工龄的贡献来说）。
② 见数据文件 Table4-4。
③ 深圳市出租小汽车需求规模探索［D］.21 世纪数量经济学［M］.长沙：湖南大学出版社，2003：413-418。

做 TAXI 对 GDP、AREA 和 POP 的回归,得到

$$\widehat{TAXI}=837.03+12.19GDP+0.436AREA-12.68POP$$

Pr.＝(0.92)　(0.01)　　(0.44)　　　(0.47)　$\bar{R}^2=0.45$

上述方程有两个变量不显著,且 POP 的系数的符号与预期的相反。初步判断这可能是 AREA 和 POP 相互"干扰"引起的(参见第 5 章有关多重共线性的讨论),删除最不显著且符号有误的变量 POP(也可试试先删除 AREA)。

$$\widehat{TAXI}=-2394.3+10.15GDP+0.05AREA$$

Pr.＝　(0.71)　　(0.0029)　　(0.75)　　　$\bar{R}^2=0.47$

面积 AREA 的系数仍不显著。人口和面积均不显著有些出乎意料,通过分析发现(也可通过构造散点图看出),当时重庆是一个特别的城市,人口、面积特别大,但出租车很少,是一个"奇异点","扭曲"了回归结果,如图 4-2 和图 4-3 所示。

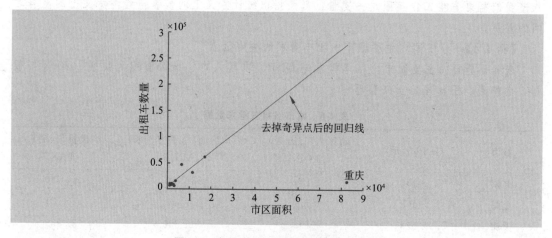

图 4-2　市区面积与出租车数量的散点图

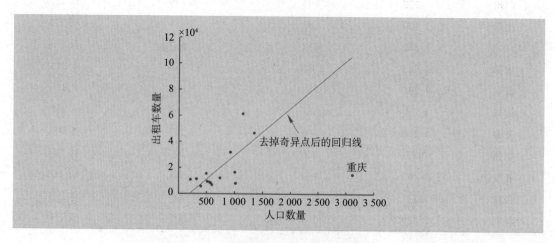

图 4-3　人口数量与出租车数量的散点图

去掉重庆的数据后再回归得到:

$$\widehat{TAXI} = -2\,821.1 + 5.32\,GDP + 2.62\,AREA - 0.226\,2\,POP$$
$\quad$ Pr. = $\quad$ (0.43) $\quad$ (0.024) $\quad$ (0.000 1) $\quad$ (0.98) $\qquad \bar{R}^2 = 0.90$

人口变量 POP 仍然不显著且符号为负[1]。去掉 POP，再回归得到：

$$\widehat{TAXI} = -2\,879.3 + 5.27\,GDP + 2.62\,AREA$$
$\quad$ Pr. = (0.30) $\quad$ (0.002 4) $\quad$ (0.000 0) $\qquad \bar{R}^2 = 0.91$

对于样本容量仅为 14 的截面样本回归方程，校正拟合优度 0.91 已经是很好的结果，且解释变量 GDP 和 AREA 的系数均高度显著。由此可见，城市出租车需求主要由经济发展水平和市区面积决定，对人口数量不太敏感[2]。

【例 4.5】 劳动力参与率影响因素分析

在第 1 章中我们提出了影响劳动力参与率的两对相反的效应，即经济形势恶化时的受挫—工人效应和增加—工人效应，以及工资收入水平的收入效应与替代效应。相反的两种效应孰大孰小，逻辑分析是无能为力的。现在我们已经有了必要的工具进行分析。把失业率和工资水平（小时工资）作为解释变量，参与率作为被解释变量建立回归模型，利用数据文件 Table4-9 得到如下结果：

$$\widehat{CLFPR} = 81.226\,7 - 0.638\,4 \cdot CUNR - 1.444\,9 \cdot AHE82$$
$\quad t = (23.92) \quad (-8.93) \quad\quad (-3.49)$
$\quad p = (0.000\,0) \,(0.000\,0) \quad\quad (0.001\,8)$
$\quad R^2 = 0.766\,3 \quad \bar{R}^2 = 0.747\,6$

其中，0.000 0 表示其值小于万分之一。

所有的系数都是高度统计显著的。失业率系数为负，表明受挫—工人效应超过增加—工人效应。工资的系数为负，表明收入效应与替代效应中，前者超过后者（收入增加，"购买"更多的闲暇时间）。

┤ 本章小结 ├

把一元回归分析的基本思想和 OLS 方法扩展到多元回归模型并没有本质上的困难，但 CLRM 的假设增加了一个：解释变量之间不存在完全共线性。这是一个自然的假设。对于多元回归模型，高斯—马尔可夫定理仍然成立，即在 CLRM 的假设下，OLS 系数估计量是线性无偏的最优估计量。系数估计量作为随机变量的方差的计算较一元回归模型更复杂一些，在一般情形下需要利用线性代数的工具，但所有的统计软件都能直接报告系数估计量的标准差和 t 统计量，所以系数显著性检验方法与一元回归模型是类似的。但由于多元回归模型至少含有两个解释变量，所以有时需要进行联合检验，联合检验的一种特殊情形是全体解释变量的整体显著性检验，它等价于拟合优度为零的假设检验。本章介绍了瓦尔德检验的基本思想与方法，探讨了瓦尔德检验在模型构建中的初步应用。

---

[1] 统计不显著的情况下，符号错误可能是抽样误差所致。
[2] 面积会影响人口数量或部分决定人口数量。

思考与练习

4.1 什么是偏回归系数？

4.2 什么是完全多重共线性？什么是高度共线性（近似完全共线性）？

4.3 多元回归方程中偏回归系数与一元回归方程中回归系数的含义有何差别？

4.4 几个变量"联合显著"的含义是什么？

4.5** 表4-7中的数据 Y、X_2、X_3 分别表示某公司每周销售量，每周的广告投入和每周顾客的平均收入①。

表 4-7 某公司销售和广告相关数据

Y(件)	302	338	362	361	422	380	408	447	495	480
X_2(元)	14	15	26	23	30	33	33	38	42	46
X_3(元)	32	33	35	36	40	41	44	44	47	48

(1) 估计回归方程 $E(Y)=\beta_1+\beta_2 X_2+\beta_3 X_3$。

(2) 计算拟合优度。

(3) 计算校正拟合优度。

(4) 计算 β_2 的置信区间（置信水平为95%）。

(5) 检验假设 $H_0:\beta_3=0$（备择假设 $H_1:\beta_3\neq 0$，显著性水平为5%）。

(6) 检验假设 $H_0:\beta_3=0$（备择假设 $H_1:\beta_3>0$，显著性水平为5%）。

(7) 检验建设 $H_0:\beta_2=\beta_3=0$（显著性水平为5%）。

4.6** 利用数据文件 Table4-6 中的数据，构建类似于式(4.18)的价格模型，重新研究房屋价格的影响因素。

4.7 利用 $Y=$某电缆制造商对其主要客户的年销售量（百万英尺），$X_2=$GNP（10亿美元），$X_3=$新房动工数（千套），$X_4=$失业率（%），$X_5=$滞后6个月的最惠利率，$X_6=$用户用线增量（%）得到如下回归方程：

$$\hat{Y}=5\,962+4.88X_2+2.36X_3-819X_4+12X_5-851X_6$$

$se=$　　　(2.51)　(0.84)　(187)　(147)　(292)　$R^2=0.82$

(1) 此模型中各系数的预期符号是什么？

(2) 系数符号是否与预期一致？

(3) 系数在5%的显著性水平上是统计显著的吗？

(4) 如果先做 Y 对 X_2，X_3，X_4 的回归，拟合优度为 $R^2=0.602\,1$，然后决定是否加进变量 X_5 和 X_6，此时如何知道是否应该把 X_5 和 X_6 加进模型？应用何种检验？进行必要的计算。

4.8 利用15个观察数据估计三变量（两个解释变量 X_2，X_3）回归模型得到 TSS=6 600，ESS=2 200。

(1) 求残差平方和 RSS。

---

① 见数据文件 Table4-5。

(2) TSS、RSS 和 ESS 的自由度各为多少？

(3) 检验假设 X_2，X_3 对被解释变量有没有影响，应使用什么检验？

(4) 如果没有残差数据，但知道三变量回归方程的拟合优度，能否完成(3)中的检验？用什么计算公式？

4.9** 数据文件 Table4-7 给出了 64 个国家婴儿死亡率(CM)、女性识字率(FLR)、人均国民收入(PGNP)和总生育率(TFR)的数据。

(1) 做 CM 对 FLR 的回归。

(2) 做 CM 对 FLR 和 PGNP 的回归。

(3) 做 CM 对 FLR、PGNP 和 TFR 的回归，观察校正拟合优度的变化。

(4) 根据各种回归结果，选择哪个模型？为什么？

(5) 检验 FLR 和 PGNP 的联合显著性。

4.10 考虑以下模型：

A：$Y_t = \alpha_1 + \alpha_2 X_{2t} + \alpha_3 X_{3t} + u_{1t}$

B：$(Y_t - X_{2t}) = \beta_1 + \beta_2 X_{2t} + \beta_3 X_{3t} + u_{2t}$

(1) α_1 和 β_1 的估计值是否相同，为什么？

(2) α_3 和 β_3 的估计值是否相同，为什么？

(3) α_2 和 β_2 的估计值有何关系？

(4) 两个模型的拟合优度能否比较(即较大的拟合优度模型较好)？为什么？

4.11 根据数据文件 Table4-8 中 1978—2012 年中国城镇居民的收入和消费的数据(year 是时间趋势变量)，得到如下回归方程：

$$\widehat{\text{Cons}} = -267.30 + 0.74\text{Income} + 85.54\text{year}$$
$$t = (-1.85) \quad (37.30) \quad (6.58)$$

(1) 收入增加一个单位时引起的消费增量称为边际消费倾向 MPC，MPC 显著不为 1 吗？给出检验过程。

(2) year 的系数显著吗？其经济含义是什么？

(3) 计算每个系数估计量的标准误差。

4.12** 蒙特卡洛试验：假设你已经知道真实的模型为

$$Y_i = 180 - 1.8X_2 - 0.006X_3 + 10X_3 + u_i$$

式中，$u_i \sim N(0, 40^2)$、X_2、X_3、X_4 分别是数据文件 Table4-7 中的 FLR(女性识字率)、PGNP(人均国民产值)和 TFR(总生育率)，Y 代表 CM(婴儿死亡率)。从给定的正态分布中生成 20 组包含 64 个观察值 u_i 的数集(样本)，求出每个样本回归方程系数估计量的平均值并与真实的参数进行比较，你有什么发现？

4.13 证明：解释变量系数全为零时，拟合优度等于零，且被解释变量关于其均值的变异等于残差平方和，即 TSS=RSS。

4.14 在模型 $Y = \beta_1 + \beta_2 X_2 + \beta_3 X_3 + u$ 中，假设 $\beta_2 = 1$，如何求 β_1 和 β_3 的最优估计值？

4.15* 考察下面离差形式的回归模型(每个变量的观察都减去该变量的平均值)：

$$y_t = \beta_1 x_{1t} + \beta_2 x_{2t}$$

样本数据如下：

$n = 100$, $\sum y^2 = 493/3$, $\sum x_1^2 = 30$, $\sum x_2^2 = 3$, $\sum x_1 y = 30$, $\sum x_2 y = 20$, $\sum x_1 x_2 = 0$

(1) 计算 β_1、β_2 的 OLS 估计值,并计算拟合优度 R^2。

(2) 检验虚拟假设 $H_0: \beta_1 = \beta_2 = 0$。

(3) 检验虚拟假设 $H_0: \beta_2 = 7$。

(4) 检验虚拟假设 $H_0: \beta_2 = 7\beta_1$。

4.16 使用美国 10 年的季度数据共 40 个观察值,首先估计得出如下双对数模型 A:

$$\widehat{\ln(\text{NCARS})} = -39.772 - 2.157\ln(\text{PRICE}) + 4.569\ln(\text{INCOME}) + 3.105\ln(\text{POP})$$
$$- 0.160\ln(\text{INTRATE}) - 0.000\,784\ln(\text{UNEMP})$$

其中,NCARS 为售出的汽车数量,PRICE 为价格指数,INCOME 为人均收入,POP 为总人口,INTRATE 为优惠利率,UNEMP 为失业率。为检验 ln(UNEMP) 和 ln(POP) 的系数均等于零的联合假设,估计得出如下第 2 个模型(括号内的值为对应的标准差) B:

$$\widehat{\ln(\text{NCARS})} = -28.069 - 1.557\ln(\text{PRICE}) + 4.807\ln(\text{INCOME}) - 0.208\ln(\text{INTRATE})$$
$$\quad (5.544) \quad (0.230) \quad\quad (0.708) \quad\quad\quad (0.058)$$

模型 A 的残差平方和为 0.309 293,模型 B 的残差平方和为 0.311 974。

(1) 计算前一个联合检验的检验统计值(务必给出中间的计算过程)。

(2) 分布和自由度是什么?

(3) 写出 10% 检验的临界值。

(4) 进行检验并写出是否拒绝零假设。

(5) 是否可以得出省略变量的系数为联合显著的或联合不显著的,并解释原因。

(6) 在模型 B 中,如果对每个弹性都等于 1 或不等于 1 的假设进行检验(双边检验),计算每个弹性检验统计值的数值(给出计算过程)。

(7) 它们的分布和自由度是什么?

(8) 写出 5% 水平检验的临界值。

(9) 进行检验,写出是否拒绝或接受每个弹性均等于 1 的零假设,并给出过程。

4.17** 数据文件 Table4-10 中的变量摘自《洛杉矶 2008 年的查格美食指南》,涉及被调查餐厅的四类数据:食物、风格、服务和单餐平均价格。

(1) 建立一个多元回归模型,用食物、风格和服务三个变量预测价格。所有的解释变量各自都是统计显著的吗?

(2) 检验 OLS 估计量的代数性质,即残差的均值是否为 0? 残差与解释变量是否相关? 残差与因变量的拟合值是否相关?

(3) 检验误差项的正态性假设。

(4) 检验风格与服务对价格的边际影响是否相同,写出检验过程,包括原假设、备择假设、检验统计量等。

本章附录

附录 4A OLS 估计量的推导

设多元回归方程为

$$Y = \beta_1 + \beta_2 X_2 + \beta_3 X_3 + \cdots + \beta_k X_k + u \tag{4A.1}$$

为了方便,定义 X_1 为恒取 1 的解释变量,β_1 为 X_1 的系数。

如果对变量组 $(Y, X_2, \cdots, X_k)$ 有 $n(n>k)$ 次观察,观察值记为

$$(Y_i, X_{2,i}, X_{3,i}, \cdots, X_{k,i}) \quad (i=1, 2, \cdots, n)$$

以上数组满足方程(4A.1),用矩阵表示为

$$Y = X\beta + u$$

其中

$$\beta = \begin{pmatrix} \beta_1 \\ \beta_2 \\ \vdots \\ \beta_k \end{pmatrix}, \quad X = \begin{pmatrix} 1 & X_{21} & X_{31} & \cdots & X_{k1} \\ 1 & X_{22} & X_{32} & \cdots & X_{k2} \\ & & \vdots & & \\ 1 & X_{2n} & X_{3n} & \cdots & X_{kn} \end{pmatrix}, \quad Y = \begin{pmatrix} Y_1 \\ Y_2 \\ \vdots \\ Y_n \end{pmatrix}, \quad u = \begin{pmatrix} u_1 \\ u_2 \\ \vdots \\ u_n \end{pmatrix}$$

利用样本数据,估计总体回归函数,得到的样本回归函数记为

$$\hat{Y} = X\hat{\beta}$$

其中,系数 $\hat{\beta} = (\hat{\beta}_1, \cdots, \hat{\beta}_k)'$ 是 β 的估计量,残差(向量)为

$$\hat{u} = Y - \hat{Y} = Y - X\hat{\beta}$$

最小二乘法要求残差的平方和

$$Q = \text{RSS} = \hat{u}'\hat{u} = (Y - X\hat{\beta})'(Y - X\hat{\beta}) = Y'Y - Y'X\hat{\beta} - \hat{\beta}'X'Y + \hat{\beta}'X'X\hat{\beta}$$

最小,其一阶条件(证明见附注)为

$$\frac{\partial Q}{\partial \hat{\beta}} = -2X'Y + 2X'X\hat{\beta} = 0$$

等式左边理解为 $(\partial Q/\partial \hat{\beta}_1, \cdots, \partial Q/\partial \hat{\beta}_k)'$,该方程称为正规方程(normal equation)。

据多元回归模型的假设,向量组 $(X_1, X_2, \cdots, X_k)$ 线性无关,故当观察次数 n 充分大时$(n \geq k)$,X 的秩为 k,从而 $|X'X| \neq 0$,证明如下。

事实上,由于方程 $XB = 0$ 没有非零解,故对其任意的非零向量 B,有 $B'X'XB = (BX)'BX > 0$,从而 $X'X$ 为正定矩阵,秩为 k。

由正规方程可得

$$\hat{\beta} = (X'X)^{-1}X'Y \tag{4A.2}$$

这就是 OLS 估计量。可证明它是使 RSS 最小的估计量[①]:

设 $B = (b_1, b_2, \cdots, b_k)'$ 是任意 k 维列向量

[①] 最小值存在,驻点唯一,故驻点必为最小值点,这是最简洁的证明。

$$Q = (Y-XB)'(Y-XB)$$
$$= [Y-X\hat{\beta}+X(\hat{\beta}-B)]'[Y-X\hat{\beta}+X(\hat{\beta}-B)]$$
$$= (Y-X\hat{\beta})'(Y-X\hat{\beta})+(Y-X\hat{\beta})'X(\hat{\beta}-B)$$
$$+(\hat{\beta}-B)'X'(Y-X\hat{\beta})+(\hat{\beta}-B)'X'X(\hat{\beta}-B)$$

第一项是对应于 OLS 估计量的残差 $\hat{u}'\hat{u}$，第四项大于或等于 0，且仅当 $B=\hat{\beta}$ 时为 0，第二项和第三项相等（均为 1×1 矩阵，互为转置）且等于 0：

$$(Y-X\hat{\beta})'X = (Y'-\hat{\beta}'X')X = (Y'-Y'X(X'X)^{-1}X')X = (Y'X-Y'X(X'X)^{-1}X'X) = 0$$
(4A.3)

因此，$Q-\hat{u}'\hat{u} \geqslant 0$，等号仅当 $B=\hat{\beta}$ 时成立。

附注：设 $T=(t_1, t_2, \cdots, t_k)'$，则 $\hat{\beta}'T = \sum_{i=1}^{k} t_i \hat{\beta}_i$，从而

$$\frac{\partial \hat{\beta}'T}{\partial \hat{\beta}} = (\partial \hat{\beta}'T/\partial \hat{\beta}_1, \cdots, \partial \hat{\beta}'T/\partial \hat{\beta}_k)' = T$$

同理

$$\frac{\partial T'\hat{\beta}}{\partial \hat{\beta}} = (\partial T'\hat{\beta}/\partial \hat{\beta}_1, \cdots, \partial T'\hat{\beta}/\partial \hat{\beta}_k)' = T$$

验算可知（右端表示所有元素之和构成的 1×1 矩阵）

$$B'X'XB = \begin{pmatrix} X_1^2 b_1^2 & +X_1 X_2 b_1 b_2 + & \cdots + X_1 X_k b_1 b_k \\ X_2 X_1 b_2 b_1 & +X_2^2 b_2^2 + & \cdots + X_2 X_k b_2 b_k \\ \vdots & \vdots & \vdots \\ X_k X_1 b_k b_1 & +X_k X_2 b_k b_2 + & \cdots + X_k^2 b_k^2 \end{pmatrix}$$

易知 $\dfrac{\partial (B'X'XB)}{\partial b_j}$ 等于 $2X'XB$ 的第 j ($j=1, 2, \cdots, k$) 个分量，从而 $\dfrac{\partial (B'X'XB)}{\partial B} = 2X'XB$。

附录 4B 式(4.17)的证明

由式(4.16)

$$F_c = \frac{(\text{RSS}_R - \text{RSS}_U)/[\sigma^2(k-m)]}{\text{RSS}_U/[\sigma^2(n-k)]} = \frac{[\text{TSS}-\text{ESS}_R-(\text{TSS}-\text{ESS}_U)]/(k-m)}{\text{RSS}_U/(n-k)}$$
$$= \frac{(\text{ESS}_U - \text{ESS}_R)/(k-m)}{\text{RSS}_U/(n-k)} = \frac{\text{ESS}_U/(k-m)}{\text{RSS}_U/(n-k)}$$

上式的分子分母同时除以 TSS，得到

$$F_c = \frac{R_U^2/(k-m)}{(1-R_U^2)/(n-k)}$$

当 $m=1$ 时，上式变为式(4.17)。在上述证明中，利用了一个基本事实：当解释变量系数全为零时，$\text{ESS}_R = 0$，从而 $R_R^2 = 0$。

附录 4C 被解释变量取对数时系数估计量的意义

由 $\ln Y = \alpha + \beta X$，两边对 X 求导，得到

$$\frac{1}{Y}\frac{dY}{dX} = \beta \Rightarrow \beta = \frac{dY/Y}{X}$$

它表示 X 增加一个单位时，Y 增加的百分比。

附录 4D 被解释变量总变异的分解：TSS＝ESS＋RSS

首先，由式(4A.3)易知

$$X'\hat{u} = \hat{u}'X = 0$$

从而 $\sum \hat{u}_i = 0$（X' 的第一行全为 1）。因此，回归平方和为

$$\begin{aligned}\text{ESS} &= (\hat{Y}-\bar{Y})'(\hat{Y}-\bar{Y})\left[=\sum(\hat{Y}_i-\bar{Y})^2\right] = (Y-\bar{Y}-\hat{u})'(Y-\bar{Y}-\hat{u}) \\ &= (y-\hat{u})'(y-\hat{u}) = y'y - y'\hat{u} - \hat{u}'y + \hat{u}'\hat{u} = \text{TSS} + \hat{u}'\hat{u} - 2y'\hat{u}\end{aligned}$$

利用式(4A.3)，及 $\bar{Y}i'\hat{u} = \bar{Y}\sum\hat{u}_i = 0$（$i$ 表示元素全为 1 的列向量）得到

$$y'\hat{u} = (Y-\bar{Y})'\hat{u} = (\hat{X}\beta+\hat{u}-\bar{Y})'\hat{u} = \hat{\beta}'X'\hat{u} + \hat{u}'\hat{u} - \bar{Y}i'\hat{u} = \hat{u}'\hat{u}$$

于是 ESS＝TSS－$\hat{u}'\hat{u}$＝TSS－RSS 得证。

第5章 多重共线性

经典线性回归模型的假设之一：不存在完全多重共线性，即多元回归模型中的各个解释变量之间不存在线性关系。实际上，在实践中很少遇到完全多重共线性的情况，往往是接近但不是完全共线性，即解释变量之间具有近似的线性关系。我们常用近似共线性或高度多重共线性（near or very high multicollinearity）表述这种情形。本章将讨论多重共线性对普通最小二乘估计量的影响，以及检测和处理的方法。

5.1 完全多重共线性

多重共线性这个词是由挪威的经济学家弗里希（Ragnar Frisch）[1]提出的。它原先的含义是指一个回归模型中的全部解释变量之间存在精确的线性关系，也就是说，如果全部解释变量中有一个能表示成其余变量的线性函数，则称它们是完全（多重）共线性的[2]。省略"多重"含义不变。

在实践中，完全（多重）共线性的情况很少，即使出现也容易处理，因此"多重共线性"一词常常用来表示解释变量之间具有较高的共线性程度但又不是完全共线性的情形。

下面我们通过一个具体的例子来进一步说明多重共线性问题。表5-1是虚构的关于某种商品的销量、价格与消费者收入的数据。

对大多数的商品而言，除价格之外，消费者的收入也是影响需求和销售量的一个重要因素。构造如下回归模型：

$$Y = \lambda_1 + \lambda_2 X_2 + \lambda_3 X_3 + \mu \tag{5.1}$$

---

[1] Ragnar Frisch, Statistical Confluence Analysis by Means of Complete Regression Systems, Institute of Economics, Oslo University, publ. no. 5, 1934.

[2] 当解释变量完全共线性时，线性关系可能不止一个，这是"多重"所要强调的含义。

表 5-1 商品销量、价格与消费者收入的数据

商品销量 Y	490	450	440	390	380	370	340	330	300	290
月工资 X_2	2 980	2 960	2 940	2 920	2 900	2 880	2 860	2 840	2 820	2 800
年收入 X_3	38 760	38 520	38 280	38 040	37 800	37 560	37 320	37 080	36 840	36 600
价格 X_4	8.01	17.98	30.95	38.01	53.92	61.75	66.18	77.22	84.91	98.55

如果利用表 5-1 中的数据估计模型(5.1)，统计软件将拒绝报告回归系数。问题在哪里呢？我们不妨考察一下变量 X_2 与 X_3 的关系。通过散点图(见图 5-1)，不难发现，有如下关系式：

$$X_3 = 2\,000 + 12X_2 \tag{5.2}$$

即年收入与月工资具有线性关系，故模型(5.1)存在完全多重共线性问题。

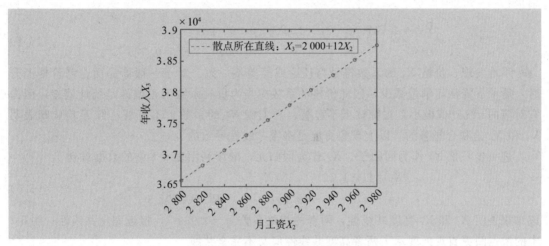

图 5-1 月工资与年收入的散点图

将方程(5.2)代入到回归模型(5.1)中，得到

$$\begin{aligned}Y &= \lambda_1 + \lambda_2 X_2 + \lambda_3 (2\,000 + 12X_2) + \mu \\ &= \lambda_1 + 2\,000\lambda_3 + (\lambda_2 + 12\lambda_3)X_2 + \mu \\ &= \beta_1 + \beta_2 X_2 + \mu\end{aligned} \tag{5.3}$$

其中：

$$\begin{cases}\beta_1 = \lambda_1 + 2\,000\lambda_3 \\ \beta_2 = \lambda_2 + 12\lambda_3\end{cases} \tag{5.4}$$

容易看出，模型(5.1)实质上是一个一元回归模型，其中的参数 λ_1、λ_2、λ_3 不能唯一地确定。我们可以通过回归方程(5.3)求出 β_1、β_2 的值，但无法通过方程组(5.4)唯一地确定 λ_1、λ_2、λ_3 的值。

上述例子旨在说明，出现完全多重共线性时，我们无法获得所有参数唯一的估计值，也就不能进行统计推断。实际上，我们可以做出更一般的说明，并且可以给出 OLS 估计量唯一确定的充分必要条件：所有解释变量作为向量组线性无关。如果有截距项，需要把单位向量(分量全为1)包含在向量组中，即把 $X_1 \equiv 1$ 视为特殊的"解释变量"。详细的讨论

参见附录 5A。

5.2 近似或不完全多重共线性

在实践中，完全多重共线性并不常见，它只是一种极端情形。大多数情形下，经济变量之间往往存在一定的线性相关性，即相关系数不为零，但又不是完全共线性。对于多元线性回归模型，解释变量之间轻微的共线性并不是很大的问题，比较严重的情况是两个或多个解释变量之间接近完全共线性，我们称为近似共线性或高度共线性。

利用表 5-1 中的数据[①]，考虑销售量 Y 对月工资 X_2 和价格 X_4 的回归，估计得到如下结果：

$$\hat{Y} = -2\ 747.56 + 1.081\ 4X_2 + 0.005\ 4X_4$$
$$t = \qquad\qquad (1.47) \qquad (0.00) \qquad R^2 = 0.975\ 7 \tag{5.5}$$

不难发现，价格 X_4 的系数符号与理论或经验不一致。对于一般商品而言，价格上升时，需求下降从而销量减少，因此价格的系数应当为负。系数为正或许是统计偏差，因为它对应的 t 统计值极小，在统计上不显著。月工资 X_2 的系数也不显著，但 F 检验却表明 X_2 和 X_4 是联合显著的。以上现象可能是多重共线性导致的。

进一步，把 X_2 作为回归子，X_4 作为回归元，继续利用表 5-1 中的数据得到

$$X_4 = 1\ 461.12 - 0.487X_2 + e$$
$$t = \qquad\qquad (-32.2) \qquad R^2 = 0.992\ 3 \tag{5.6}$$

该结果表明 X_2 和 X_4 高度共线性，两者的相关系数为 $-0.999\ 7$，接近完全共线性。图 5-2 中的散点图更直观地展示了两者高度共线性但又不完全共线。

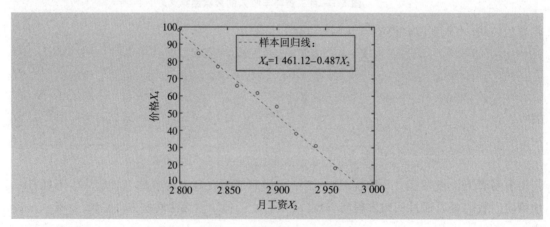

图 5-2　月工资与价格的散点图

通过上面的分析可知，尽管模型中的解释变量之间高度共线性，但只要不是完全共线

[①] 见数据文件 Table5-1。

性，模型的参数仍是可估计的。但这并不意味着估计出来的参数值是可靠的。正是因为 X_2 和 X_4 之间高度共线性，方程(5.5)中价格 X_4 的系数才不符合经济理论或常识。系数符号错误是模型中存在较严重的多重共线性时经常表现出来的特征。接下来讨论多重共线性所带来的后果，在此之前，我们先分析可能导致多重共线性问题的一些原因。

5.3 多重共线性可能的来源

事实上，两组随机数据之间都可能存在一定的线性相关关系，即它们的相关系数不为零。在这里我们不研究这种普遍存在的多重共线性问题，而是关注可能会导致比较严重的多重共线性问题进而影响到多元线性回归模型系数估计的原因。依据蒙哥马利(Douglas C. Montgomery)和佩克(Elizabeth A. Peck)的观点，多重共线性通常会由如下几种因素导致[1]：

(1) 数据收集的方法；
(2) 模型或抽样的总体受到约束；
(3) 模型的设定；
(4) 过度决定(overdefined)。

由于研究条件的限制，在收集数据的过程中，所选取的样本往往被限定在解释变量定义域内一个有限的子集上，这有可能导致多重共线性问题。在有限的取值范围内，解释变量之间可能会表现出较高的线性相关程度，尽管它们在更大的范围内可能并非如此。

对模型或抽样总体的约束可能会导致多重共线性问题。例如，如果电力公司要调查家庭收入和房屋大小对居民电力消费的影响。在这个研究中，存在对总体隐含的约束，即较高收入家庭一般拥有较大房屋面积，低收入家庭房屋面积较小。不管我们采用了什么样的抽样方法，这种实际存在的约束还是会导致多重共线性。这样的限制在生产过程或化学过程中经常存在，因为解释变量往往是一些原料，而这些原料是按一定比例投入的。

多重共线性也可能来源于模型的设定。例如，多项式模型比较容易出现多重共线性问题，特别是当解释变量的变动范围较小的时候。例如，在模型中引入 X^2，当 X 的变动幅度较小时，其与 X^2 之间就可能表现出一定程度的线性相关。

过度决定的模型是指解释变量太多的情形。这样的模型经常在医药和行为研究中遇到。可能只有很少的主体(样本单位)可供研究，但是在每一个主体上却收集了大量的信息作为解释变量。这种原因导致的多重共线性问题的解决办法通常是删掉几个解释变量。

另外，在时间序列数据的分析中，也容易遇到多重共线性问题。这是由于在使用时间序列数据时，模型中的回归元常常具有相同的变动趋势，它们往往随时间同时增加或同时减少。例如，在研究消费支出对收入、财富和人口的回归中，收入、财富和人口可能具有

---

[1] Douglas C. Montgomery, Elizabeth A. Peck, G. Geoffrey Vining, Introduction to Linear Regression Analysis, Wiley-Interscience, New York, 4th edition, 2007, 324-326。

"同步"的增速，从而表现出多重共线性。

5.4 多重共线性带来的后果

从前面的讨论我们知道，当模型中的解释变量存在完全多重共线性时，其参数不能唯一确定，但这种情形容易甄别，也容易处理。我们只需要关注不完全多重共线性所带来的影响。本书中的多重共线性一般是指不完全多重共线性。

在理论上，多重共线性并不会对普通最小二乘法的优良性质产生影响。在经典线性回归模型的假定下，OLS 估计量在所有线性无偏估计量中具有最小方差，即 OLS 估计量具有 BLUE 性质。即使存在多重共线性，OLS 估计量的 BULE 性质仍然保持。但是以下几点是值得注意的。

(1) 无偏性是一个重复抽样的性质，如果保持自变量取值不变且有足够多的样本，利用这些样本计算得到 OLS 估计值的平均值将"接近于"真实的参数值。但这并不意味着由任一个样本所计算出来的估计值会接近于真实的参数。

(2) 多重共线性没有破坏 OLS 估计量的最小方差性，但最小的方差也可能比较大。较大的方差容易导致本该显著的系数不能通过显著性检验。

具体而言，当模型中存在多重共线性时，可能会产生以下后果。

(1) OLS 估计量的方差或标准误较大。估计量标准误的大小会影响估计量的精确度，那么估计真实的参数值就更加困难。

(2) 置信区间变宽。由于标准误变大，在相同的置信水平下，总体参数的置信区间更宽。

(3) t 值不显著。由于估计量的标准误增大，t 值的绝对值减小，这使得"零假设"容易被接受。例如方程(5.5)中，月工资 X_2 和价格 X_4 的系数对应的 t 值均较小，即使在 15% 的显著性水平下我们都不能拒绝两个系数分别为零的原假设。这个判断不符合经济理论或经验判断。

(4) OLS 估计量及其标准误对样本数据的微小变化很敏感。存在多重共线性时，样本数据细微的变动就可能导致回归方程结果的极大改变，即系数估计量和 t 统计值都可能发生较大的变化。

(5) 回归系数符号错误。严重的多重共线性很可能会使回归系数的符号与理论或经验相悖。

以上我们简要讨论了多重共线性可能导致的理论和实际后果。这些后果不一定每次都会出现，多重共线性的影响也不仅限于这里所列出的后果。应当指出的是，以上现象仅仅是提示多重共线性存在的可能性，进一步的确认还需要用适当的方法进行诊断[①]。

---

① 模型设定偏差等其他问题也可能导致类似的现象。

5.5 多重共线性的诊断

如果解释变量是非随机的,一般就会存在多重共线性问题。但轻微的共线性并不会对系数估计与预测产生不可忽视的影响,因此我们关注的不是多重共线性是否存在,而是多重共线性的程度。

不幸的是,我们没有很好的办法测度多重共线性的性质与程度,只有一些经验法则可用于判断多重共线性是否严重。例如:

(1) R^2 较高但 t 值显著的系数不多,这是多重共线性的"典型"特征。如果 R^2 较高,如在 0.8 以上,F 检验通常会拒绝零假设,即解释变量联合起来对被解释变量有影响,但单个系数能通过显著性检验(t 检验)的不多。方程(5.5)就说明了这一点。

(2) 解释变量两两高度相关。计算多元回归模型中解释变量两两间的相关系数,如果相关系数很高,则可能存在较严重的多重共线性。该方法的缺陷是,我们对相关系数的高低没有一个合理的标准,即没有被普遍认可的规则说明多大的相关系数将导致比较严重的多重共线性问题。

(3) 辅助回归。既然多重共线性是由于某些(至少存在一个)解释变量是其他解释变量的近似线性函数,为了检验多重共线性存在与否,一个自然想到的方法是考察每个解释变量对其他剩余解释变量的回归方程,这样的回归称为辅助回归。如果某个辅助回归方程的拟合优度显著不为零(即通过整体显著性检验),则存在多重共线性。根据式(4.17),检验所用的 F 统计量为

$$F_i = \frac{R_i^2/(k-1)}{(1-R_i^2)/(n-k)}$$

式中,n 是样本容量,k 是辅助回归方程中参数的个数。

正如前面所指出的,多重共线性不是有与无的问题,而是共线性的程度问题。很多情况下,辅助回归的拟合优度是显著不为零的,但没有一个简单的准则把辅助回归的拟合优度与共线性的程度联系起来。

(4) 方差膨胀因子(variance inflation factor,VIF)。对于两个解释变量的情形,利用式(4.9)和式(4.10)得到

$$\operatorname{var}(\hat{\beta}_2) = \left[\frac{\sum x_{3i}^2}{(\sum x_{2i}^2)(\sum x_{3i}^2) - (\sum x_{2i}x_{3i})^2}\right] \cdot \sigma^2$$

即

$$\operatorname{var}(\hat{\beta}_2) = \left[\frac{\sigma^2}{(\sum x_{2i}^2)\left(1 - \frac{(\sum x_{2i}x_{3i})^2}{\sum x_{2i}^2 \sum x_{3i}^2}\right)}\right] = \frac{\sigma^2}{\sum x_{2i}^2} \cdot \frac{1}{1 - r_{23}^2} \quad (5.7)$$

式中,r_{23} 是解释变量 X_2 和 X_3 的(样本)相关系数,介于 -1 与 $+1$ 之间。容易证明,r_{23}^2 正好是 X_2 对 X_3 回归的拟合优度(也是 X_3 对 X_2 回归的拟合优度)[①]。称

---

① 见第 2 章习题 2.9。

$$\text{VIF} = \frac{1}{1-r_{23}^2}$$

为方差膨胀因子。于是

$$\text{var}(\hat{\beta}_2) = \frac{\sigma^2}{\sum x_{2i}^2} \cdot \text{VIF} \tag{5.8}$$

与此相类似，

$$\text{var}(\hat{\beta}_3) = \frac{\sigma^2}{\sum x_{3i}^2} \cdot \text{VIF} \tag{5.9}$$

当 X_2 和 X_3 之间线性相关的程度较高时，拟合优度 r_{23}^2 接近于 1，从而方差膨胀因子 VIF 很大。随着拟合优度的增加（趋于 1），估计量的方差趋向无穷，直观的表达就是方差"膨胀"了。于是，我们可以用 VIF 作为一种测定多重共线性的手段，当检测到较大的 VIF 时，就有可能存在多重共线性问题。如果将这个结果推广到 k 变量（$k-1$ 个回归元）模型，那么第 j 个系数估计量 $\hat{\beta}_j$ 的方差可表示为

$$\text{var}(\hat{\beta}_j) = \frac{\sigma^2}{\sum_i x_{ji}^2} \cdot \frac{1}{1-R_j^2}$$

式中，$x_{ji} = X_{ji} - \bar{X}_j$，$R_j^2$ 是 x_j 对其余回归元（解释变量）进行辅助回归得到的拟合优度。令

$$\text{VIF}_j = \frac{1}{1-R_j^2}$$

则上式可写成

$$\text{var}(\hat{\beta}_j) = \frac{\sigma^2}{\sum_i x_{ji}^2} \cdot \text{VIF}_j \tag{5.10}$$

由式(5.10)可以看出，估计量的方差除受到 VIF_j 的影响外，还受到 σ^2 和 $\sum_i x_{ji}^2$ 的影响。因此，较大的 VIF_j 未必导致估计量 $\hat{\beta}_j$ 的方差较大，但可以断言的是，在既定的模型中，增加新的解释变量一般会使原有的系数估计量的方差增大。

尽管可以把 VIF 作为测定多重共线性的辅助手段，但对于多重共线性的程度与 VIF 的对应关系，我们没有任何结论。

(5) 克莱因经验法则（Klein's rule of thumb）。如果某个解释变量对其余解释变量的辅助回归的拟合优度大于因变量 Y 对所有解释变量作回归所得到的拟合优度 R^2，则可能存在比较严重的多重共线性。当然，这只是个经验法则，不能将其绝对化和简单化。

还有一些诸如偏相关系数（partial correlation coefficient）、特征值（Eigenvalues）或病态指数（condition index）等其他方法可用于诊断多重共线性的程度。可惜的是，所有这些方法中没有任何一种是通用的，能够在任何情形中准确地做出判断。有些时候我们很容易发现多重共线性问题，但有时我们不得不运用多种方法对多重共线性的程度进行综合判断。

5.6 处理多重共线性的一些方法

如果发现模型中存在比较严重的多重共线性问题，我们应该怎么做呢？如同我们没有简单有效的方法用于诊断多重共线性一样，我们也没有好的办法来处理各种多重共线性问题。因为多重共线性在很多情况下是样本问题[①]，不是OLS的估计方法或其他统计方法所带来的。在样本没有选择余地的情况下减少多重共线性的唯一办法就是去掉一些（一个）变量，但这也可能引起其他问题，甚至是更严重的问题（遗漏变量问题）。因此，在遇到多重共线性时，我们有两种选择：什么也不做，或者运用一些经验法则。对于某些研究目的来说，多重共线性未必是坏事。例如，就预测来说，在样本容量较大的情况下，增加自变量将提高预测精度。这个原因导致的多重共线性至少对因变量的预测是有益的。此时，什么也不做或许是更好的选择。以下主要讨论如何减轻多重共线性的经验法则。

▶ 1. 删掉不重要的解释变量

对待比较严重的多重共线性问题，最简单的办法似乎就是删掉一个或多个引起共线性的变量。的确，删除变量多数情况下能极大地减轻多重共线性问题，但这样做有可能带来更严重的后果，即模型设定误差。我们构建一个经济模型总是以一定的经济理论为基础的，如果某个解释变量进入模型得到理论支持，但仅仅由于样本所导致的多重共线性而被删除，那么剩余的系数估计量将是有偏的。前面曾指出，存在多重共线性时OLS估计量仍然具有BLUE性质。因此，如果没有合理的解释，我们不建议为了削弱多重共线性而随意删除解释变量。

▶ 2. 补充新的样本或数据

既然多重共线性常常是样本特征问题，那么，重新获取样本或增加样本容量或许会使共线性的程度降低。关键在于我们能否获得另一个样本或增加样本容量。在现实中，收集样本数据的成本通常很高，甚至没有机会重新获取样本或增加观测值。

▶ 3. 重新考虑模型

当出现比较严重的多重共线性问题时，我们不妨回头重新审视模型的设定，或许是某些重要的变量没有考虑进来，或许是没有采用合适的函数形式。因此，为了解决或减轻多重共线性问题，可以尝试对数模型或半对数模型等其他函数形式的模型[②]。当然，改变函数的形式也就改变了原有参数的含义，不能仅仅为了削弱多重共线性问题去重新设定模型，这如同删除变量一样，可能会带来其他问题。

▶ 4. 利用先验信息

所谓先验信息是指在模型设定之前就已经存在的一些与模型相关的信息。考虑我们之前探讨的完全多重共线性的情形，在方程(5.4)中可以看到，由于完全多重共线性的存在（见式(5.2)），需要利用两个方程去求解三个未知参数，所以参数不能唯一确定。如果能够找到一些先验的关于 λ_1、λ_2、λ_3 相互关联的信息，我们就能求解每一个参数，完全多重

---

① 不能说所有的多重共线性都是样本问题，它有时也是由总体的属性导致的。例如，GDP和消费总量的共线性特征就是一个总体特征，无论如何选择样本或增加样本容量，这一特征都不会消失。

② 详细的讨论参见第6章。

共线性带来的影响就消除了。对于不完全多重共线性的情形,先验信息也能起到类似作用。例如,对于回归模型(5.5),如果我们已经知道价格的系数是-0.8,待估回归方程(5.5)变为

$$Y = \gamma_1 + \gamma_2 X_2 - 0.8 X_4 + u \tag{5.11}$$

即

$$Y + 0.8 X_4 = \gamma_1 + \gamma_2 X_2 + u \tag{5.12}$$

利用原有的数据,我们视$(Y+0.8X_4)$为新的因变量,对X_2作回归就能够求得参数λ_1和λ_2,模型(5.5)的多重共线性问题便不复存在。本质上,我们利用已知信息去掉了一个解释变量。

看起来这是一个好办法,但获取正确的先验信息并非易事。把先验预期施加于数据之上时应该特别慎重。

▶ 5. 变量变换

有些时候通过改变数据的表现方式就能够削弱共线性的程度。举例来说,如果我们利用总的消费支出对总收入和总财富进行回归分析时遇到了多重共线性问题,那么部分或全部变量用人均数量代替相应的总量数据有可能减轻共线性的程度。当然,也有可能出现相反的情形:某些变量用总量数据代替平均数据时或可减轻多重共线性的程度。将名义的数据变换为实际数据,或者对数据进行差分处理也是备选方法。

变量变换不一定总是有效的,而且也可能产生一些严重的副作用,后果可能比多重共线性本身更严重。

▶ 6. 其他方法

一些计量经济学家们还提出了诸如正交多项式(orthogonal polynomial)、因子分析(factor analysis)、主成分分析(principal component analysis)和岭回归(ridge regression)等改善多重共线性的措施。但这些方法超出了本书的范围,感兴趣的读者可以参考相关书籍。

【例5.1】 关于贫困率的研究

为了研究贫困率的影响因素,收集了某一年加利福尼亚州58个城市相关的数据(见数据文件Table5-2),并考虑如下模型:

$$povrate = \beta_1 + \beta_2 urb + \beta_3 famsize + \beta_4 unemp + \beta_5 highschl + \beta_6 college + \beta_7 medinc + \mu_i \tag{5.13}$$

式中,povrate=贫困率;urb=城市人口率;famsize=每个家庭的成员数;unemp=失业率;highschl=25岁以上的人口中仅具有高中学历的人口比例;college=25岁以上的人口中具有大学或以上学历的人口比例;medinc=家庭收入的中位数。

回归结果如表5-2所示。

表5-2 包含全部自变量的回归结果(模型1)

Variable	Coefficient	Std. Error	t-Statistic	Pr.
C	16.817 57	8.502 563	1.977 941	0.053 4
urb	−0.018 7 35	0.014 757	−1.269 543	0.210 0
famsize	6.091 761	1.881 073	3.238 450	0.002 1

续表

Variable	Coefficient	Std. Error	t-Statistic	Pr.
unemp	−0.011 796	0.119 457	−0.098 749	0.921 7
highschl	−0.118 552	0.068 100	−1.740 840	0.087 7
college	0.171 106	0.098 165	1.743 033	0.087 4
medinc	−0.535 992	0.070 354	−7.618 501	0.000 0
R^2	0.836 184	Akaike info criterion		4.003 044
Adjusted R^2	0.816 911	Schwarz criterion		4.251 718
Durbin-Watson stat	1.903 818	Hannan-Quinn criter.		4.099 907

从表 5-2 中可以发现，urb 和 unemp 的系数不显著，而且 college 的系数的符号与理论或经验不相符。受过高等教育的人口比例与贫困率应该是负向关系，即 college 系数应该为负。我们怀疑所选取的变量之间存在比较严重的多重共线性问题。

为了探测多重共线性的可能性，我们计算解释变量两两间的相关系数如表 5-3 所示。

表 5-3 相关系数表

	urb	famsize	unemp	highschl	college	medinc
urb	1.000 000	0.350 264	0.109 609	0.210 622	−0.358 034	−0.084 427
famsize	0.350 264	1.000 000	0.484 816	−0.507 556	−0.299 949	−0.034 907
unemp	0.109 609	0.484 816	1.000 000	−0.108 688	−0.756 632	−0.714 417
highschl	0.210 622	−0.507 556	−0.108 688	1.000 000	−0.357 567	−0.280 333
college	−0.358 034	−0.299 949	−0.756 632	−0.357 567	1.000 000	0.847 734
medinc	−0.084 427	−0.034 907	−0.714 417	−0.280 333	0.847 734	1.000 000

表 5-3 显示，medinc 与 unemp 和 college 有较高的相关性。

通常情况下，我们应该首先删除最不显著且无理由保留的变量。但系数最不显著的失业率 unemp 和城镇人口比例 urb 从理论上说对贫困率是有影响的，它们不显著可能是多重共线性所导致的。关键是，收入中位数 medinc 与其说是贫困率的影响因素，还不如说它是失业率、受教育人口比例等基本因素所导致的结果，因此，尽管 medinc 是最显著的变量，可以考虑把它删除。从表 5-3 也可看出，我们这样做是合理的，因为变量 medinc 与 college 和 unemp 的相关系数较高。去掉 medinc 后，重新估计方程得到表 5-4。

表 5-4 去掉 medinc 后的回归结果（模型 2）

Variable	Coefficient	Std. Error	t-Statistic	Pr.
C	39.042 28	11.565 08	3.375 877	0.001 4
urb	−0.034 015	0.021 172	−1.606 633	0.114 2
famsize	−2.152 608	2.228 070	−0.966 132	0.338 5
unemp	0.204 432	0.168 031	1.216 628	0.229 2

续表

Variable	Coefficient	Std. Error	t-Statistic	Pr.
highschl	−0.298 035	0.092 526	−3.221 092	0.002 2
college	−0.375 937	0.096 931	−3.878 410	0.000 3
R^2	0.649 750	Akaike info criterion		4.728 464
Adjusted R^2	0.616 072	Schwarz criterion		4.941 614
Durbin-Watson stat	2.070 192	Hannan-Quinn criter.		4.811 490

去掉 medinc 之后，每个变量的系数均有合理的符号，但有 3 个变量在 10% 的显著性水平下不显著，它们是城镇人口比例 urb、家庭规模 famsize 和失业率 unemp，但从单边检验的角度来看，urb 和 unemp 是比较显著的。我们把最不显著的 famsize 去掉，得到如表 5-5 所示的回归结果。

表 5-5 从模型 2 中去掉 famsize 后的回归结果（模型 3）

Variable	Coefficient	Std. Error	t-Statistic	Pr.
C	30.126 74	6.966 528	4.324 498	0.000 1
urb	−0.043 817	0.018 570	−2.359 523	0.022 0
unemp	0.186 000	0.166 840	1.114 839	0.269 9
highschl	−0.241 478	0.071 608	−3.372 228	0.001 4
college	−0.355 443	0.094 522	−3.760 438	0.000 4
R^2	0.643 463	Akaike info criterion		4.711 772
Adjusted R^2	0.616 554	Schwarz criterion		4.889 397
Durbin-Watson stat	2.027 170	Hannan-Quinn criter.		4.780 961

除了 unemp 以外，其他变量的系数在 5% 的显著性水平下都是显著的，从单边检验的角度来看，我们也倾向于相信失业率对贫困率是有影响的。去掉它不能使模型得到改善，这可从校正拟合优度、AIC 指标、Schwarz 指标和 HQ 指标的变化来评判，更详细的讨论可参见 10.1 节。

如果先验地认为家庭规模 famsize 比失业率 unemp 对贫困率的影响更大，也可以保留模型 2 中的 famsize 但去掉 unemp，得到表 5-6 所示的估计结果。

表 5-6 从模型 2 中去掉 unemp 后的回归结果（模型 4）

Variable	Coefficient	Std. Error	t-Statistic	Pr.
C	44.930 56	10.551 14	4.258 361	0.000 1
urb	−0.041 328	0.020 392	−2.026 703	0.047 7
famsize	−1.844 834	2.223 667	−0.829 636	0.410 5
highschl	−0.343 717	0.084 948	−4.046 221	0.000 2

续表

Variable	Coefficient	Std. Error	t-Statistic	Pr.
college	−0.471 882	0.056 614	−8.335 135	0.000 0
R^2	0.639 780	Akaike info criterion		4.722 049
Adjusted R^2	0.612 593	Schwarz criterion		4.899 673
Durbin-Watson stat	2.102 651	Hannan-Quinn criter.		4.791 237

模型 3 与模型 4 并没有很大的差别，但从校正拟合优度、AIC 指标、Schwarz 指标和 HQ 指标来看，模型 3 更优。

回头再看，我们首先删除 medinc 是源于直观判断，它不是贫困率的直接原因，仅仅是其他解释变量的结果。实际上，如果将 medinc 对其他解释变量做辅助回归，我们会发现辅助回归方程的大部分系数是显著的，而且拟合优度较高，这进一步证实了我们关于 medinc 导致多重共线性的推测。去掉 medinc 之后，模型得到很大的改善，所有系数的符号均符合预期。进一步删除系数不太显著的 unemp 或 famsize 的目的是使模型更简洁。

本章小结

经典多元线性回归模型的一个重要假定是：解释变量之间不存在精确的线性关系，即不存在完全多重共线性。尽管在实践中很少有完全多重共线性，但接近或者高度多重共线性的情形却经常发生。因此，多重共线性这一术语一般用来指两个或者多个变量高度线性相关。

多重共线性并没有破坏 OLS 估计量的 BLUE 性质，即普通最小二乘估计量仍然是线性无偏的最优估计量，最优即方差最小，但最小的方差也可能比较大，对应的 t 统计值偏小，容易做出系数不显著的错误判断（第二类错误）。

本章介绍了几种检测多重共线性的方法，讨论了各种用来"解决"多重共线性问题的补救措施。在实践中我们无法完全避免多重共线性的影响，只能尽量减轻共线性的程度。事实上，我们没有应对多重共线性问题的简单法则，往往需要结合多种方法进行综合判断和处理。

思考与练习

5.1 解释概念

（1）完全多重共线性 （2）高度共线性 （3）辅助回归 （4）方差膨胀因子

5.2 在 k 变量的模型中有 k 个正规方程用以估计 k 个未知系数。假定 X_k 是其余自变量的一个完全线性组合，怎样说明在这种情形中不可能估计这 k 个回归系数？

5.3 一般来说，如何判断模型中是否存在严重的多重共线性问题？

5.4 什么是方差膨胀因子（VIF），它有什么作用？

5.5 在一个关于某城市用水量的分析中，估计出了如下的方程($n=15$)：

$$\widehat{watc} = -326.9 + 0.305 house + 0.363 pop - 0.005 pci - 17.87 prwat - 1.123 rain$$

$$t = (-1.7)\ (0.9)\qquad (1.4)\qquad (-0.6)\quad (-1.2)\qquad (-0.8)$$

$\bar{R}^2 = 0.93 \quad F = 38.9$

式中，watc＝总用水量，house＝总的房屋套数，pop＝总人口，pci＝人均年收入，prwat＝水价，rain＝年降雨量，括号内的数值是 t 统计量。

(1) 根据经济理论或直觉，你认为每个回归系数的符号应该是什么，为什么？估计出来的系数的符号与你的推测一致吗？

(2) 每个系数的 t 统计值都不显著，但是 F 统计值是显著的，导致这种矛盾的原因是什么？

(3) 这些估计量是有偏的、无效的或者不一致的吗？

5.6 判断以下说法的正误，并给出理由。

(1) 尽管存在多重共线性，OLS 估计量仍然具有 BLUE 性质。

(2) 在高度多重共线性的情形下，要评价一个或多个偏回归系数的个别显著性是不可能的。

(3) 如果有某一辅助回归显示出高的 R^2 值，则模型中肯定存在较严重的多重共线性问题。

(4) 变量的两两高度相关并不表示高度的多重共线性。

(5) 如果分析的目的仅仅是预测，则多重共线性是无害的。

(6) 其他条件不变，VIF 越高，相应的 OLS 估计量的方差越大。

(7) 在多元回归中，如果根据 t 检验，全部的偏回归系数个别来说都是不显著的，那么就不可能得到一个较高的 R^2。

5.7 考虑表 5-7 所示的数据集。

表 5-7　思考与练习 5.7 数据集

Y	-10	-8	-6	-5	-2	0	2	4	6	8	10
X_2	1	2	3	4	5	6	7	8	9	10	11
X_3	1	3	5	7	9	11	13	15	17	19	21

假设做 Y 对 X_2 和 X_3 的回归，

(1) 你能估计模型参数吗？为什么？

(2) 如果不能，你能估计哪些参数或参数的组合？

5.8** 数据文件 Table5-3 是美国 1971—1986 年的年度相关数据。其中，Y 为新轿车的销售量（千辆）；X_2 为新车消费价格指数（1967年=100）；X_3 为城市居民消费价格指数（1967年=100）；X_4 为个人可支配收入（10亿美元）；X_5 为利率（%），金融公司直接支付的票据利率；X_6 为城市就业劳动力（千人）。

考虑下面的轿车总需求函数：

$$\ln Y = \beta_1 + \beta_2 \ln X_2 + \beta_3 \ln X_3 + \beta_4 \ln X_4 + \beta_5 \ln X_5 + \beta_6 \ln X_6 + u$$

(1) 模型中引入解释变量 $X_2 \sim X_6$ 的理由是什么？

(2) 如何解释各偏斜率系数的经济意义？

(3) 求上述模型的 OLS 估计。

(4) 该题中是否存在共线性问题？你是如何知道的？

(5) 如果存在多重共线性，估计各辅助回归方程，并找出哪些变量是高度共线性的。

(6) 计算方差膨胀因子并说明其意义。

(7) 如果存在严重的共线性，你会删除哪个变量，为什么？删除一个或多个变量，可能会犯哪类错误？

(8) 删除一个或多个解释变量后，最终的轿车需求函数是什么？这个模型在哪些方面好于包括所有解释变量的原始模型？

本章附录

附录 5A OLS 估计量唯一确定的条件

设 $X_2, \cdots, X_k$ 是解释变量，引入"变量"$X_1 \equiv 1$，则 $X_2, \cdots, X_k$ 完全共线性的本质是 $X_1, X_2, \cdots, X_k$ 作为向量组线性相关，即其中的某一个可以表示成其余"向量"的线性组合。

不妨设

$$X_k = t_1 X_1 + t_2 X_2 + \cdots + t_{k-1} X_{k-1}$$

回归方程

$$Y = \beta_1 X_1 + \beta_2 X_2 + \cdots + \beta_k X_k + u$$

化为

$$Y = (\beta_1 + t_1 \beta_k) X_1 + (\beta_2 + t_2 \beta_k) X_2 + \cdots + (\beta_{k-1} + t_{k-1} \beta_k) X_{k-1} + u$$

OLS 方法只能求出 $(k-1)$ 个参数 $\alpha_1, \alpha_2, \cdots, \alpha_{k-1}$。由方程组

$$\begin{cases} \beta_1 + t_1 \beta_k = \alpha_1 \\ \beta_2 + t_2 \beta_k = \alpha_2 \\ \quad \vdots \\ \beta_{k-1} + t_{k-1} \beta_k = \alpha_{k-1} \end{cases}$$

不能唯一地确定 $\beta_1, \beta_2, \cdots, \beta_k$ 的值。

如果全部解释变量 $X_1, X_2 \cdots, X_k$ 作为向量组线性无关，则由附录 4A 的证明知道，OLS 方法可以唯一地确定系数估计量（样本容量不少于参数的个数）。因此，OLS 估计量唯一确定的充分必要条件是全部解释变量 $X_1, X_2, \cdots, X_k$ 作为向量组线性无关。"全部解释变量"的含义是，如果回归方程有常数项，则需要把 $X_1 \equiv 1$ 作为特殊的解释变量。附录 4A 中的讨论稍做调整即可证明：回归方程中没有常数项时，OLS 系数估计量能唯一确定的充分必要条件是 $X_2, \cdots, X_k$ 作为向量组线性无关[①]。所以，OLS 估计量唯一确定的

---

① 一般线性代数教材都有向量组线性相关的讨论。

充要条件是全部解释变量作为向量组线性无关。

即使对于既定的观察样本，解释变量作为向量组线性相关，但适当增加样本容量后，解释变量可能变成无关向量组（向量维数增加了）。基于此，我们说，多重共线性问题往往是一个样本现象。当然，如果变量之间有精确的线性关系，如年收入和月均收入，无论怎么增加样本容量也不能把解释变量变成无关向量组。

第二部分 模型拓展

如果回归分析仅限于第一部分所讨论的模型，其应用将有很大的局限。所幸的是，适当的变换和一些常规性的方法就能极大地拓展回归模型的应用空间。第一部分讨论的是 CLRM 的基本原理，对模型有严格的限制条件，但在实践中这些限制未必成立。第二部分主要讨论 CLRM 的基本假设不成立时所导致的后果及处理方法，包括用虚拟变量进行定性分析和非线性模型。

第 6 章讨论如何把线性回归模型的 OLS 方法应用于非线性关系的分析，通过适当的变量代换可以把非线性关系转化为线性回归模型。重点讨论了双对数模型、对数—线性模型、线性—对数模型以及多项式模型，研究了这几种模型的适用条件及特性。

第 7 章讨论模型中引入虚拟变量的问题。用定量的方法讨论定性的问题时，虚拟变量是非常有用的方法，尽管 CLRM 的假设中没有限制虚拟变量进入模型（作为解释变量），但它的使用仍有特别之处，例如，虚拟变量的不当设置可能会导致完全共线性问题。

第 8 章讨论异方差可能导致的后果、检验与处理方法，着重讨论了加权最小二乘法（WLS）与怀特异方差一致标准误方法（异方差—稳健性标准误）。

第 9 章讨论自相关问题。讨论了自相关对 OLS 估计量的影响以及自相关的检验和修正方法，比较详细地介绍了广义最小二乘法（GLS）、可行广义最小二乘法（FGLS）以及 Newey-west 标准误方法——对异方差和序列相关均具有稳健性的标准误计算方法。

第 10 章讨论模型的选择与实践问题，也就是在应用中如何构建模型的问题。在某种意义上说，模型设定是经济理论与数据拟合相结合的问题，脱离经济理论的数据挖掘有变成数字游戏的危险。本章主要介绍了模型评价的一般性指标和模型比较的常用方法。

第6章 回归模型的函数形式

我们在前面几章所讨论的回归模型都是变量线性的方程，Y 与 X 之间的关系被假定为线性的。但线性关系并不是对所有现象都适用，现实中变量之间的关系往往更适合用非线性方程来描述。本章将探讨如何建立和估计变量之间非线性关系的问题，通过合理地转换因变量和自变量，可以把许多非线性因素引入回归分析之中。为了便于表述，本章的讨论大都以一元回归模型为例来说明，但其方法适用于多元回归模型。

6.1 线性回归的含义

我们在前面研究的回归模型都是线性回归模型，讨论的是因变量与自变量的线性关系。但线性回归并不限于变量之间的线性关系，计量经济分析中的线性模型允许变量之间非线性关系的存在。那么这里的"线性"究竟意味着什么呢？我们建立回归方程 $Y = \beta_1 + \beta_2 X + u$，需要对参数 $\beta_j (j=1, 2)$ 进行估计和推断。使用 OLS 估计方法可以得到最优估计量的关键是方程中的参数 β_1、β_2 及误差项 u 以线性的方式进入模型，并且 u 满足适当的假定。至于 Y 和 X 是怎样的形式并没有限制。根据最小二乘原理，其一阶条件是残差平方和对所有具有线性关系的参数估计量的偏导数等于零，如此求得了 OLS 估计量的解。Y 和 X 可以定义为观测变量的对数、指数或是幂函数等形式，只要 Y 和 X 的关系式最终能够变换为参数是线性的，就可以在 OLS 的框架下估计参数，进行相关的检验与推断。这时，对于变换而成的新变量来说也是变量线性的。

所以，下面各类模型都是参数线性模型或可转换为参数线性模型：

(1) $Y = \beta_1 + \beta_2 X + u$；

(2) $Y = \alpha + \beta \dfrac{1}{X} + u$；

(3) $Y = A X^\beta u$；

(4) $Y = \beta_1 + \beta_2 X_2^2 + \beta_3 \sqrt{X_3} + \beta_4 \log X_4 + u$。

以(4)为例，令 $Z_2=X_2^2$，$Z_3=\sqrt{X_3}$，$Z_4=\log X_4$，就可以变换为(1)的形式，即
$$Y=\beta_1+\beta_2 Z_2+\beta_3 Z_3+\beta_4 Z_4+u$$

变换后的方程不仅参数 β_1、β_2、β_3、β_4 是线性的，而且新变量 Z_2、Z_3、Z_4 与 Y 之间也是线性的。

尽管线性模型的定义非常宽松，但它并不能包含我们在实践中所遇到的所有情形。例如，我们就无法把下面这些模型变换成线性形式：

(1) $Y=\alpha+\dfrac{1}{\beta_1+\beta_2 X}+u$；

(2) $Y=AX^\beta+u$；

(3) $Y=\beta_1+\beta_2 X_2+\beta_3 X_3+\beta_2\beta_3 X_4+u$。

因此，这些模型都不能用 OLS 方法估计模型的参数，需要应用非线性模型的估计方法，它的讨论已超出本书的范围。

虽然回归分析的原理并不依赖于 Y 和 X 的定义，但回归方程系数的解释依赖于它们的定义。在经验性研究中，理解系数的含义与计算系数的估计值同样重要。后面各节讨论的模型是关于变量间非线性关系的回归方程，其重要内容之一是对回归系数和各类模型特性的理解。

实践中经常使用对数来设定计量经济模型，对数变换是回归分析中使用最广泛的变换之一，下一节将专门讨论对数变换在计量经济分析中的应用。

6.2　对数模型

6.2.1　变量对数化

线性回归模型 $Y=\beta_1+\beta_2 X+u$ 中的斜率 β_2 是常数，表示一单位 X 的变化所引起的 Y 的变化，称为 X 对 Y 的边际效应(多元回归中又称为偏效应)，这是经济学中最重要的概念之一。但边际效应为常数这个假定太苛刻了，而对数模型有时更符合现实。

在经济学分析中，我们经常会关注变量的相对变化(百分比变化)。例如，在 GDP、就业人数和出生人口数等经济分析中，经常出现百分比变化，那么变量对数化的一个特性就是从相对变动的角度来测算变量的变化，通过对数变换可将变量的绝对数变化转为相对变化。

例如，使用模型 $Y=\beta_1+\beta_2 X+u$ 可以分析 X 的变动(ΔX)对因变量的影响(ΔY)，分析的视角是变量的绝对量的改变。

如果解释变量是 $\log X$，回归方程为 $Y=\beta_1+\beta_2\log X+u$，由此可以分析 $\log X$ 变动时对因变量的影响。而 $\log X$ 的变动为[①]

[①] 本书中 $\log x$ 与 $\ln x$ 通用，统计软件 Stata 中 $\log(x)$ 与 $\ln(x)$ 均表示 x 的自然对数。

$$\mathrm{d}\log X = \frac{\mathrm{d}X}{X}$$

可见，对数化的变量，其实就是从相对变化的视角来分析各因素之间的关系。在实践中，当 X 的变化足够小时，$\log X$ 的变化近似等于 X 的相对变化。

变量对数化的另外一个特性是缩小变量的取值范围，例如，X 在 $1\sim 1\,000\,000$ 变动，而 $\log X$ 的变动范围只是 $0\sim 13.816$。对数变换可以起到降低数据的波动性和减少不对称性的作用，其好处之一是：使估计模型时对因变量或自变量的异常值（或极端值）不是那么敏感了。

将变量对数化时最常用的底数是 e，X 取以 e 为底的自然对数在本书中表示为 $\log X$ 或 $\ln X$。

6.2.2 双对数模型

双对数模型是一种广泛应用的函数形式，模型中的因变量和自变量都以对数度量，如设定一个双对数模型

$$\ln Y = \beta_1 + \beta_2 \ln X + u$$

怎样来解释回归系数 β_2 的含义呢？形式上，β_2 度量了解释变量 $\ln X$ 变化一单位对 $\ln Y$ 的影响，但我们希望参数能更直观地描述变量 X 与 Y 的关系。这个模型中的参数 β_2 具有一种特殊的含义——Y 对 X 的弹性。为什么是这样呢？

因为模型中的因变量为 $\ln Y$，自变量为 $\ln X$，β_2 就是 $\ln Y$ 对 $\ln X$ 的（偏）导数。假设误差项 u 的条件均值为零，得到

$$\beta_2 = \frac{\mathrm{d}(\ln Y)}{\mathrm{d}(\ln X)} = \frac{\mathrm{d}Y/Y}{\mathrm{d}X/X}$$

这就意味着 β_2 等于 Y 对 X 的弹性，β_2 度量的是 X 每变化一个百分比所导致 Y 变化的百分比[1]。

弹性在许多经济分析中都很重要，例如，最低工资的法令是提高还是降低了非熟练工人的总收入呢？这涉及对非熟练工人需求的价格弹性；对香烟征税会导致消费者的香烟支出增加还是减少？这涉及香烟的需求价格弹性或需求收入弹性；收入的增加对住房消费的影响大吗？这同样涉及住房需求的收入弹性。

利用下面的模型[2]可以估计出我们在微观经济学中学习过的几种弹性：

(1) 模型设定为

$$\ln(香烟购买量) = \beta_1 + \beta_2 \cdot \ln(香烟价格) + u$$

式中，β_2 就是香烟需求的价格弹性。

(2) 模型设定为

$$\ln(食品量) = \beta_1 + \beta_2 \cdot \ln(食品价格) + \beta_3 \cdot \ln(消者收入) + u$$

式中，β_3 就是食品需求的收入弹性。

(3) 模型设定为

$$\ln(联想电脑购买量) = \beta_1 + \beta_2 \cdot \ln(联想电脑的价格) + \beta_3 \cdot \ln(消费者收入) + \beta_4 \cdot \ln(戴尔电脑的价格) + u$$

---

[1] 确切地说，β_2 度量了 X 变化一个百分比导致 $E(Y\mid X)$ 变化的百分比。

[2] 假定以下三个模型是在买方市场下，商品的购买量或消费量即为需求量。

式中，β_4 就是联想电脑需求的交叉价格弹性。

双对数模型对应的回归系数为常弹性，它在需求函数的估计中广为使用。在生产函数的估计中，我们也经常使用该模型。如果 Y 为某一生产过程的产量，L 为劳动力投入量，K 为资本投入量，则投入和产出之间的关系式为 $Y=F(L, K)$。常用的生产函数为柯布—道格拉斯生产函数，它是经济理论中非常著名的一种函数形式，效用函数也经常采用它，其计量模型的一般形式如下：

$$Y = AL^\alpha K^\beta e^u$$

式中，A、α 和 β 为未知参数。我们对方程两边取对数可得如下经济计量方程：

$$\ln Y = \beta_1 + \alpha \ln L + \beta \ln K + u \tag{6.1}$$

式中，$\beta_1 = \ln A$，容易得到

$$\alpha = \frac{d(\ln Y)}{d(\ln L)} = \frac{dY/Y}{dL/L} \quad \beta = \frac{d(\ln Y)}{d(\ln K)} = \frac{dY/Y}{dK/K}$$

也就是说，柯布—道格拉斯生产函数中的 α 为产出对劳动投入的弹性，β 为产出对资本投入的弹性。

由模型(6.1)还可以得出我们熟悉的一种经济学应用——对规模报酬进行实证检验。当要素投入都增加 1% 时，产出会有怎样的变化？劳动投入增加 1% 使产出增加 α%，资本投入增加 1% 使产出增加 β%。可见，当所有的投入均增加 1% 时，产出增加了 $(\alpha+\beta)$%。规模报酬的判断依据就是 $\alpha+\beta$ 的取值。如果 $\alpha+\beta=1$ 就表明规模报酬不变；如果 $\alpha+\beta>1$ 就表明规模报酬递增；如果 $\alpha+\beta<1$ 就表明规模报酬递减。

【例 6.1】 柯布—道格拉斯生产函数

表 6-1 是中国 2012 年部分地区的国内生产总值、就业人数和资本存量的数据[①]（见数据文件 Table6-1）。其中，国内生产总值为 Y（当年价格）；就业人数为 X_1；资本存量为 X_2（1978 年不变价）。

表 6-1 中国 2012 年部分地区的 GDP 与劳动投入、资本投入

省（自治区、直辖市）	国内生产总值（亿元）	就业人数（万人）	资本存量（亿元）
北京	17 879.4	1 310	10 759.1
天津	12 893.9	437	6 925.1
河北	26 575.0	1 261	16 075.4
山西	12 112.8	822	5 741.3
内蒙古	15 880.6	632	16 063.9
辽宁	24 846.4	1 406	11 740.4
吉林	11 939.2	693	8 088.9
黑龙江	13 691.6	975	5 121.8
上海	20 181.7	1 268	14 522.7

① 数据来源：中国统计年鉴(2013)，资本存量按单豪杰(2008)方法测算。

续表

省(自治区、直辖市)	国内生产总值(亿元)	就业人数(万人)	资本存量(亿元)
江苏	54 058.2	3 064	39 569.4
浙江	34 665.3	2 616	14 801.1
安徽	17 212.1	1 083	5 287.5
福建	19 701.8	1 291	6 182.6
江西	12 948.9	1 046	9 296.2
山东	50 013.2	2 485	24 619.5
河南	29 599.3	1 747	19 060.6
湖北	22 250.5	1 510	10 654.0
湖南	22 154.2	1 289	5 467.4
广东	57 067.9	3 113	28 342.1
广西	13 035.1	836	6 853.1
海南	2 855.5	207	904.7
四川	23 872.8	1 525	11 462.5
贵州	6 852.2	546	2 673.2
云南	10 309.5	956	5 391.2
西藏	701.0	77	605.2
陕西	14 453.7	832	7 459.0
甘肃	5 650.2	437	4 184.5
青海	1 893.5	132	1 541.7
宁夏	2 341.3	166	1 468.7
新疆	7 505.3	500	3 945.8

根据表 6-1 中的数据估计模型：

$$\ln Y = \beta_0 + \beta_1 \ln X_1 + \beta_2 \ln X_2 + u$$

得到如下估计结果：

$$\widehat{\ln Y} = 1.436 + 0.749 \ln X_1 + 0.340 \ln X_2$$
$$se = (0.299)(0.086) \quad (0.079)$$
$$n = 30 \quad R^2 = 0.972$$

回归结果显示，解释变量在 1% 的显著性水平下均是统计显著的。产出对劳动投入的弹性为 0.749，即保持资本投入不变时劳动投入每增加 1%，产出平均增加 0.749%；产出对资本投入的弹性为 0.340，即保持劳动投入不变时资本投入每增加 1%，产出平均增加 0.340%。

这两个弹性系数之和 0.749+0.340=1.089>1，表明如果劳动投入和资本投入都增加

1%,产出的增加将超过1%,这可否说明是规模报酬递增呢?我们并不能由此直接做出结论,因为计算所得的两个系数仅是真实(总体)参数的估计值。要由此推断参数之和的特性就需要进行多参数的联合检验,原假设为 $H_0:\beta_1+\beta_2=1$,备择假设为 $H_1:\beta_1+\beta_2\neq 1$,使用第4章4.9小节介绍的受限最小二乘法进行联合检验。

【例 6.2】 菲利普斯曲线

表6-2是中国1978—2012年的通货膨胀率和失业率数据①(见数据文件Table6-2)。菲利普斯曲线表明失业率与通货膨胀水平存在着此消彼长的关系。1958年,新西兰经济学家威廉·菲利普斯利用近100年间的英国数据估计失业率与通货膨胀水平之间的关系时,就使用了对数关系。

表 6-2 中国 1978—2012 年的通货膨胀率和失业率

年份	失业率(%)	消费者价格指数	通货膨胀率(%)
1978	5.3	100.7	0.7
1979	5.4	101.9	1.9
1980	4.9	107.5	7.5
1981	3.8	102.5	2.5
1982	3.2	102	2.0
1983	2.3	102	2.0
1984	1.9	102.7	2.7
1985	1.8	109.3	9.3
1986	2.0	106.5	6.5
1987	2.0	107.3	7.3
1988	2.0	118.8	18.8
1989	2.6	118	18.0
1990	2.5	103.1	3.1
1991	2.3	103.4	3.4
1992	2.3	106.4	6.4
1993	2.6	114.7	14.7
1994	2.8	124.1	24.1
1995	2.9	117.1	17.1
1996	3.0	108.3	8.3
1997	3.1	102.8	2.8
1998	3.1	99.2	−0.8
1999	3.1	98.6	−1.4

① 数据来源:中国国家统计局年度数据。

续表

年份	失业率(%)	消费者价格指数	通货膨胀率(%)
2000	3.1	100.4	0.4
2001	3.6	100.7	0.7
2002	4.0	99.2	−0.8
2003	4.3	101.2	1.2
2004	4.2	103.9	3.9
2005	4.2	101.8	1.8
2006	4.1	101.5	1.5
2007	4.0	104.8	4.8
2008	4.2	105.9	5.9
2009	4.3	99.3	−0.7
2010	4.1	103.3	3.3
2011	4.1	105.4	5.4
2012	4.1	102.6	2.6

通货膨胀率与失业率的相关数据如图 6-1 所示，描出的散点并不是均匀地分布在某条直线的周围，中间水平的通货膨胀率对应的观测都向下偏移，非线性模型与这些数据更加吻合。

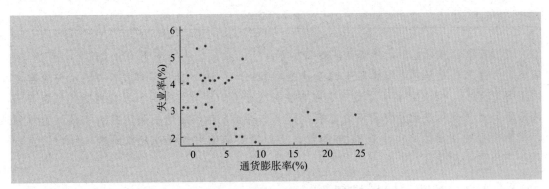

图 6-1　失业率与通货膨胀率

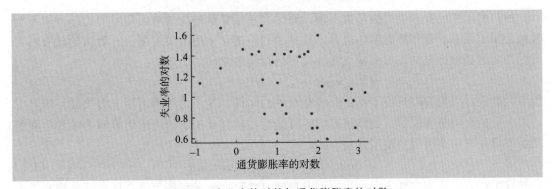

图 6-2　失业率的对数与通货膨胀率的对数

失业率的对数与通货膨胀率的对数的相关数据如图 6-2 所示,对数化之后的数据,采用线性设定比图 6-1 采用线性关系的拟合更好。多数国家的数据都有类似的表现,基于此,许多经济学家在估计菲利普斯曲线时都使用对数关系,而不是线性关系。表 6-3 和表 6-4 分别给出了线性回归与双对数回归的结果。

表 6-3 线性回归估计结果

Y	系数	标准误	t 统计量	$P>\|t\|$
X	−0.065 5	0.025 6	−2.56	0.015
_cons	3.698 3	0.207 6	17.82	0.000
n	=35	$F(1, 33)$	=6.54	
R^2	=0.165 4	Pr.$>F$	=0.015 3	
Adj R^2	=0.140 2	Root MSE	=0.924 1	

表 6-4 双对数回归估计结果

$\ln Y$	系数	标准误	t 统计量	$P>\|t\|$
$\ln X$	−0.138 4	0.052 9	−2.62	0.014
_cons	1.336 4	0.089 2	14.99	0.000
n	=31	$F(1, 33)$	=6.86	
R^2	=0.191 2	Pr.$>F$	=0.013 9	
Adj R^2	=0.163 3	Root MSE	=0.295 2	

表 6-3 中的结果显示,通货膨胀率每增加 1 个百分点,失业率下降 0.065 5 个百分点。表 6-4 估计出失业率对通货膨胀率的弹性是 −0.14——通货膨胀率每提高 1%,失业率随之下降 0.14%。但是,由于对数只有在自变量大于 0 时才有定义,所以在通货膨胀率等于或小于 0 时,我们就无法使用对数变换。数据中有 4 个年份的通货膨胀率为负数,这就使双对数模型的回归估计只用了 31 年的数据。如果我们使用线性设定或对数—线性设定就不会产生这个问题。

6.2.3 对数—线性模型

回归模型中的变量以对数形式出现,原因之一就是解释变量对因变量的边际效应不为常数。如工资和教育年数之间的关系,这是劳动经济学中的重要议题。一般认为教育对工资的影响是递增回报的,如果建立线性模型估计两者之间的关系:

$$\text{wage} = \beta_1 + \beta_2 \text{educ} + u$$

就不太适宜,因为模型反映了不论受教育水平的高低,在当前教育水平上多接受一年的学习对工资的影响是相同的。我们观察到的可能是,教育对工资的边际影响随着教育年限的增加而增加。一个可能的模型就是

$$\log(\text{wage}) = \beta_1 + \beta_2 \text{educ} + u \tag{6.2}$$

这种设定在人力资本文献中广为使用,因变量取对数、解释变量为原有形式的模型在本书

中称为对数—线性模型[①]。怎样解释回归系数 β_2 的含义呢？对于一般模型：
$$\ln Y = \beta_1 + \beta_2 X + u$$
容易得到：
$$\beta_2 = \frac{d(\ln Y)}{dX} = \frac{dY/Y}{dX}$$

β_2 测量了 X 一单位的增量所引起的 Y 的增量的百分比，习惯上我们会将相对数 β_2 表述为 $(100 \cdot \beta_2)\%$。通过式(6.2)我们估计了教育对工资的影响程度，每多接受一年的教育，工资将增加 $(100 \cdot \beta_2)\%$。这意味着工资改变的百分比相同，但工资的绝对增量随着工资水平的提高而增加。

【例 6.3】 工资—受教育年数的决定模型

数据文件 Table6-3 是由美国劳工统计局进行的人口调查(CPS)，数据包括 2008 年的 1 000 个观测[②]。为了分析受教育年数对工资的影响，利用该数据估计得到如下对数—线性回归方程：

$$\widehat{\text{lwage}}_i = 1.418 + 0.092\text{educ}_i + 0.005\text{exper}_i + 0.076\text{married}_i - 0.107\text{black}_i$$
$$se \;\;= (0.097) \;\; (0.006) \;\;\;\;\;\; (0.001) \;\;\;\;\;\;\;\; (0.035) \;\;\;\;\;\;\;\;\;\; (0.053)$$
$$n = 1\,000 \;\;\; R^2 = 0.203\,5 \;\;\; F = 63.55$$

模型控制了其他重要影响因素，如工作经历 exper、结婚状况 married、种族因素 black 等，估计结果显示多接受一年的教育，工资增加 9.2%。那么当我们接受教育的年数增加 4 年，工资是否将增加 $9.2\% \times 4 = 36.8\%$ 呢？

特别要小心的是，我们使用对数化变量的变化($\Delta \ln Y$)来估计其相对变化($\Delta Y/Y$)，只有在变量发生微小变化时才比较准确。因为对于模型

$$\ln Y = \beta_1 + \beta_2 X + u \tag{6.3}$$

严格成立的是：
$$d(\ln Y) = \beta_2 \cdot dX$$
即
$$\frac{dY}{Y} = \beta_2 \cdot dX$$

只有当 ΔX 很小时，下式才成立
$$\frac{\Delta Y}{Y} \approx \frac{dY}{Y} = \beta_2 \cdot dX$$

所以，用 $\beta_2 \cdot \Delta X$ 来估计 Y 的相对变动($\Delta Y/Y$)时，ΔX 越大，这种近似就越不准确。使用双对数模型估计弹性时，Y 的相对变化与 X 的相对变化也存在类似的问题。$\ln Y$ 和 $\ln X$ 的变化对应着变量相对变化的解释，也只能是在 Y 和 X 的变化相对较小时才比较准确。精确计算 Y 的相对变动的方法见附录 6A。

在前一小节中我们看到，对数化计量模型中的回归系数与经济关系中的弹性相对应，另一种我们熟悉的经济指标——变量的增长率也与对数有着密切关系。研究变量如何随着时间而变化时，变量变化程度的一种度量就是增长率，例如，GDP 以每年 7% 的速度增

[①] 参见第 10 章思考与练习 10.8。

[②] 数据来源：美国劳工统计局人口调查(2008 年)。

长。对数—线性模型可以用于测量增长率。

设定模型：

$$\ln(能源消费量) = \beta_1 + \beta_2 \cdot 时间变量 + u \tag{6.4}$$

式中，β_2 就是能源消费量的年变化率。模型中的因变量为 $\ln Y$，自变量为 X（即时间变量 t），在这个对数—线性设定中，β_2 就是 X 变化一单位导致的 Y 变化的百分比，即每年能源消费量的百分比变化，又称为增长率。

【例 6.4】 中国的一次能源消费量的增长

表 6-5 是 1965—2012 年中国的一次能源消费量的数据[①]（见数据文件 Table6-4）。

表 6-5　1965—2012 年中国的一次能源消费量　　单位：百万吨油当量

年份	能源消费量	年份	能源消费量
1965	131.4	1989	671.4
1966	142.8	1990	664.6
1967	128.4	1991	691.6
1968	129.6	1992	721.4
1969	157.8	1993	770.0
1970	202.1	1994	817.2
1971	239.7	1995	886.5
1972	258.3	1996	915.8
1973	272.5	1997	932.4
1974	280.9	1998	918.2
1975	314.6	1999	951.7
1976	331.3	2000	980.3
1977	361.3	2001	1 013.3
1978	396.2	2002	1 073.8
1979	407.7	2003	1 245.3
1980	416.4	2004	1 466.8
1981	410.4	2005	1 601.2
1982	428.4	2006	1 764.7
1983	455.9	2007	1 878.7
1984	490.3	2008	1 969.9
1985	530.4	2009	2 101.5
1986	559.5	2010	2 338.0
1987	600.7	2011	2 540.8
1988	643.2	2012	2 735.2

---

① 数据来源：BP 世界历年能源统计手册（2013 年）。

能源消费量的时序图(见图6-3)和能源消费量对数的时序图(见图6-4)中,显示出在样本期间能源消费量有明显的增长趋势,且增长率较稳定。

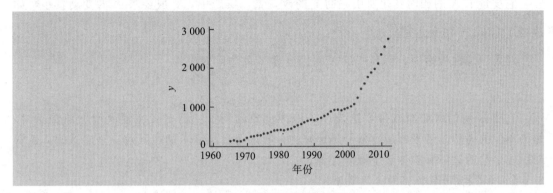

图6-3 能源消费量时序图

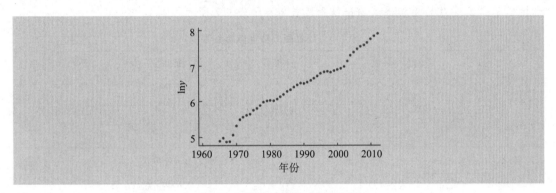

图6-4 能源消费量对数时序图

模型(6.4)的估计结果为

$$\widehat{\ln y} = -110.67 + 0.0589t$$
$$se = \quad (2.64) \quad (0.0013)$$
$$n = 48 \quad R^2 = 0.9772$$

1965—2012年,中国一次能源消费量的增长率为5.89%。确切地说,回归系数β_2测定的只是年度增长率的近似值。t的系数表示瞬时增长率,仅当Δt很小时,才近似等于Y的相对变化。可以验算,此处的年度增长率(复合增长率)略大于瞬时增长率,详细的讨论请参见附录6B。

6.2.4 线性—对数模型

因变量使用原有形式而将解释变量对数化的模型,称为线性—对数模型,在许多需求函数、消费函数中会采取这种形式。某些商品的消费,如食品等必需品,尽管随着收入的增长而增加,但增量逐渐下降。这时,食品的消费量Y与收入X之间的关系适合采用线性—对数模型

$$Y = \beta_1 + \beta_2 \ln X + u$$

来描述,其中

$$\beta_2 = \frac{\mathrm{d}Y}{\mathrm{d}(\ln X)} = \frac{\mathrm{d}Y}{\mathrm{d}X/X}$$

它度量了 X 的相对变化所引起的 Y 的改变量。实践中,一般要求 X 的变动较小,如改变 1% 时,Y 的变化是 $\frac{\beta_2}{100}$。

对数—线性模型中,解释变量 X 对因变量 Y 的边际效应为

$$\frac{\mathrm{d}Y}{\mathrm{d}X} = \frac{\beta_2}{X}$$

它随着 X 的增加而减少,这描述了许多现象的特征:消费者在逐次增加消费品时,每一单位的消费品带来的边际效用是递减的;收入对食品需求的边际效应是递减的;工资对劳动供给的边际影响逐步下降,等等。

【例 6.5】 房屋价格的决定模型

使用美国 1990 年圣地亚哥大学城独栋房屋的数据(见数据文件 Table4-1),分别利用线性模型和线性对数模型得到输出结果如表 6-6 和表 6-7 所示。

表 6-6 线性回归估计输出结果

price	系数	标准误	t 统计量	$P>|t|$
sqft	0.148	0.021	6.99	0.000
bedrms	−23.911	24.642	−0.97	0.353
_cons	121.179	80.178	1.51	0.159
n	=14	$F(2, 11)$	=27.77	
R^2	=0.834 7	Pr.$>F$	=0.000 1	
Adj R^2	=0.804 6	Root MSE	=39.118	

表 6-7 线性—对数回归估计输出结果

price	系数	标准误	t 统计量	$P>|t|$
lnsqft	299.972	39.976	7.50	0.000
bedrms	−41.741	24.372	−1.71	0.115
_cons	−1 784.153	263.87	−6.76	0.000
n	=14	$F(2, 11)$	=31.88	
R^2	=0.852 9	Pr.$>F$	=0.000 0	
Adj R^2	=0.826 1	Root MSE	=36.905	

由回归结果可以看出,线性对数模型的拟合优度 R^2 和调整的拟合优度 $\bar{R}^2$ 都略高于线性模型,解释变量 bedrms 的显著性也得到改善。如果房屋面积增加 1%,将引起 Y 变化 2.999 7。

这与边际效应递减的经济理论相符:房屋面积较大时,面积的增加带给消费者的边际效应较小,愿意支付的价格也就相应减少。所以,线性—对数模型比线性模型更恰当地描述了房屋价格的决定机制。

6.2.5 各种对数模型的比较与选择

我们在设定因变量 Y 的解释模型时，经常会有不同形式的设定，这些模型之间的比较常使用拟合优度这个指标，它表示的是因变量的变化能被模型（自变量）解释的比例。如果相比较的模型因变量相同，都为 Y 或都为 $\log(Y)$，那么不同模型之间的 R^2 是具有可比性的。但如果相比较的两个模型，一个因变量是 Y，另一个是 $\log(Y)$，这两个模型的 R^2 将不能进行比较。

因变量不相同时，两个模型的比较需要另外的评价指标或比较特殊的技巧（见附录6C）。对数函数形式总结如表 6-8 所示。

表 6-8 对数函数形式总结

模 型	函 数 形 式	对 β 的解释	边际效应 $\dfrac{dY}{dX}$
线性	$Y=\beta_1+\beta_2 X+u$	X 一单位的变化引起 Y 改变 β_2	β_2
线性—对数	$Y=\beta_1+\beta_2 \ln X+u$	X 的 1% 的变化引起 Y 改变 $\beta_2/100$	β_2/X
对数—线性	$\ln Y=\beta_1+\beta_2 X+u$	X 一单位的变化引起 Y 改变 $100\cdot\beta\%$	$\beta_2 Y$
双对数	$\ln Y=\beta_1+\beta_2 \ln X+u$	X 的 1% 的变化引起 Y 改变 $\beta\%$	$\beta_2 Y/X$

在经验研究中，对于以货币单位度量的变量，如工资、收入、销售额、GDP、货币供给等变量，习惯采用相对数表示，通常都可以取对数。具有大正整数共同特征的变量也常常以对数形式出现，如人口数、企业员工人数等变量，经常取对数。以年度量的变量，如年龄、受教育年数、工作经历、任职年限等，通常以其原有形式出现。而比率或相对数变量（如失业率、养老保险的参与率、出生率、利率等）我们既可以使用其原有形式，也可以使用其对数形式。

在实际应用中，选择哪一种模型形式并没有一定的准则。有时多种设定都有可取之处，毕竟总体回归函数的真实形式是未知的，不同的函数有时可以达到相似的目的。但也有一些标准的经验法则可以帮助我们比较哪一种形式更有效。

例如，当 X 与 Y 正相关、X 对 Y 的边际效应递减时，可以考虑线性—对数方程或双对数方程（系数 $\beta<1$）；当 X 对 Y 的边际效应递增时，可以考虑对数—线性方程或双对数方程（回归系数 $\beta>1$）；可以利用 R^2、$\bar{R}^2$ 或构建类似 R^2 的指标。本书在第 10 章中讨论了一些判断模型函数形式是否正确设定、不同模型之间如何选择的常规方法。在具体应用中，最佳做法是根据经济理论和对问题的实践认知确定所设定的形式是否有意义，尽力来选择一个满意的函数形式，它既与经济理论一致，又很好地拟合了数据。

6.3 多项式回归模型

如果因变量关于自变量的斜率随着变量自身的变化而变化，除了选择对数方程外也可以考虑多项式回归，这尤其适用于自变量与因变量在不同阶段出现不同方向的相关性的情形。

多项式回归模型中解释变量并不都是以线性的形式出现，多项式是由常数和一个或多个解释变量及其正整数次幂构成的表达式。这类模型在有关成本和生产函数的计量经济研究中有广泛的用途，经济学中遇到的 U 形的平均成本曲线和边际成本曲线、倒 U 形的平均产量曲线和边际产量曲线是二阶多项式。更高阶的多项式，如描绘总成本曲线和总产量曲线的三次方程，这些都是多项式模型。

多项式回归模型的一般函数形式表示为

$$Y = \beta_1 + \beta_2 X + \beta_3 X^2 + \cdots + \beta_k X^{k-1} + u$$

以二阶多项式为例：

$$Y = \beta_1 + \beta_2 X + \beta_3 X^2 + u$$

二阶多项式就是一条抛物线。曲线的基本形状由 β_3 决定，如果 $\beta_3 > 0$，则曲线是 U 形的；如果 $\beta_3 < 0$，则曲线呈倒 U 形。这个函数的斜率（边际效应）为

$$\frac{dY}{dX} = \beta_2 + 2\beta_3 X$$

斜率随着 X 的变化而变化。当 X 较小时，斜率主要受参数 β_2 的影响，当 X 较大时，斜率更多地受参数 β_3 的影响。

例如成本函数模型中，用 Y 代表产品的平均成本，X 代表企业的产出水平。企业有可能具有图 6-5 所示的典型的 U 形成本曲线，随着产出水平的增加，产品平均成本先下降后上升，其中的 β_2 为负，β_3 为正。

员工的年收入模型也可以选择多项式模型。员工的年收入由年龄以及其他一些影响因素（教育、能力等）决定。年龄对收入的影响有点复杂，对年轻员工而言，随着年龄的增长，他（她）的收入将逐渐增加。在超过某一点后，年龄的增长并不会带来收入的增加，并且在接近退休时，收入会随着年龄的增长快速下降。因此，收入和年龄之间的逻辑关系就应该如图 6-6 所示。Y 代表年收入，X 代表年龄，图形中的 β_2 为正，β_3 为负。

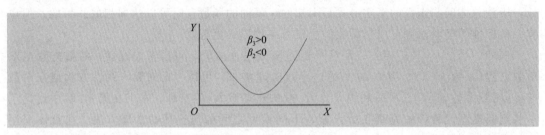

图 6-5 产量与平均成本

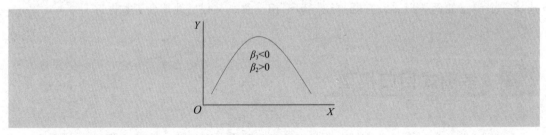

图 6-6 年龄与收入

经验研究中最常见的就是二次多项式。如果特别要求数据的拟合性，那么回归模型也可能会选择更高阶数的多项式模型，它应该包含 X 的几次方呢？这需要权衡灵活性和统计精度。提高阶数 r 可以使回归模型更具灵活性，可以匹配更多的形态，r 阶多项式的图形可以有 $r-1$ 个弯度。但提高意味着加入了更多的回归变量，这会降低模型的自由度，使参数估计的精确度和检验的效力下降。

另外，在多项式模型中，回归系数的意义是很难解释的，单个系数没有直观的含义。多项式回归的最佳解释方法就是分析 X 对 Y 的边际效应，估计在特定 X 取值处对 Y 的效应。

【例 6.6】 平均成本曲线

表 6-9 是某家公司 20 年来的平均成本 unitcost 与产量 output 的数据[1]（见数据文件 Table6-5）。

表 6-9 平均成本与产量

年份	平均成本	产量
1	3.65	85
2	4.22	78
3	4.29	82
4	5.43	64
5	6.62	50
6	5.71	62
7	5.09	70
8	3.99	90
9	4.08	94
10	4.38	100
11	4.28	104
12	4.42	82
13	5.11	75
14	4.88	84
15	4.99	86
16	4.57	90
17	4.84	94
18	5.16	80
19	5.67	72
20	6.26	60

---

[1] 数据来源：拉姆·拉玛纳山. 应用经济计量学[M]. 5 版. 北京：机械工业出版社，2003。

分别估计以下模型：

(1) 线性回归

$$\text{unitcost} = \beta_1 + \beta_2 \text{output} + u$$

(2) 多项式回归

$$\text{unitcost} = \beta_1 + \beta_2 \text{output} + \beta_3 \text{output}^2 + u$$

估计结果如表 6-10 和表 6-11 所示。

表 6-10 线性回归估计结果

unitcost	系数	标准误	t 统计量	$P>\|t\|$
output	−0.045 0	0.007 6	−5.94	0.000
_cons	8.484 0	0.615 5	13.78	0.000
n	=20	$F(1, 18)$	=35.24	
R^2	=0.661 9	Pr.$>F$	=0.000 0	
Adj R^2	=0.643 1	Root MSE	=0.462 4	

表 6-11 多项式回归估计结果

unitcost	系数	标准误	t 统计量	$P>\|t\|$
output	−0.198 3	0.065 4	−3.03	0.008
output^2	0.000 987	0.000 42	2.36	0.031
_cons	14.251 3	205 093	5.68	0.000
n	=20	$F(2, 11)$	=24 085	
R^2	=0.745 1	Pr.$>F$	=0.000 0	
Adj R^2	=0.715 1	Root MSE	=0.413 4	

回归结果显示，多项式模型的拟合优度 R^2 和调整的拟合优度 $\bar{R}^2$ 都明显高于线性模型，对平均成本变动的解释能力由 66.19% 提高到了 74.51%。模型中的 $\hat{\beta}_2<0$，$\hat{\beta}_3>0$，平均成本曲线为一条 U 形曲线，产量对平均成本的边际效应

$$\frac{dY}{dX} = \beta_2 + 2\beta_3 X = -0.198\,3 + 0.001\,974 X$$

产量的增加最初会降低产品平均成本，但随着产量水平的进一步提高，对平均成本的边际效应会逐渐增加，由负效应转变为正效应，最终产量的增加导致平均成本增加。

【例 6.7】 生活幸福感的决定模型

数据文件 Table6-6 包括 5 个变量：happiness（生活幸福感）、educ（受教育程度）、health（健康状况）、age（年龄）和 income（全年总收入，万元），共 6 570 个观测[①]。其中 happiness 取值为 1~5，对应于生活幸福感依次增加。为了分析收入对生活幸福感的影响，设定模型为

---

① 数据来源：CGSS 2013 中国综合社会调查数据。

$$happiness = \beta_0 + \beta_1 educ + \beta_2 health + \beta_3 age + \beta_4 income + \beta_5 income^2 + u$$

得到样本回归方程为

$$\widehat{happiness} = 2.577 + 0.006 educ + 0.191 health + 0.008 age$$
$$se = (0.069)(0.004) \quad (0.010) \quad (0.000\,8)$$
$$+ 0.015\,5 income - 0.000\,18 income^2$$
$$(0.004\,5) \quad (0.000\,09)$$
$$n = 6\,570 \quad R^2 = 0.057\,4 \quad F = 79.87$$

在其他条件不变的情况下，多受教育的人生活幸福感略高；健康状况是生活幸福与否的重要影响因素；年龄的增长也正向地影响着生活幸福感。而收入的影响在不同阶段发生着变化，一个重要的转折点是 $\dfrac{d(happiness)}{d(income)} = \beta_4 + 2\beta_5 income = 0$，即若年收入达到 $-\dfrac{\beta_4}{2\beta_5} = \dfrac{0.015\,5}{2 \times 0.000\,18} = 43.19$（万元）时，收入的增加反而逐渐带来幸福感降低，不过在年收入未超过 43 万元时，增加收入会让我们觉得生活更幸福。

我们再次讨论对二次式回归系数的理解，一方面从个人年收入对社会幸福感的偏效应来说，$\beta_4 + 2\beta_5 income = 0.015\,5 - 0.000\,36 income$ 的最大值，即最大正效应对应着年收入的最小值，也就是说最低收入者对收入的增加最满意。之后，收入对幸福感的偏效应逐渐减弱，但仍然是正效应，直至收入等于 43.19 万元时偏效应减小到零并转而为负效应。

另外，就解释变量 income 的系数 β_4 来说，数值上等于二次项的变量为零时 income 对 happiness 的偏效应。上述回归方程中，0.0155 即为 income=0 时收入的偏效应，但一般都没有现实意义。我们可以通过变换变量的方法，直接估计出有意义的特定值处的偏效应。例如，收入的均值为 3.117 万元，如果我们对处于平均收入时的偏效应感兴趣，就可以将二次项的变量变换为 income-3.117，方程的估计结果为

$$\widehat{happiness} = 2.577 + 0.006 educ + 0.191 health + 0.008 age$$
$$se = (0.069)(0.004) \quad (0.010) \quad (0.000\,8)$$
$$+ 0.014\,4 income - 0.000\,18 (income - 3.117)^2$$
$$(0.004\,1) \quad (0.000\,09)$$
$$n = 6\,570 \quad R^2 = 0.057\,4 \quad F = 79.87$$

比较前后两个回归结果，仅有 income 的系数出现了变化，其余的回归系数都是相同的。第二个回归中，income 的系数 0.014 4 就是在收入的均值点，收入对生活幸福感的偏效应。

6.4 度量单位与回归结果

回归模型中的因变量与自变量一般都有特定的度量单位，如果改变变量的度量单位，会对估计结果产生影响吗？

例 6.5 对房屋价格的线性估计模型中，房屋的售价是用千美元来计量的，如果改用美

元计量,对 OLS 估计结果的影响有哪些方面呢?

首先会使回归系数的估计值不同,新的回归系数与原先的结果之间有简单的关系,是原来系数的 1 000 倍。表 6-6 所示的结果显示,居住面积增加 1 平方英尺使得售价平均增加 0.148(千美元)。改用美元来计量售价后,居住面积 1 平方英尺的变化会使得售价平均变化 148(美元)。回归系数的估计标准误也发生相同变化,是原来数值的 1 000 倍。我们看到,模型的检验评价指标并不会受到影响,回归系数与其标准误发生了同倍数变化,显著性检验的 t 统计量不会改变,进一步的 F 统计量、R^2 也与原来模型相同。

如果模型中的解释变量——居住面积改变了度量单位,采用百平方英尺来计量,这只会对居住面积的估计系数与其标准误产生影响,其余结论都不会改变。新的系数估计量是原先的 100 倍。原先居住面积增加 1 平方英尺使售价平均增加 0.148 千美元,用新的计量单位回归,居住面积增加 1 百平方英尺使售价平均增加 14.8 千美元。估计量的标准误也扩大为原先的 100 倍。表 6-12 给出了变量使用不同度量单位时的回归结果。

表 6-12 因变量或自变量变换度量单位的影响

自变量	(1)使用原来计量单位	(2)因变量 price 由千美元改为美元	(3)面积 sqft 由平方英尺改为百平方英尺
sqft	0.148 3	148.3	14.83
	[0.021 2]	[21.2]	[2.12]
bedrms	−23.911	−23 911	−23.911
	[24.642]	[246 42]	[24.642]
_cons	121.179	121 179	121.179
	[80.178]	[80 178]	[80.178]
R^2	0.834 7	0.834 7	0.834 7
F	27.77	27.77	27.77
Root MSE	39.118	39 118	39.118

注:表中方括号内为标准误。

可见,回归分析中实质性的结果并不会受到影响,结论无本质变化。只是相应的系数估计值、标准误等带量纲的结果会发生同比例的变化,而无量纲、以相对数形式表现的结果并无改变。

6.5 标准化变量的回归

6.4 节的分析表明,回归系数的取值与变量的量纲有关,所以我们单纯地依据回归系数的大小来判断自变量的影响强弱是不可取的。自变量有不同的度量单位和不同的方差,这是导致回归系数不能比较的原因之一,如果我们消除回归结果的量纲,某种程度上回归系数是可比的。一种方法就是做标准化变量的回归，回归中使用标准化变量①，从而得到标准化回归系数。

标准化变量的回归模型表示如下：

$$\frac{Y-\bar{Y}}{S_Y} = \beta_2^* \frac{X_2-\bar{X}_2}{S_{X_2}} + \beta_3^* \frac{X_3-\bar{X}_3}{S_{X_3}} + \cdots + \beta_k^* \frac{X_k-\bar{X}_k}{S_{X_k}} + \varepsilon \quad (6.5)$$

我们定义：

$$Y^* = \frac{Y-\bar{Y}}{S_Y}, \quad X_j^* = \frac{X_j-\bar{X}_j}{S_{X_j}}$$

标准化回归模型可简写为

$$Y^* = \beta_2^* X_2^* + \beta_3^* X_3^* + \cdots + \beta_k^* X_k^* + \varepsilon \quad (6.6)$$

标准化过程使截距项消失了，只能估计出标准化斜率系数。标准化斜率系数与原来未标准化的斜率系数之间有着密切关系，不难证明

$$\hat{\beta}_j^* = \hat{\beta}_j \frac{S_{X_j}}{S_Y} \quad (6.7)$$

即标准化系数是用相应自变量的标准差与因变量的标准差的比值对原始系数进行调整所得。可见，如果我们知道自变量和因变量的样本标准差，完全不用做标准化变量回归，利用式(6.7)就可以将原始系数转换为标准化系数。

标准化系数 β_j^* 描述了多元回归模型中自变量的相对重要性。如标准化系数1.5，这意味着自变量一个标准差的变化将引起因变量1.5个标准差的变化。特别的是，在一元回归模型中，自变量的标准化系数等于两个变量之间的简单相关系数。由此可以看出标准化回归的优越之处。

标准化模型使得多元回归中不同变量的回归系数能进行有意义的比较。我们有时用标准化系数作为各个解释变量相对解释力的一种度量。如果一个变量的标准化系数比模型中另一个变量的标准化系数大，那么是否就意味着前者能比后者更多地解释因变量呢？这种说法并不严谨，还要考虑解释变量本身的分布、在实际中变化的难易等诸多现实因素。标准化系数只是在某种程度上改善了原始系数对解释变量重要性的评价能力。

【例 6.8】 房屋价格模型的标准化系数

表 6-13 给出了例 6.5 中的房屋价格线性模型的估计，同时计算了标准化回归系数。

表 6-13 线性回归估计结果

price	系数	标准误	t 统计量	$P>\|t\|$	标准化系数
sqft	0.148	0.021	6.99	0.000	0.968
bedrms	−23.911	24.642	−0.97	0.353	−0.134
_cons	121.179	80.178	1.51	0.159	
n	=14	$F(2, 11)$	=27.77		
R^2	=0.834 7	Pr.$>F$	=0.000 1		
Adj R^2	=0.804 6	Root MSE	=39.118		

---

① 标准化变量就是将变量减去其均值并除以其标准差。

如果你关注的是比较各解释变量对因变量的影响程度，那么相对原始系数而言，使用标准化系数对模型进行解释是一个更好的选择。

从原始回归系数来看，房屋面积 sqft 的偏效应很小，每增加 1 单位才使得销售价格 price 增加 0.148 单位，而房间数 bedrms 的偏效应似乎更大，房间每增加一间将影响销售价格 price 减少 23.911 单位，这是一种误导。我们进一步计算，房屋面积 sqft 的标准差为 577.8，因此，房屋面积一个标准差的变化会相应地导致销售价格增加 $0.148 \times 577.8 = 85.5$ 单位；而房间数 bedrms 的标准差仅为 3.64，房间数一个标准差的变化只会导致销售价格改变 $23.911 \times 0.497 = 11.9$ 单位。从这种角度理解，与房间数相比，显然房屋面积对销售价格有更强的效应。这种结果与直接使用标准化系数来分析是一致的[①]。

从表 6-13 中的标准化系数来看，房屋面积 sqft 每增加 1 倍标准差将影响销售价格 price 增加 0.968 倍标准差，房间数 bedrms 每增加一个标准差将影响销售价格 price 减少 0.134 倍标准差。注意，面积的一个标准差和价格的一个标准差含义是不一样的。

本章小结

本章讨论了线性回归模型中变量之间的非线性关系。主要从变量对数化及变量的高次幂变换来设定相应的模型，详细介绍了双对数模型、对数—线性模型、线性—对数模型以及多项式模型四种形式，研究了这几种模型的适用条件及特性。

两个模型的因变量相同时，才可以对它们的 R^2 进行比较，如果因变量不同，就需要构建新的度量指标来比较。函数形式的选择需要基于潜在的理论，而不仅仅是数据的拟合问题。一种好的模型，其函数形式的特性要与因变量、自变量之间的逻辑关系相符，与相关理论相容。

本章最后还讨论了变量的度量单位会影响到系数与标准误的估计值，阐明了回归系数的大小并不能反映解释变量的重要性，标准化系数或其他无量纲的指标更有助于比较不同变量的影响程度。

思考与练习

6.1 解释概念

(1)双对数模型 (2)对数—线性模型 (3)线性—对数模型 (4)多项式回归
(5)标准化系数 (6)边际效应 (7)弹性 (8)瞬时增长率

6.2 考虑双对数模型

$$\ln Y = \beta_1 + \beta_2 \ln X + u$$

分别描绘出 $\beta_2 = 1$、$\beta_2 > 1$、$0 < \beta_2 < 1$、$\beta_2 = -1$、$\beta_2 < -1$、$-1 < \beta_2 < 0$ 时表现 Y 与 X 之间关系的曲线。

6.3 在研究生产函数时，我们得到如下结果

---

① 在此基础上除以销售价格的标准差即得对应的标准化系数。

$$\widehat{\ln\theta} = -8.57 + 0.460\ln K + 1.285\ln L + 0.272t$$
$$se = (4.2)\quad(0.025)\quad\quad(0.347)\quad\quad(0.041)$$
$$n = 36\quad R^2 = 0.889$$

式中，θ 为产量，K 为资本，L 为劳动时数，t 为时间变量。

(1) 解释系数 0.460、1.285、0.272 的含义。

(2) 对资本、劳动时数的回归系数做显著性检验(写出原假设、备择假设、计算检验统计量)。

6.4 根据连续 5 年啤酒销售量的月度数据，估计模型 $\ln Y = \beta_0 + \beta_1 \ln X + \beta_2 t + u$：

$$\ln\hat{Y} = 9.228 - 1.057\ln X + 0.0013t$$
$$se = (1.05)(0.03)\quad\quad(0.0004)$$
$$R^2 = 0.729$$

式中，Y 是啤酒销量(打)；X 是啤酒价格(元/打)；t 是时间变量($t = 1, 2, \cdots$)。

(1) 解释回归系数 -1.057 和 0.0013 的经济意义。

(2) 在 5% 显著性水平下对回归系数进行显著性检验，$\Pr.(|t_{57}| > 2) = 0.05$，$\Pr.(|t_{57}| > 1.67) = 0.10$。

(3) 在 5% 显著性水平下检验：啤酒销量相对其价格是富有弹性的吗？

(4) 计算系数 β_1 的 95% 置信区间，据此对系数的显著性进行检验。

6.5 一个劳动经济学家想分析教育程度和工作经验对收入的影响，使用横截面数据获得如下关系式：

$$\widehat{\log(income)} = 7.71 + 0.094\text{educ} + 0.023\text{exper} - 0.000325\text{exper}^2$$
$$se = (0.113)(0.005)\quad\quad(0.009)\quad\quad(0.000187)$$
$$R^2 = 0.337\quad n = 60$$

式中，income 为收入；educ 为受教育程度；exper 为工作经验。括号内为标准误。请写出以下检验的原假设和备择假设。

(1) 检验受教育程度对收入没有影响。

(2) 检验受教育程度和工作经验对收入都没有影响。

(3) 检验工作经验对收入没有影响，该检验还需要进行什么回归？写出检验统计量的表达式，说明其分布和自由度。

(4) 写出收入对受教育程度、工作经验的边际效应的表达式。如果有需要的话，计算这些边际效应还需要什么其他信息？

(5) 写出收入对受教育程度、工作经验的弹性的表达式。如果有需要的话，计算这些弹性还需要什么其他信息？

(6) 分析以不同单位度量收入，估计结果有变化吗？

6.6 一家公司的销售经理认为公司销售额的增长遵从模式 $\text{sales}_t = \text{sales}_0(1+g)^t$，其中 sales_t 为第 t 年的销售额，g 为年度增长率。

(1) 你将如何估计该模型？

(2) 如果得到了以下回归结果：$\widehat{\ln\text{sales}_t} = 3.6889 + 0.0583t$，该公司销售额的年度增长率 g 的估计值是多少？

(3) 可以得出 $sales_0$ 的估计值是多少吗？

(4) 估计该公司在 $t=5$ 时的销售额。

6.7** 数据文件 Table6-7 是美国 1958—2004 年的失业率（UNEMPLOY）和通货膨胀率（infl）的数据。

(1) 对 1958—1969 年、1958—2004 年的失业率与通货膨胀率作图，图形是否与菲利普斯曲线的假设一致？

(2) 分别估计上述两个样本期间的菲利普斯曲线 $infl_t = \beta_1 + \beta_2 UNEMPLOY_t + u_t$，你的结论是什么？

(3) 在上述模型中加入预期，使用上一期的通货膨胀率来预期本期的通货膨胀率，分别估计两个样本期间的附加预期的菲利普斯曲线 $infl_t - infl_{t-1} = \beta_1 + \beta_2 UNEMPLOY_t + u_t$，你的结论是什么？与菲利普斯曲线的假设一致吗？

6.8** 数据文件 Table6-8 给出了 1995—2000 年 Qualcom 公司每周股票价格的数据。

(1) 做收盘价格对时间的散点图。散点图呈现出什么样的模式？

(2) 建立一个线性模型预测 Qualcom 股票的收盘价格。

(3) 建立一个二次模型，解释变量包括时间和时间的平方。模型的拟合效果如何？

(4) 建立一个三次模型：

$$Y_i = \beta_0 + \beta_1 X_i + \beta_2 X_i^2 + \beta_3 X_i^3 + u_i$$

式中，X 是时间，Y 是股票价格。哪一个模型更好地拟合了数据？

6.9** 数据文件 Table6-9 给出了 40 个国家平均寿命 Y 的数据[①]，解释变量是电视机普及率 X_1 和医生覆盖率 X_2。

(1) 利用数据拟合一个 LIV（变量线性）模型，解释回归系数的含义。模型拟合的效果如何？分别做 Y 对 X_1 和 Y 对 X_2 的散点图，散点图是否呈现出线性模式？

(2) 分别做 $\ln Y$ 对 $\ln X_1$ 和 $\ln Y$ 对 $\ln X_2$ 的散点图，散点图是否呈现出线性模式？

(3) 估计一个双对数模型，拟合的效果如何？

(4) 解释双对数模型中的回归系数，这些回归系数是否合理？

6.10** 使用数据文件 Table6-10 中的数据，研究美国对子鸡的需求。变量包括 y：子鸡的消费量（磅）；x_2：可支配收入（美元）；x_3：子鸡价格（美分/磅）；x_4：猪肉价格（美分/磅）；x_5：牛肉价格（美分/磅）。试建立如下回归模型：

$$\ln y = \beta_1 + \beta_2 \ln x_2 + \beta_3 \ln x_3 + \beta_4 \ln x_4 + \beta_5 \ln x_5 + u$$

(1) 估计回归方程，对回归结果做出分析。

(2) 解释模型中回归系数 β_2、β_3、β_4、β_5 的经济意义。它们的先验符号是什么，并说明理由。结果同先验预期相符吗？

(3) 子鸡需求的价格弹性如何？是富有弹性还是缺乏弹性？（提示：检验是否价格弹性 $\beta_3 = -1$。）

(4) 分析数据，确定子鸡是正常品还是奢侈品？（提示：检验是否收入弹性 $\beta_2 = 1$。）

(5) 某人认为子鸡与猪肉和牛肉为不相关商品（子鸡的需求不受猪肉和牛肉价格的影响），该观点是否正确？

[①] 数据来自《世界年鉴》(1993)。

6.11** 数据文件 Table6-11 给出了德国 1971—1980 年消费者价格指数 Y(1980 年=100)及货币供给 X(10 亿德国马克)的数据。

(1) 做如下回归：Y 对 X、$\ln Y$ 对 $\ln X$、$\ln Y$ 对 X、Y 对 $\ln X$，解释各回归结果。

(2) 对每一个模型求 Y 对 X 的变化率。(提示：求 dY/dX。)

(3) 对每一个模型求 Y 对 X 的弹性。(提示：对其中的一些模型要使用均值计算。)

本章附录

附录 6A 对数—线性模型如何精确计算 Y 的相对变动

对数—线性模型 $\ln Y=\beta_1+\beta_2 X+u$ 中的 β_2 测量了 X 一单位的增量所引起的 Y 的相对变化，但只有当 ΔX 很小时，这种解释才是比较准确的。如果想更精确地计算 Y 的相对变动，就需要采用下面的方法：

由模型得到 $\Delta \widehat{\ln Y}=\hat{\beta}_2 \cdot \Delta X$，则

$$\exp(\Delta \widehat{\ln Y})=\exp(\widehat{\ln Y}_2-\widehat{\ln Y}_1)=\frac{\hat{Y}_2}{\hat{Y}_1}=\exp(\hat{\beta}_2 \cdot \Delta X)$$

$$\frac{\hat{Y}_2}{\hat{Y}_1}-1=\frac{\Delta \hat{Y}}{\hat{Y}_1}=\exp(\hat{\beta}_2 \cdot \Delta X)-1$$

这就给出了因变量 Y 精确的相对变化：$\exp(\hat{\beta}_2 \cdot \Delta X)-1$[①]。在例 6.3 中，如果我们接受教育的年数增加 4 年，工资将增加 $e^{0.092 \times 4}-1=44.5\%$；如果我们减少四年的教育，工资将减少 $e^{-0.092 \times 4}-1=30.8\%$。可见，$X$ 变化相同但方向不同时，对因变量的相对影响是不同的，原来的预测值 36.8% 只是一个粗略的估计。

附录 6B 复合增长率

测定变量的增长率如果应用模型 $\ln Y=\beta_1+\beta_2 t+u$，得到的 $\beta_2=\dfrac{dY/Y}{dt}$，这是变量的瞬时增长率。如果我们想计算年度增长率(或其他时间单位的复合增长率)，设 Y_0 为基期的值，Y_t 为第 t 期的值，年度增长率为 r，那么

$$Y_t=Y_0(1+r)^t$$

两边取对数得到：

$$\ln Y_t=\ln Y_0+t\ln(1+r)$$

令 $\beta_1=\ln Y_0$，$\beta_2=\ln(1+r)$，得到：

$$\ln Y_t=\beta_1+\beta_2 \cdot t$$

由瞬时增长率 β_2 与年度复合增长率 r 的关系可得：

$$r=e^{\beta_2}-1$$

我们也可以直接由附录 6A 中的结论得到：

[①] 这是一个一致估计量，不是无偏估计，参见附录 6C。

$$\frac{\hat{Y}_2}{\hat{Y}_1}-1=\frac{\Delta \hat{Y}}{\hat{Y}_1}=\exp(\hat{\beta}_2 \cdot \Delta X)-1=\exp(\hat{\beta}_2)-1$$

在例 6.4 中，计算了 $\hat{\beta}_2=5.89\%$，那么年度增长率 $r=e^{0.0589}-1=6.07\%$，略大于瞬时增长率。

附录 C　各种对数模型间 R^2 的比较及因变量的预测

如果因变量为 $\log Y$ 的模型和因变量为 Y 的模型进行比较，拟合优度 R^2 不能对比。需要为第一个模型另外寻找一个适合的度量从而能与 Y 为因变量的模型比较，可以通过下面的方法来计算对数因变量模型对 Y 的拟合度。

拟合优度 R^2 又是因变量 Y 与因变量拟合值 $\hat{Y}$ 的相关系数的平方。所以我们首先利用样本回归方程，由因变量 $\log Y$ 的预测值变换出 Y 的预测值 $\hat{Y}$，再计算 $\hat{Y}$ 与 Y 的相关系数的平方，作为该模型对 Y 的拟合优度的度量，这个指标与因变量为 Y 的模型的拟合优度可以用来比较说明模型的解释能力。

这种方法的关键之处是因变量为 $\log Y$ 的模型如何来预测 Y，设定模型：

$$\ln Y=\beta_1+\beta_2 X_2+\cdots+\beta_k X_k+u \tag{6C.1}$$

使用样本回归结果可以得到 $\ln Y$ 的预测值，即 $\widehat{\ln Y}$，我们想将其还原为水平值 Y，是否直接就可以得到：

$$\hat{Y}=\exp(\widehat{\ln Y}) \tag{6C.2}$$

这将是错误的，因为由(6C.1)得：

$$Y=\exp(\beta_1+\beta_2 X_2+\cdots+\beta_k X_k+u)=\exp(\beta_1+\beta_2 X_2+\cdots+\beta_k X_k) \cdot \exp(u)$$

如果 u 与 X_i 不相关，那么：

$$E(Y \mid X)=E[\exp(\beta_1+\beta_2 X_2+\cdots+\beta_k X_k+u) \mid X_i]$$
$$=\exp(\beta_1+\beta_2 X_2+\cdots+\beta_k X_k) \cdot E[\exp(u)]$$

如果满足 CLRM 假定中的 $u \sim N(0, \sigma^2)$ [1]，可以证明：

$$E(e^u)=e^{\sigma^2/2}$$

可得：

$$E(Y \mid X)=E[\exp(\beta_1+\beta_2 X_2+\cdots+\beta_k X_k)] \cdot \exp(\sigma^2/2)$$

所以，预测 Y 时如果使用式(6C.2)就遗漏了 $e^{\sigma^2/2}$，由于 $e^{\sigma^2/2}>1$，此时将低估了 Y 的预测值。正确的预测公式为

$$\hat{Y}=\exp(\widehat{\ln Y}) \cdot \exp(\hat{\sigma}^2/2) \tag{6C.3}$$

例 6.2 对菲利普斯曲线进行估计，采用了线性回归与双对数回归，那么各自的效果如何呢？两个模型都表明了通货膨胀率与失业率之间的替代性，回归系数也都具有显著性。哪个模型的解释能力更好呢？线性模型的拟合优度意味着模型解释了失业率 16.62% 的变化，双对数模型的拟合优度意味着该模型解释了失业率对数的 19.37% 的变化。由于因变

---

[1] 如果 u 不满足正态性假定，$E(e^u)$ 的估计方法参见 Wooldridge 所著《计量经济学导论（第五版）》173 页。

量一个是失业率,一个是失业率的对数,模型的拟合优度不具可比性。我们估算双对数方程对失业率 Y 的拟合程度:

(1) 使用数据文件 Table6-2 中的数据,估计失业率与通货膨胀率的双对数关系(见表 6-4)。

(2) 由此计算失业率对数的预测值 $\widehat{\ln Y}$。

(3) 利用式(6C.3)计算 Y 的预测值 $\hat{Y}$。

(4) 计算 $\hat{Y}$ 与 Y 的相关系数的平方,得到 0.186 3。

可见,使用双对数模型对 Y 的拟合程度为 18.63%,能够比线性模型更好地拟合这些数据。

第7章 虚拟变量

到目前为止，我们所讨论的回归模型中的解释变量都是定量变量，如工资、工作年数、受教育年数等，这些变量都具有数值特征。经济行为也往往会受到定性变量的影响，如个人的性别、学历、房屋的地理位置、是否出台了新的经济政策、是否发生了重大事件等，这些变量不同于数值型变量，没有一个自然的数值来表现它们的属性。我们在模型中怎样分析这些因素的影响呢？计量经济模型通过使用虚拟变量来研究定性变量的影响。本章讨论的是解释变量包含虚拟变量的模型。

7.1 虚拟变量及数据处理

7.1.1 仅有两种分类的定性变量

回归模型中所涉及的影响因素有时是定性的，如性别因素，可能会对我们的消费行为、就业率、职业发展产生不同的影响。性别划分为男性和女性两种类别，这个变量怎样包含在回归模型中呢？定性变量没有自然的取值，我们需要通过设定"虚拟变量"来对它进行量化。在回归模型中，我们对具有某种特征或条件的情形赋值1，不具有某种特征或条件的情形赋值0，这样便定义了一个变量 D：

$$D = \begin{cases} 1, & \text{具有某种特征} \\ 0, & \text{不具有某种特征} \end{cases}$$

我们称这样的变量为二值变量(binary variable)或虚拟变量(dummy variable)。

例如，性别变量就可以如此量化：女性记为1，男性记为0；反之亦可。虚拟变量又可称为指示变量(indicator variable)、分类变量(categorical variable)、定性变量(qualitative variable)或哑变量等。虚拟变量模型除了解释变量是二值变量外，与连续解释变量的回归模型是相同的，同样可以在经典线性回归模型的框架中处理。

回归模型中包含了虚拟变量，实质就是利用虚拟变量进行分组。虚拟变量取值为1的观测形成一个特定的类别,取值为 0 的观测形成另一个特定的类别。这两种类别的回归结果通过虚拟变量的设定,被纳入同一个回归模型之中进行比较和分析。

例如,我们用收入决定模型来研究男女之间的收入差异问题,即考察个体的收入 wage 与性别是否有关,为此要将性别变量纳入回归模型。我们定义虚拟变量 female:

$$\text{female} = \begin{cases} 1, & \text{如果为女性} \\ 0, & \text{如果为男性} \end{cases}$$

得到模型

$$\text{wage} = \beta_1 + \beta_2 \text{female} + u \tag{7.1}$$

进一步,我们得到男性的收入方程为

$$\text{wage} = \beta_1 + u$$

女性的收入方程为

$$\text{wage} = \beta_1 + \beta_2 + u$$

图 7-1 显示了 $\hat{\beta}_2$ 为负数的情形。

图 7-1 虚拟变量估计了各组的均值

虚拟变量回归系数的意义。虚拟变量的系数不能再理解为斜率了,我们也不再做这样的表述:虚拟变量发生了 1 单位的变化。因为虚拟变量是离散的,只有两个取值 0 和 1,这两个数值间的变化并不是数量上大小的改变,而是对应的两种属性间的改变。如模型 (7.1),虚拟变量 female 从 0 到 1 反映了所属类别的变化(属于男性或属于女性),性别虚拟变量的系数表示了女性与男性的平均收入的差别,即平均收入的变化量为 β_2。通常我们感兴趣的是"这种差别是否显著?"计量模型的回归分析可以十分轻松地回答这个问题。我们首先对模型 (7.1) 进行 OLS 估计,然后通过虚拟变量回归系数的显著性检验就可以解答这个问题。如果拒绝了虚拟假设 $H_0: \beta_2 = 0$,则表明"这种差别是统计显著的";如果进一步的虚拟假设 $H_0: \beta_2 \geq 0$ 被拒绝,我们将接受备择假设 $H_1: \beta_2 < 0$,表明"女性的平均收入(统计上)显著低于男性"。

虚拟变量可用于各组均值的比较。形如模型 (7.1),其中只有性别虚拟变量而不包含其他解释变量,其回归的作用就只是对男性和女性两组的平均收入进行比较分析。

【例 7.1】 城市农民工按性别分组的平均工资

根据中国广东省 2007 年农民工的调查数据①(见数据文件 Table7-1)估计模型 (7.1),可得工资方程:

---

① 数据来源:CHIP2007 中国流动人口居民收入调查数据。

$$\widehat{wage}_i = 1\,658.37 - 230.74 \text{female}_i$$
$$se: (29.11) \quad (46.38)$$
$$t: (56.96) \quad (-4.97) \tag{7.2}$$
$$p: (0.000) \quad (0.000)$$
$$n = 1264 \quad R^2 = 0.018\,5 \quad F = 24.75$$

结果显示男性平均工资为 1 658.37 元,女性平均工资为 1 658.37－230.74＝1 427.63 元。截距项估计了男性的平均工资,斜率系数估计了两组平均工资的差距。根据 t 统计量 -4.97,拒绝 $H_0: \beta_2 \geqslant 0$,我们可以得出女性平均工资显著低于男性的结论。

7.1.2 有多种分类的定性变量

除二值定性变量之外,在实际问题的分析中,我们经常会碰到结果表示为 $j(j>2)$ 种分类的定性变量,如学历水平可以分为本科以下、本科、硕士、博士,我们称之为多分虚拟变量。多种分类的变量怎样出现在模型中呢?我们有两种选择。一种处理方法是采用一个变量的不同取值来代表不同的类别,如使用变量 educ,分别用 1、2、3、4 来对应四种学历:本科以下、本科、硕士研究生、博士研究生。建立如下模型:

$$\text{wage}_i = \beta_1 + \beta_2 \text{educ}_i + u_i$$

该模型通过系数 β_2 衡量了学历的变化对工资的影响,但这样处理的缺陷非常明显。模型表明如果学历提高一个层次,工资收入将改变 β_2。事实上,我们并没有根据认为学历每一层次的提高,引起工资的改变是相同的。尤其当这个定序变量数值上的增加并不一一对应于属性"质"的增加时,例如,我们假设硕士学历者比本科学历者的平均工资高,而博士学历者比硕士学历者的平均工资低,那么回归系数 β_2 就更加没有意义了。

计量经济建模中通行的处理方法是在模型中引入 $j-1$ 个虚拟变量来实现多分虚拟变量的数量化。例如,我们将多种分类的学历虚拟变量定义为

$$D_1 = \begin{cases} 1, & \text{学历低于本科} \\ 0, & \text{其他情形} \end{cases}$$

$$D_2 = \begin{cases} 1, & \text{学历为硕士} \\ 0, & \text{其他情形} \end{cases}$$

$$D_3 = \begin{cases} 1, & \text{学历为博士} \\ 0, & \text{其他情形} \end{cases}$$

这里,基准类(也称为参照组)是本科学历,该组对应于所有学历虚拟变量都为 0 的情形,即 $D_j = 0$,$j = 1, 2, 3$。我们构建一个新的工资模型:

$$\text{wage} = \beta_1 + \beta_2 D_1 + \beta_3 D_2 + \beta_4 D_3 + u \tag{7.3}$$

其中,虚拟变量的系数用来捕捉相对应学历者与本科学历者平均工资的差异。模型(7.3)可进一步写为

$$\text{wage}_i = \begin{cases} \beta_1 + u_i, & \text{本科学历者;} \\ \beta_1 + \beta_2 + u_i, & \text{本科以下学历者;} \\ \beta_1 + \beta_3 + u_i, & \text{硕士学历者;} \\ \beta_1 + \beta_4 + u_i, & \text{博士学历者.} \end{cases}$$

模型意味着本科以下学历者与本科学历者的平均工资相差 β_2；硕士学历者与本科学历者的平均工资相差 β_3；博士学历者与本科学历者的平均工资相差 β_4。我们的关注点在于"这种差异足够显著吗"。对虚拟变量回归系数做显著性检验，如果 $\beta_j(j=2,3,4)$ 通过了显著性检验，就意味着相应学历者与本科学历者的平均工资确实存在着差异。

对模型进行估计后结合 t 检验即可说明其他三种学历者与本科学历者的工资差距是否具有统计显著性。那么，该模型可以用来比较其他类别之间是否存在差别吗？例如，分析硕士学历者与博士学历者之间的工资差距，我们无法直接利用回归结果所报告的统计量，但可以构造新的检验统计量：

$$t=\frac{\hat{\beta}_3-\hat{\beta}_4}{\sqrt{\widetilde{\operatorname{var}}(\hat{\beta}_3)+\widetilde{\operatorname{var}}(\hat{\beta}_4)-2\widetilde{\operatorname{cov}}(\hat{\beta}_3,\hat{\beta}_4)}}$$

对 $H_0:\beta_3-\beta_4=0$ 进行统计显著性检验，如果拒绝了零假设，就意味着硕士学历者与博士学历者的工资存在差距。

如果我们想进一步分析本科之外其他三种学历者在工资上是否存在差异，就需要稍复杂一些的检验。另一种常用的方法是使用受限最小二乘法进行多参数假设检验（参见 4.5 节）。

在实践中，我们怎样选择多分类变量的参照组呢？从技术层面上，参照组可以任意选取。例如，也可以使用硕士学历组，或博士学历组，或本科以下学历组作为参照组进行回归估计，进而与其他类别进行比较分析。不过，参照组的选择仍有一些经验准则，如当多分类变量存在隐含次序关系（即为定序变量）时，通常选择最低或者最高级别作为参照组，这时，模型所提供的一系列系数的估计解释了其他各组与最低水平或最高水平的差距。出于某种考虑，研究者也可能选择中间的类别。对于学历虚拟变量，我们选择了总体中最具普遍性（所占比例最大）的本科学历者作为参照组，这是考虑参照组需要包含足够多的样本观测。因为，如果参照组的观测较少，其均值估计就不太准确，作为比较的基准，它会影响多个类别虚拟变量系数估计的稳定性。所以，我们要保障参照组的估计结果较为精确、可靠。

如果我们用四个虚拟变量来描述有四种状态的学历，那么就可以由回归方程的系数直接估计出各类人员的平均工资。再定义一个对应本科学历者的虚拟变量：

$$D_4=\begin{cases}1,&\text{学历为本科}\\0,&\text{其他情形}\end{cases}$$

设定工资方程为

$$\text{wage}=\beta_1 D_1+\beta_2 D_2+\beta_3 D_3+\beta_4 D_4+u \tag{7.4}$$

那么，系数 β_1、β_2、β_3 和 β_4 分别对应于本科以下、硕士、博士、本科各学历者的平均工资。

模型(7.4)不包含截距项，如果模型包含了截距项会出现什么问题呢？我们设定工资方程为

$$\text{wage}=\beta_1+\beta_2 D_1+\beta_3 D_2+\beta_4 D_3+\beta_5 D_4+u \tag{7.5}$$

由于

$$D_1+D_2+D_3+D_4=1$$

这将导致模型存在完全共线性。虽然这四个虚拟变量本身是线性无关的(详见附录7A)，但如果用 X_0 表示恒取 1 的"变量"，则截距可视为 X_0 的系数，从而回归方程的全部解释变量 D_1、D_2、D_3、D_4、X_0 是线性相关的，此时我们不能得到参数的唯一估计量[①]。这种错误被称为虚拟变量陷阱，即回归方程包含了所有类别(特征)对应的虚拟变量以及截距项，从而导致了完全共线性问题。

所以我们在设定模型时，如果包含了截距项就要去掉某一类别对应的虚拟变量，j 种分类的定性变量只能选取 $j-1$ 个虚拟变量进入模型；如果 j 个虚拟变量都包括在模型中，那么去掉截距项即可避免虚拟变量陷阱。

按虚拟变量，我们将样本区分为属性不同的子样本，那么构造模型时，使用虚拟变量就可以来分析这些子样本间回归方程是否发生了变化——或者截距系数不相同，或者斜率系数不相同。下面依次讨论各种情形。

7.2 虚拟变量在回归模型中的作用

7.2.1 影响子样本回归方程的截距系数

前一节我们在回归模型中使用虚拟变量对样本按不同类别分组，可计算、分析各组的工资水平及组间差异。

例 7.1 的工资模型证实了男性组与女性组的平均工资有显著差异。许多原因会造成男性、女性的工资水平不相同，有人认为存在差异的原因之一是性别歧视。那么，例 7.1 的回归结果可以回答这个问题吗？尽管结果显示女性组的平均工资低于男性组，但女性工资水平低并不必然意味着存在性别歧视。如果男性的受教育水平更高，工作经验更多，工作效率更高，那么差别工资就是合理的，而不能归咎为歧视。所以，该问题的研究需要"其他条件不变"，即控制影响个人工资收入的其他因素，才能得出性别因素的独立影响。模型中还应包括经验、受教育年限、工作能力等其他解释变量。于是，工资方程扩展为

$$\text{wage} = \beta_1 + \beta_2 \text{female} + \beta_3 \text{exper} + \beta_4 \text{educ} + \cdots + u \quad (7.6)$$

由此得到，男性的工资方程为

$$\text{wage} = \beta_1 + \beta_3 \text{exper} + \beta_4 \text{educ} + \cdots + u$$

女性的工资方程为

$$\text{wage} = (\beta_1 + \beta_2) + \beta_3 \text{exper} + \beta_4 \text{educ} + \cdots + u$$

模型(7.6)中，female 对应的回归系数 β_2 反映了男、女工资方程的差距。当其他因素相同时，女性的平均收入与男性的差距是 β_2。如果可以拒绝虚拟假设 $\beta_2 \geq 0$，就表明同等条件下，女性的平均工资比男性少 $|\beta_2|$。这时，我们就可以回答"具有相同经验、相同学历、相同……的员工之间，存在性别歧视吗"这一问题。此时，模型中性别虚拟变量的系数估计了性别因素的单纯影响，即差异 β_2 来源于性别歧视。

[①] 见第 5 章附录 5A。

图 7-2 显示了 $\hat{\beta}_2$ 为负数的情形,女性工资方程的截距系数小于男性工资方程的截距系数。

以上分析表明,如果模型中加入了一个虚拟变量,那么回归估计了子样本方程在截距系数上的差异。参照组方程的截距系数是 β_1(即回归模型的截距项),其他子样本方程的截距系数是 $\beta_1+\beta_d$(β_d 是回归模型中相应虚拟变量的回归系数)。

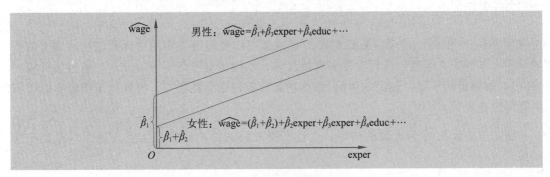

图 7-2 虚拟变量影响截距

【例 7.2】 城市农民工工资的性别差异

例 7.1 的工资方程通过性别虚拟变量仅估计了男女两组工资水平的差距,为了进一步研究性别对工资的单纯影响(又称为因果效应),就需要控制影响工资的其他因素。为简化起见,我们假设影响工资的主要因素是工作经验,将模型设定为

$$\text{wage}=\beta_1+\beta_2\text{exper}+\beta_3\text{female}+u \tag{7.7}$$

得到样本回归方程:

$$\widehat{\text{wage}}=1\,474.86+54.11\text{exper}-210.85\text{female}$$
$$t:\quad (42.00)\quad (8.81)\quad\quad (-4.68)$$
$$p:\quad (0.000)\quad (0.000)\quad\quad (0.000)$$
$$n=1264\quad R^2=0.0761$$

在控制了其他影响因素后,女性的工资水平仍然比男性低 210.85 元,这个影响在统计上是显著的,t 统计值为 -4.68。从估计结果看,男性工资方程的截距项为 1 474.86 元,女性工资方程的截距项还要减去 210.85 元,为 1 264.01 元。可见,男性和女性的工资收入存在着差别待遇。不过相比模型(7.1),加入了控制变量 exper 后,性别虚拟变量的绝对系数有所降低。

在这个例子中,我们默认无论是男性还是女性,工作经验等因素的变化对工资的效应是相同的。但事实上工作经验对工资的边际影响可能不同,有人认为男性工作经验的边际贡献大于女性。那么,工作经验对工资的效应是否还取决于性别呢?为了考察工作经验与性别的交互关系是否存在,我们在模型中加入两者的交互项。

7.2.2 影响子样本回归方程的斜率系数

这里,我们先假设男性与女性在同等条件下的工资水平相同,即工资方程中的截距项不受性别虚拟变量的影响。为了体现工作经验的边际贡献的性别差异,我们重新设定模型：

$$\text{wage} = \beta_1 + \beta_2 \text{exper} + \beta_3 \text{exper} \cdot \text{female} + u \tag{7.8}$$

我们在模型中加入了一个新的解释变量：exper·female，是工作经验与性别虚拟变量的乘积，又称为交互项或交乘项。交互项的作用是什么呢？由模型(7.8)我们可以得到

男性的工资方程为

$$\text{wage} = \beta_1 + \beta_2 \text{exper} + u$$

女性的工资方程为

$$\text{wage} = \beta_1 + (\beta_2 + \beta_3) \text{exper} + u$$

交互项 exper·female 对应的回归系数 β_3 反映了工作经验对工资的边际效应在性别上的差异：多1年的工作经验，男性工资平均增加 β_2，女性工资平均增加 $\beta_2 + \beta_3$。通过估计模型(7.8)，如果拒绝了虚拟假设 $\beta_3 \geqslant 0$，那么就意味着相比女性而言，男性的工作经验对工资的边际效应更大。

图 7-3 显示了 $\hat{\beta}_3$ 为负数的情形，女性工资方程的斜率比男性工资方程的斜率更平缓一些。

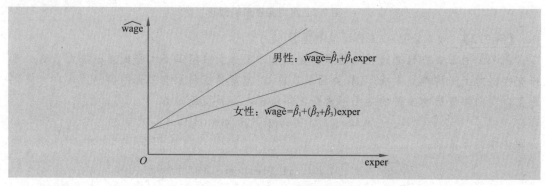

图 7-3 虚拟变量影响斜率

综上所述，如果模型中加入了一个虚拟变量与其他（数量型）解释变量 x_j 的交互项，那么回归估计了子样本方程在解释变量 x_j 斜率系数上的差异。参照组方程的解释变量 x_j 的斜率系数是 β_j（即回归模型中变量 x_j 的系数），其他子样本方程中解释变量 x_j 的斜率系数是 $\beta_j + \beta_{x \cdot d}$（$\beta_{x \cdot d}$ 是回归模型中相应虚拟变量与 x_j 交互项的回归系数）。

7.2.3　同时影响截距系数与斜率系数

模型(7.8)默认了男性与女性工资方程的截距系数相同。其实我们并没有理由断言其他解释变量相同时男性与女性的工资水平是相同的，我们应该放松男性、女性工资方程的截距系数相等的假定，将模型设定为

$$\text{wage} = \beta_1 + \beta_2 \text{exper} + \beta_3 \text{exper} \cdot \text{female} + \beta_4 \text{female} + u \tag{7.9}$$

可以得到男性的工资方程为

$$\text{wage} = \beta_1 + \beta_2 \text{exper} + u$$

女性的工资方程为

$$\text{wage} = (\beta_1 + \beta_4) + (\beta_2 + \beta_3) \text{exper} + u$$

式中，β_4 是其他因素相同时女性工资与男性工资的平均差距，这是性别因素的直接影响。β_3 是每增加 1 年工作经验所引起的男女工资的平均差别，即男女工作经验对工资的边际效应的差异。此时，性别因素通过其他因素（exper 等）间接导致了工资的差别。估计模型(7.9)，如果拒绝了虚拟假设 $\beta_4 \geqslant 0$，就意味着同等条件下，女性的平均工资要低于男性的；如果拒绝了虚拟假设 $\beta_3 \geqslant 0$，就意味着男性相比女性，多 1 年的工作经验对工资的正向影响更大。为了综合分析性别因素对工资的直接、间接影响，我们经常对模型(7.9)中的系数 β_3、β_4 做联合检验 $H_0: \beta_3 = \beta_4 = 0$，如果拒绝了零假设，则认为男性与女性的工资方程不相同，男性、女性在工作报酬上受到差别待遇。这种差别来源于两个方面，其一是在同等条件下，不同性别的工资水平存在差距；其二是性别差异间接导致的工资差异，伴随着解释变量 x_j 的变化，工资有不同的变化，如工作经验上有相同的提高，但工资的增长却是男性更高。

图 7-4 显示了 $\hat{\beta}_3$、$\hat{\beta}_4$ 均为负数的情形，女性工资方程的斜率低于男性，女性工资方程的截距也小于男性。

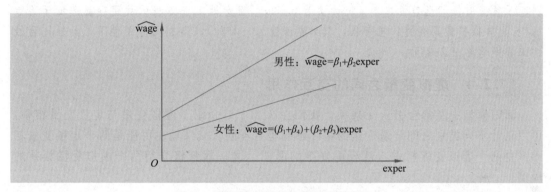

图 7-4　虚拟变量既影响截距又影响斜率

通常，一个模型中既有虚拟变量，又有虚拟变量与解释变量 x_j 的交互项 $x_j \cdot d$，那么对各子样本方程而言，无论截距系数还是斜率系数都不相同的。参照组方程的截距系数是 β_1（即回归模型的截距项），其中解释变量 x_j 的斜率系数是 β_j（回归模型中变量 x_j 的系数）。而其他子样本方程的截距系数是 $\beta_1 + \beta_d$（β_d 是回归模型中相应虚拟变量的回归系数），子样本方程中 x_j 的斜率系数是 $\beta_j + \beta_{x \cdot d}$（$\beta_{x \cdot d}$ 是回归模型中交互项 $x_j \cdot d$ 的回归系数）。

【例 7.3】 城市农民工工资方程中的性别影响

1. 影响方程的斜率

有人认为，农民工的起薪没有性别歧视，性别对工资的影响，表现在随着工作经验的增加，对男性工资的边际影响要大于女性。故模型设定为

$$\text{wage} = \beta_1 + \beta_2 \text{exper} + \beta_3 \text{exper} \cdot \text{female} + u$$

估计结果为

$$\widehat{\text{wage}} = 1390.71 + 64.09 \text{exper} - 26.31 \text{female} \cdot \text{exper}$$
$$t: \quad (46.55) \quad (9.26) \quad (-2.73)$$
$$p: \quad (0.000) \quad (0.000) \quad (0.006)$$
$$n = 1\,264 \quad R^2 = 0.065\,6$$

男性与女性的工龄对工资的边际贡献存在差别,并且这种差别是统计显著的($t=-2.73$)。男性每增加一年的工作经验,工资平均增加64.09元,女性工作经验的边际效应显著低于男性,每增加一年的工作经验,工资平均增加64.09−26.31=37.78(元)。

2. 既影响斜率又影响截距

我们并不能确定农民工按性别分组的工资方程的截距系数相同,所以前面的模型可能存在设定偏误,考虑将模型设定为

$$wage=\beta_1+\beta_2 exper+\beta_3 exper \cdot female+\beta_4 female+u$$

估计结果为

$$\widehat{wage}=1\,482.76+51.78exper+6.72female \cdot exper-232.03female$$
t:(38.75)　(6.81)　　　　(0.52)　　　　　　(−3.82)
p:(0.000)　(0.000)　　　(0.603)　　　　　 (0.000)
$n=1264$　$R^2=0.076\,3$

男性与女性的工资方程不同,但并不是表现在工作经验的边际工资效应有差别(差别斜率系数没有统计显著性,其 t 统计值为 0.52),而女性工资方程的截距项显著低于男性的(性别虚拟变量具有统计显著性,其 t 统计值为−3.82),即在同等条件下,女性比男性的工资平均要少 232 元。

7.2.4　虚拟变量之间的交互作用

回归模型中经常会引入交乘项,我们在 7.2.3 节介绍了虚拟变量与定量变量相乘,可以估计不同类别之间定量变量的边际影响是否不同。交乘项也可能是两个定量变量相乘或是两个虚拟变量相乘,甚至更复杂的形式。这一部分将介绍两个虚拟变量相乘的模型。

我们考虑如下模型:

$$household_i=\beta_1+\beta_2 lwage_i+\beta_3 female_i+\beta_4 married_i+u_i \tag{7.10}$$

式中,household 是每天做家庭劳动的时间(分钟),lwage 是工资的对数,female 为性别虚拟变量(男性为 0;女性为 1),married 为反映婚姻状态的虚拟变量(未婚取 0;已婚取 1)。模型中的 β_3 度量了性别因素对家庭劳动时间的影响;β_4 度量了婚姻状态对家庭劳动时间的影响。

在从事家务劳动方面,成立了家庭还是没有家庭的劳动量大不相同,所以婚姻状态会对做家务的时间产生影响,而女性、男性的自然属性与社会属性决定了家务劳动上的差别。但这两个虚拟变量的影响不能简单叠加,一般认为性别对从事家务劳动时间的影响会与婚姻状况有关,也就是说已婚群体中性别因素对 household 的影响,有别于未婚群体中性别因素对 household 的影响。这就需要我们按性别和婚姻状况将样本分为四组来进行分析,我们在模型中引入交互项 female·married:

$$household_i=\beta_1+\beta_2 lwage_i+\beta_3 female_i+\beta_4 married_i+\beta_5 female_i \cdot married_i+u_i \tag{7.11}$$

式中,β_3 表示性别因素在未婚群体(married=0)中对家庭劳动时间的影响;β_4 表示婚姻状况在男性群体(female=0)中对家庭劳动时间的影响;交互项 female·married 的系数 β_5,一方面度量了性别因素对家庭劳动时间的影响在已婚群体与未婚群体间的差别;另一方面也度量了婚姻状况对家庭劳动时间的影响在女性群体与男性群体间的差别。

【例 7.4】 家务劳动的影响因素

我们应用数据文件 Table7-2 中 CHNS2006 的数据[①]来估计模型(7.10)，样本方程(括号内是标准误)为

$$\widehat{\text{household}}_i = 52.30 - 6.05\text{lwage}_i + 79.28\text{female}_i + 24.38\text{married}_i$$
$$(16.83)\quad(2.36)\qquad(3.09)\qquad\quad(4.36)$$
$$n = 1966 \quad R^2 = 0.2736 \quad F = 246.35$$

模型(7.11)的估计结果为

$$\widehat{\text{household}}_i = 58.63 - 5.48\text{lwage}_i + 55.26\text{female}_i + 12.64\text{married}_i + 27.97\text{female}\cdot\text{married}$$
$$(16.91)(2.37)\qquad(8.20)\qquad\quad(5.72)\qquad\qquad(8.85)$$
$$n = 1\,966 \quad R^2 = 0.277\,3 \quad F = 188.11$$

由模型(7.10)可得，平均来看女性比男性每天从事家庭劳动的时间多出 79.28 分钟($t = 79.28/3.09 = 25.67$，统计显著)，已婚群体比未婚群体每天从事的家务时间多出 24.38 分钟($t = 24.38/4.36 = 5.59$，统计显著)。

而模型(7.11)进一步将样本划分了四种类别，估算了各类别之间家庭劳动行为的差异。其中未婚群体中，女性比男性从事家务劳动的时间多 55.26 分钟(统计显著，$t = 6.74$)；已婚群体中，性别因素的影响增加了 27.97 分钟(统计显著，$t = 3.16$)；男性中，已婚比未婚的家务劳动时间要多 12.64 分钟($t = 2.21$，5%显著性水平下统计显著)；而女性中，已婚比未婚的家庭劳动时间要多 $12.64 + 27.97 = 40.61$(分钟)。

从另一方面看，模型(7.11)给出了四类群体的家庭劳动行为方程：

(1) 未婚男性

$$\widehat{\text{household}}_i = 58.63 - 5.48\text{lwage}_i$$

(2) 未婚女性

$$\widehat{\text{household}}_i = (58.63 + 55.26) - 5.48\text{lwage}_i$$

(3) 已婚男性

$$\widehat{\text{household}}_i = (58.63 + 12.64) - 5.48\text{lwage}_i$$

(4) 已婚女性

$$\widehat{\text{household}}_i = (58.63 + 55.26 + 12.64 + 27.97) - 5.48\text{lwage}_i$$

所以，我们还可以使用多分虚拟变量来实现虚拟变量交互项的这种分组功能。样本依据属性变量 female 和 married 分为四类群体，若以未婚男性为参照组，则需要定义三个虚拟变量 D_1、D_2 和 D_3：

$$D_1 = \begin{cases} 1, & \text{如果为已婚男性} \\ 0, & \text{其他} \end{cases}$$

$$D_2 = \begin{cases} 1, & \text{如果为未婚女性} \\ 0, & \text{其他} \end{cases}$$

$$D_3 = \begin{cases} 1, & \text{如果为已婚女性} \\ 0, & \text{其他} \end{cases}$$

[①] 数据来源：CHNS2006 中国健康与营养调查数据。

设定模型：
$$household_i = \beta_1 + \beta_2 lwage_i + \beta_3 D_{1i} + \beta_4 D_{2i} + \beta_5 D_{3i} + u_i \qquad (7.12)$$

由 OLS 方法估计该回归方程，得到

$$\widehat{household}_i = 58.63 - 5.48lwage_i + 12.64D_{1i} + 55.26D_{2i} + 95.87D_{3I}$$
$$\quad\;\; (16.91)\;\; (2.37) \qquad (5.72) \qquad (8.20) \qquad (5.94)$$
$$n = 1\,966 \quad R^2 = 0.277\,3 \quad F = 188.11$$

模型(7.12)是模型(7.11)的另一种实现，本质上两个回归结果相同。模型(7.12)的 $\hat{\beta}_3 = 12.64$，估计了已婚男性与未婚男性（参照组）在家务劳动时间上的差异；$\hat{\beta}_4 = 55.26$，估计了未婚女性与未婚男性在家务劳动时间上的差异；而 $\hat{\beta}_5 = 95.87$，估计了已婚女性与未婚男性在家务劳动时间上的差异。

前面讨论的例子都是基于截面数据的，虚拟变量也可应用于时间序列数据。在 7.3 节，我们将学习虚拟变量在时间序列数据中的应用，特别讨论了季节性因素、参数随时间的稳定性的估计。

7.3 虚拟变量的应用举例

7.3.1 估计季节影响

我们有的时候会遇见季度数据或者月度数据，甚至每周或每天的数据，这些数据有可能会表现出周期性波动的特征，即我们所说的季节性变动。例如，春节、国庆节期间商场超市的销售量、双十一期间电商的销售量，它们的波动周期为一年；周末时公园、景点的游客数量，波动周期为一周；每天上下班时间的车流量、公共交通客流量，波动周期为一天，等等。当我们处理这样的数据时，就需要考虑如何在模型中反映出这种周期性的变化，以提高模型的解释能力。

【例 7.5】 滑雪器具的销售量与季节性

为了说明虚拟变量如何应用于季节因素分析，我们以表 7-1 提供的数据①（见数据文件 Table7-3）为例，来学习类似数据的处理方法。数据表给出了生产滑雪器具和相关设备的某公司连续 40 期的季度数据，包括滑雪器具的销售量 sales 和当地个人可支配收入 income。我们建立的是收入决定销售模型：

$$sales_t = \beta_1 + \beta_2 income_t + u_t \qquad (7.13)$$

样本回归方程为

$$\widehat{sales}_t = 12.392 + 0.198 income_t$$
$$se: \;\; (2.53) \quad\; (0.016)$$
$$R^2 = 0.800\,6$$

---

① 数据来源：Samprit Chatterjee、Ali S. Hadi《例解回归分析》(第 5 版)，机械工业出版社，2013。

表 7-1 个人可支配收入和滑雪器具销售量

季节	时间	销售量	可支配收入	季节	时间	销售量	可支配收入
1	Q1/01	37.0	109	21	Q1/06	44.9	153
2	Q2/01	33.5	115	22	Q2/06	41.6	156
3	Q3/01	30.8	113	23	Q3/06	44.0	160
4	Q4/01	37.9	116	24	Q4/06	48.1	163
5	Q1/02	37.4	118	25	Q1/70	49.7	166
6	Q2/02	31.6	120	26	Q2/07	43.9	171
7	Q3/02	34.0	122	27	Q3/07	41.6	174
8	Q4/02	38.1	124	28	Q4/07	51.0	175
9	Q1/03	40.0	126	29	Q1/08	52.1	180
10	Q2/03	35.0	128	30	Q2/08	46.2	184
11	Q3/03	34.9	130	31	Q3/08	47.1	187
12	Q4/03	40.2	132	32	Q4/08	52.7	189
13	Q1/04	41.9	133	33	Q1/09	52.2	191
14	Q2/04	34.7	135	34	Q2/09	47.0	193
15	Q3/04	38.8	138	35	Q3/09	47.8	194
16	Q4/04	43.7	140	36	Q4/09	52.8	196
17	Q1/05	44.2	143	37	Q1/10	54.1	199
18	Q2/05	40.4	147	38	Q2/10	49.5	201
19	Q3/05	38.4	148	39	Q3/10	49.5	202
20	Q4/05	45.4	151	40	Q4/10	54.3	204

图 7-5 描绘了滑雪器具的销售量，它的波动带有明显的季节性，寒冷的季节销量较乐观，温暖的季节销量下滑。

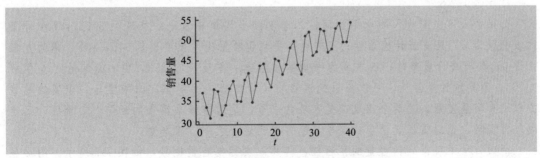

图 7-5 滑雪器具销售量的季节性波动

我们由回归结果可以得到销售量的预测值，如图 7-6 所示，模型(7.13)的预测能力不强，它几乎没有捕捉到销售量的周期性波动，使得模型的短期解释能力较低。销售量所表现出来的规律性变化我们是可以捕捉到的。为此，我们引入季节虚拟变量。

季节分为春夏秋冬，要将季节因素的影响纳入回归模型，只需要定义三个虚拟变量，

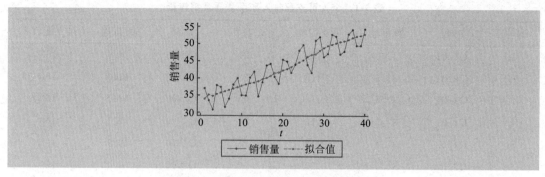

图 7-6　仅用个人可支配收入解释销售量

不引入四个虚拟变量是为了避免完全共线性。我们选择春季为基准组，分别定义 D_2、D_3、D_4 如下：

$$D_2 = \begin{cases} 1, & \text{如果为夏季} \\ 0, & \text{如果不为夏季} \end{cases}$$

$$D_3 = \begin{cases} 1, & \text{如果为秋季} \\ 0, & \text{如果不为秋季} \end{cases}$$

$$D_4 = \begin{cases} 1, & \text{如果为冬季} \\ 0, & \text{如果不为冬季} \end{cases}$$

设定模型为

$$\text{sales}_t = \beta_1 + \beta_2 \text{income}_t + \beta_3 D_{2t} + \beta_4 D_{3t} + \beta_5 D_{4t} + u_t \tag{7.14}$$

上述模型的隐含假定是各个季节的个人可支配收入对滑雪器具的销量影响相同，四个季节销售量方程的区别只在于截距项不同。其中，春季销售量方程的截距项为 β_1，夏、秋、冬三季的销售量方程的截距项与春季方程的差别分别为 β_3、β_4 和 β_5，样本回归结果为

$$\widehat{\text{sales}}_t = 15.125 + 0.199\text{income}_t - 5.637 D_{2t} - 5.645 D_{3t} - 0.353 D_{4t}$$

se　　(1.009) (0.006)　　(0.520)　(0.521)　(0.521)

p　　 (0.000) (0.000)　　(0.000)　(0.001)　(0.503)

$R^2 = 0.9728$

如果个人可支配收入的水平相同，二季度的平均销售量比一季度少 5.637，t 统计量的 p 值接近 0，具有统计显著性；三季度的平均销售量比一季度少 5.645，t 统计量的 p 值接近 0，具有统计显著性；四季度的平均销售量比一季度少 0.353，但 t 统计量的 p 值 $= 0.503$，不具统计显著性。可以看出气温影响了滑雪器具的销售，四季度与一季度的销售方程没有明显差别，这两个季度都是寒冷的季节，是滑雪器具销售的旺季。二季度、三季度较为温暖，是滑雪器具销售的淡季，销售量明显少于一、四季度。

由回归结果可得到销售量的预测值，将其与实际销售量比较，如图 7-7 所示。图形显示了模型(7.14)的解释能力明显强于模型(7.13)，这一点从两个样本回归方程的拟合优度也可以看出。

上面的回归结果中，第四季度的虚拟变量是不显著的(不能拒绝 $\beta_5 = 0$)，我们还把它保留在模型中吗？事实上，多余虚拟变量的存在可能会降低其他参数的精确度。如果某些期间很相似(如冬季与春季、夏季与秋季)，我们就可以把它们合并为一个季节区间，定义

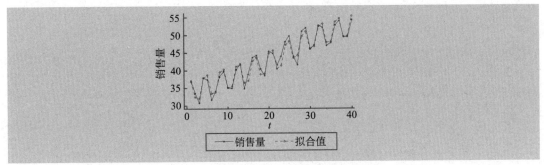

图 7-7 引入季节虚拟变量来解释销售量

季节虚拟变量 D，取值为 1 表示销售的旺季，取值为 0 表示销售的淡季，进行更有效率的回归。

一些重要的经济时间序列，如果是受到季节性因素影响的数据，经常是将其中的季节成分剔除后提供给公众，这一过程被称为季节调整。许多国家公布的季度或月度的 GDP、失业率、价格指数等时间序列都是经过季节调整的数据。

从时间序列中将季节成分剔除的方法有很多种，利用季节虚拟变量就是其中的一种方法。例如，要将例 7.5 中的滑雪器具销售量的季节成分去除，我们先估计方程：

$$\text{sales}_t = \beta_1 + \beta_2 D_{2t} + \beta_3 D_{3t} + \beta_4 D_{4t} + u_t$$

由此计算出 OLS 残差 e，OLS 估计量的一个重要性质就是残差与解释变量不相关，这意味着残差序列 e 中消除了季节因素的影响，只剩余其余的三种成分：长期趋势、周期性变动和随机变动。最后，将残差序列 e 加上整个样本期销售量的平均水平，即得到了经季节调整的滑雪器具销售量数据。

7.3.2 检验结构变化

回归模型中因变量和自变量的关系 $Y = \beta_1 + \beta_2 X + u$ 可能会发生结构变化（也称结构不稳定）。如果我们利用不同的样本数据估计同一形式的计量模型，一般会得到 β_1、β_2 不同的估计结果。如果估计的参数之间存在着显著性差异，我们就称模型结构不稳定。

最早进行的结构稳定性检验方法是美国计量经济学家邹至庄 1960 年提出的 Chow 检验，是对样本进行拆分的一种方法（见附录 7B）。这里我们介绍使用虚拟变量来检验模型的结构稳定性问题。

例如，利用我国改革开放前后的进口食品销售额 Y 和人均可支配收入 X 的数据建立模型，以 1978 年经济体制改革为分界点比较前后两个阶段的人们对进口食品的消费行为是否发生了变化。

设定模型：

$$Y_t = \beta_1 + \beta_2 X_t + u_t \tag{7.15}$$

我们使用历年的进口食品销售额与人均可支配收入的数据绘制成散点图。图 7-8 显示了拟合线不是连续的，不适合使用模型 (7.15) 进行估计。

这是一种具有结构转折的关系，应该使用分段线性回归模型，我们考虑下面的模型设定：

$$Y_t = \beta_1 + \beta_2 X_t + \beta_3 D_t + \beta_4 D_t \cdot X_t + u_t \tag{7.16}$$

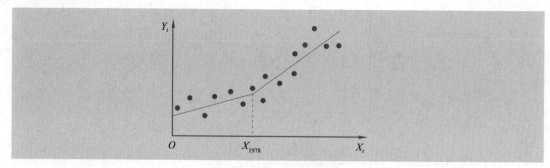

图 7-8 分段线性回归模型

其中,
$$D=\begin{cases}1, & \text{如果 } t \geqslant 1978 \text{ 年} \\ 0, & \text{如果 } t < 1978 \text{ 年}\end{cases}$$

1978 年以前的进口食品解释模型为
$$Y_t = \beta_1 + \beta_2 X_t + u_t$$

1978 年以后的进口食品解释模型为
$$Y_t = (\beta_1 + \beta_3) + (\beta_2 + \beta_4) X_t + u_t$$

1978 年之前,方程的截距项为 β_1,1978 年之后为 $\beta_1 + \beta_3$;1978 年之前,方程的斜率为 β_2,1978 年之后为 $\beta_2 + \beta_4$。如果 $\beta_3 = \beta_4 = 0$,则说明不同时期的方程结构未发生变化,1978 年之前与 1978 年之后居民对进口食品的消费行为相同。所以,关于 $H_0: \beta_3 = \beta_4 = 0$ 的检验就是关于结构稳定性的检验。

【例 7.6】 中国城镇家庭消费行为的结构性变化

表 7-2 是中国 1978—2015 年城镇家庭消费数据[①](见数据文件 Table7-4),consum 为家庭人均消费支出(元),pdi 为家庭人均可支配收入(元),我们设定这一时期城镇居民消费支出与可支配收入之间的关系为
$$\text{consum}_t = \beta_1 + \beta_2 \text{pdi}_t + u_t \tag{7.17}$$

样本回归结果为
$$\widehat{\text{consum}_t} = 381.23 + 0.684 \text{pdi}_t$$
$$se: (55.88) \quad (0.004\,6)$$
$$p: (0.000) \quad (0.000)$$
$$n = 37 \quad R^2 = 0.998\,4$$

如果在整个样本期间估计该模型,则默认消费支出与可支配收入之间的关系是稳定的。

1994 年前后,我国开始城镇住房制度改革,全面推进住房市场化和财税物价、金融、投资、企业制度等改革,中国开启了全面的市场化进程。

经济发展的不同阶段,人们的生活方式发生了变化,消费观念、消费行为可能也随之改变,为了检验是否发生了结构性变化,我们以改革年——1994 年为分界线,将样本数

---

① 数据来源:中国国家统计局年度数据。

据分为两个时期，1978—1993 年和 1994—2015 年。我们在模型(7.17)中引入一个代表不同时期的虚拟变量 D_t(1994 年以后取 1，之前取 0)和交互项 $pdi_t \cdot D_t$，模型设定为

$$consum_t = \beta_1 + \beta_2 pdi_t + \beta_3 D_t + \beta_4 pdi_t \cdot D + u_t$$

估计方程为

$$\widehat{consum}_t = 55.99 + 0.812 pdi_t + 739.74 D_t - 0.150 pdi_t \cdot D_t$$

$$se: (57.46)\ (0.046)\ \ \ \ (72.47)\ \ \ \ \ (0.046)$$

$$p: (0.337)\ (0.000)\ \ \ \ (0.000)\ \ \ \ \ (0.003)$$

$n = 37 \quad R^2 = 0.9997$

表 7-2　中国城镇家庭人均可支配消费收入与消费支出

年份	可支配收入	消费支出	时期虚拟变量	年份	可支配收入	消费支出	时期虚拟变量
1978	343.4	311.2	0	1997	5 160.3	4 185.6	1
1979	405		0	1998	5 425.1	4 331.6	1
1980	477.6	412.4	0	1999	5 854	4 615.9	1
1981	500.4	456.8	0	2000	6 280	4 998	1
1982	535.3	471	0	2001	6 859.6	5 309	1
1983	564.6	505.9	0	2002	7 702.8	6 029.9	1
1984	652.1	559.4	0	2003	8 472.2	6 510.9	1
1985	739.1	673.2	0	2004	9 421.6	7 182.1	1
1986	900.9	799	0	2005	10 493	7 942.9	1
1987	1 002.1	884.4	0	2006	11 759.5	8 696.6	1
1988	1 180.2	1 104	0	2007	13 785.8	9 997.5	1
1989	1 373.9	1 211	0	2008	15 780.8	11 242.9	1
1990	1 510.2	1 278.9	0	2009	17 174.7	12 264.6	1
1991	1 700.6	1 453.8	0	2010	19 109.4	13 471.5	1
1992	2 026.6	1 671.7	0	2011	21 809.8	15 160.9	1
1993	2 577.4	2 110.8	0	2012	24 564.7	16 674.3	1
1994	3 496.2	2 851.3	1	2013	26 467	18 487.54	1
1995	4 283	3 537.6	1	2014	28 843.85	19 968.08	1
1996	4 838.9	3 919.5	1	2015	31 194.83	21 392.36	1

并且进一步做联合显著性检验 $H_0: \beta_3 = \beta_4 = 0$，检验结果拒绝零假设，整个样本区间消费支出与可支配收入之间的关系是不稳定的。我们由回归结果可以得到以下回归方程。

1978—1993 年间的回归方程为

$$\widehat{consum}_t = 55.99 + 0.812 pdi_t$$

1994—2015 年间的回归方程为

$$\widehat{consum}_t = 795.73 + 0.662 pdi_t$$

估计结果支持了我们的观点：中国经济发展的不同阶段，向市场化的转变过程影响了

人们的消费观念，使得消费行为发生了变化。边际消费倾向在改革前后，由 0.812 下降为 0.662，这种变化是统计显著的。

与此结果相似，国际货币基金组织和世界银行统计，20 世纪 90 年代以来，世界平均消费率水平为 78%～79%。在所统计的 36 个国家中，只有 8 个国家的消费率水平低于 70%。20 世纪 90 年代以来，我国的最终消费率一直在 60% 左右波动，原因之一就是居民预期心理不佳。市场经济的发展，特别是市场机制的优胜劣汰功能，增大了人们生存和生活的风险。如果缺乏健全的社会保障体系，将难以消除人们消费方面的谨慎心理，可能导致低支出预期、低消费倾向。

上述方法适合处理分段回归，使用虚拟变量来对回归方程的突变做检验，但关键之处在于是否存在明显的分界点，并且要求 X 变量与 Y 变量之间的关系在分界点两边不同但各自稳定。用于分析结构变化的数据既可以是时间序列数据，也可以是不同时点的截面数据。例如，利用我国 t_1 年和 t_2 年消费的微观数据建立模型，可以比较这两个时期居民的消费行为是否发生了明显变化。

这种方法与例 7.3 等例题所采用的思想在本质上是一致的，都是使用虚拟变量来检验两个或多个方程的等价性问题。

本章小结

在本章中，我们讨论了计量模型处理定性或分类变量的方法。利用取值为 0、1 的虚拟变量将一个样本拆分为不同的子集，从而估计出对应不同类别的各子样本的回归模型。

包含虚拟解释变量的模型也是在经典线性回归模型的框架中处理，与连续解释变量的回归模型是相同的，其主要变化在于虚拟变量回归系数有着稍特殊的含义——表述了属性因素对因变量的效应。

虚拟变量模型允许拆分的各子样本回归方程有不同的截距项、不同的斜率或两者兼而有之，且可以非常方便地对各子样本回归方程之间是否存在差异做统计显著性检验。

虚拟变量有广泛的应用领域，本章的第 3 节介绍了虚拟变量在捕捉季节变动和分段建模方面的应用。本章介绍的方法并不完全，只是提供一些使用虚拟变量的指导。通过实践的训练，才有可能灵活、自如地运用虚拟变量，提高我们的建模的水平。

思考与练习

7.1 解释概念

(1)分类变量　(2)定量变量　(3)虚拟变量　(4)虚拟变量陷阱　(5)交互项
(6)结构不稳定　(7)经季节调整后的时间序列

7.2 如果你有连续几年的月度数据，为检验以下假设，需要引入多少个虚拟变量？如何设定这些虚拟变量？

(1) 一年中的每一个月份都表现出受季节因素影响；
(2) 只有 2、7、8 月表现出受季节因素影响。

7.3 一个家庭的消费支出除了受收入水平的影响之外，还与子女的年龄结构密切相关。如果家庭中有学龄子女，大笔开支会用在教育费用上。分析家庭的收入水平对消费支出的影响，并引入适当的虚拟变量，检验家庭中有学龄子女对家庭的消费支出是否产生了影响。分别考虑只影响截距、只影响斜率、两者都有影响的情形。

7.4 使用夏季作为参照季节，对例 7.5 重新进行分析。

7.5 我们不再定义三个虚拟变量而是只区别旺季和淡季，重新对例 7.5 进行估计。

7.6 假设 Y 为某年美国汽油的消费量，解释变量为价格（price）和收入（income）。1970—2000 年间有三段时间汽油价格急剧上涨，导致了汽油消费行为模式的改变。第一阶段开始于 1974 年，在 OPEC（石油输出国组织）决定控制世界石油价格之后；第二阶段开始于 1979 年，在伊朗发生革命后不久；最后一个阶段发生在 1990 年，正值伊朗入侵科威特。我们有理由认为石油消费的价格弹性和收入弹性在这些阶段是不同的。设基本模型为

$$\ln Y_t = \beta_1 + \beta_2 \ln(\text{price}_t) + \beta_3 \ln(\text{income}_t) + u_t$$

（1）如果各阶段的截距都相同，描述如何构建模型来检验不同的阶段石油消费行为是否发生了结构变化；

（2）如果收入弹性在三个阶段都不变，描述如何构建模型来检验不同的阶段石油消费行为是否发生了结构变化；

（3）如果三个阶段石油消费函数的截距项、石油消费的价格弹性和收入弹性可能都发生了变化，描述如何对其进行检验。

7.7** 数据文件 Table7-5 给出了未经季节调整的饰品、玩具和游戏的零售季度数据（1992 年第一季度—2008 年第二季度），考虑下面的模型：

$$\text{sales}_t = \beta_1 + \beta_2 D_{2t} + \beta_3 D_{3t} + \beta_4 D_{4t} + u_t$$

其中，$D_2=1$：第二季度，0：其他；$D_3=1$：第三季度，0：其他；$D_4=1$：第四季度，0：其他。

（1）估计上述回归；

（2）解释各个系数的含义；

（3）给出回归结果符合逻辑的解释；

（4）如何利用估计的回归结果消除季节模式？

7.8** 利用上题数据，估计下面的模型：

$$\text{sales}_t = \beta_1 D_{1t} + \beta_2 D_{2t} + \beta_3 D_{3t} + \beta_4 D_{4t} + u_t$$

在这个模型中，每个季度都赋予一个虚拟变量。

（1）这个模型与上题的模型有何区别？

（2）估计这个模型，是否需要加上截距项？

（3）比较本题与上题的回归结果，你决定选择哪个模型？为什么？

7.9** 数据文件 Table7-6 给出了 46 个中产阶级个人收入及其他相关信息的数据，自变量包括：Experience——工作年限；Management——1 为经理，0 为非经理；Education——1 为高中，2 为大学，3 为研究生。

（1）直接利用表中受教育程度的数据进行回归分析合适吗？会导致什么样的问题？

（2）利用 Experience、Management 以及重新设定后的受教育程度变量进行线性回归。

所有变量都是统计显著的吗？

(3) 建立一个新的模型，考虑经理人和非经理人因工作经历差异可能导致的收入增量差异，写出回归结果。

(4) 建立一个新的模型，考虑经理人和非经理人由于教育水平的差异可能导致的收入增量差异，写出回归结果。

7.10** 数据文件 Table7-7 是美国 1995 年 3 月当期人口调查的数据，抽取了 18~65 岁年龄段的 1289 名工人，具体信息为：Wage——小时工资（美元）；Age——年龄；Female——1，女工；Nonwhite——1，非白人；Union——1，工会会员；Education——受教育年限；Experience——工作年限。

(1) 根据这些数据，估计下面的模型，写出回归结果：

$$\ln(\text{Wage})=\beta_1+\beta_2 \text{Age}+\beta_3 \text{Female}+\beta_4 \text{Nonwhite}+\beta_5 \text{Union}+\beta_6 \text{Education}+\beta_7 \text{Experience}+u$$

其中，$\ln(\text{Wage})$ 表示 Wage 的自然对数。

(2) 如何解释每个回归系数？

(3) $\alpha=0.05$ 的水平下，哪些系数是显著的？

(4) 平均而言工会会员的工资相对较高吗？为什么？

(5) 平均而言男工比女工的工资高吗？为什么？

(6) 女工会会员的工资比女非工会会员的工资高吗？为什么？

本章附录

附录 7A 避免虚拟变量陷阱的两类模型设定

为避免虚拟变量陷阱，设定的模型如果包含了截距项就要去掉某一类别的虚拟变量，j 种分类的定性变量只能选取 $j-1$ 个进入模型；另一类可以避免虚拟变量陷阱的设定是 j 个虚拟变量都包括在模型中，但不包含截距项。为什么此类模型不会产生完全共线性问题呢？

以季节变量为例，定义四个虚拟变量

$$X_j=\begin{cases} 1 & \text{如果为第 } j \text{ 季度} \\ 0 & \text{如果为其他季度} \end{cases}, j=1,2,3,4$$

显然，$X_1+X_2+X_3+X_4=1$。下面证明 X_1，X_2，X_3，X_4（作为向量组）是线性无关的。

由定义易知，仅当 $\lambda_1=\lambda_2=\lambda_3=\lambda_4=0$ 时，$\lambda_1 X_1+\lambda_2 X_2+\lambda_3 X_3+\lambda_4 X_4=0$ 才能成立，所以 X_1、X_2、X_3、X_4（作为向量组）是线性无关的。

▶ 1. 当模型包含截距项时

(1) 同时包含四个虚拟变量

$$Y=\beta_0+\beta_1 X_1+\beta_2 X_2+\beta_3 X_3+\beta_4 X_4+u \tag{7A.1}$$

令 X_0 为恒取 1 的"变量"，也就是对应于常数项的解释变量，于是模型中所有解释"变量"X_0、X_1、X_2、X_3、X_4 构成的向量组线性相关：

$$-X_0+X_1+X_2+X_3+X_4=0$$

故模型(7A.1)存在完全共线性问题，回归系数不能唯一确定。相关讨论可见附录 4A

和 5A。

(2) 只包含三个虚拟变量

$$Y=\beta_0+\beta_1 X_1+\beta_2 X_2+\beta_3 X_3+u \tag{7A.2}$$

由于 X_0、X_1、X_2、X_3 构成的向量组线性无关，模型(7A.2)不会出现完全共线性，避免了虚拟变量陷阱。

▶ 2. 模型包含四个虚拟变量但不包含截距项

模型设定为

$$Y=\beta_1 X_1+\beta_2 X_2+\beta_3 X_3+\beta_4 X_4+u \tag{7A.3}$$

由于全部解释"变量" X_1、X_2、X_3、X_4 构成的向量组线性无关，所以模型(7A.3)不存在完全共线性问题，不会导致虚拟变量陷阱。

附录 7B　Chow 检验（邹至庄检验）

邹至庄检验是考察回归模型结构稳定性常用的一种方法，当我们将一个模型应用于两个不同的数据集，两个模型中的斜率与截距都可以是不同的，但两个模型具有相同的方差。模型由两个方程组成：

$$Y_i=\beta_1+\beta_2 X_{2i}+\cdots+\beta_k X_{ki}+u_i \quad i=1,2,\cdots,n \tag{7B.1}$$

$$Y_j=\beta_1+\beta_2 X_{2j}+\cdots+\beta_k X_{kj}+u_j \quad j=1,2,\cdots,m \tag{7B.2}$$

模型(7B.1)中的所有系数都可以与模型(7B.2)的系数不一样。我们用 OLS 法对两个模型估计，对模型的系数没有任何限制，但假定两个模型的误差项 u_i 和 u_j 的方差相同，并且独立分布。两个回归方程一起构成非受限模型，两个方程的残差平方和相加就是非受限模型的残差平方和，即 $\text{ESS}_{UR}=\text{ESS}_1+\text{ESS}_2$，它的自由度是两个回归方程自由度的和，即 $(n-k)+(m-k)=n+m-2k$。

我们假设两个回归方程是相同的，即原假设为 $\alpha_1=\beta_1$，$\alpha_2=\beta_2$，$\cdots$，$\alpha_k=\beta_k$，则回归模型可以用一个方程表示：

$$Y_i=\beta_1+\beta_2 X_{2i}+\cdots+\beta_k X_{ki}+u_i \quad i=1,2,\cdots,n+m \tag{7B.3}$$

我们用 OLS 法估计该方程，得到受限模型的残差平方和 ESS_R，其自由度为 $n+m-k$。如果原假设成立，它所带来的条件限制将不会影响模型的解释能力，即 ESS_R 不会超过 ESS_{UR} 太多，我们对两个残差平方和的差是否显著进行 F 检验（即瓦尔德检验），统计量为

$$F_{k,n+m-2k}=\frac{(\text{ESS}_R-\text{ESS}_{UR})/k}{\text{ESS}_{UR}/(n+m-2k)}$$

如果这个 F 统计量大于 $F_{k,n+m-2k}$ 分布的临界值，就拒绝原假设，意味着两组数据不能混成一组，必须对两个方程分别进行估计。

Chow 检验只说明回归方程(7B.1)和(7B.2)是否有差别，但不能证明这种差别是来自截距、斜率，还是两者都有，而虚拟变量法则有可能解决这个问题。

第 8 章 异方差

我们已经知道，经典线性回归模型的最小二乘估计量是线性、无偏的有效（最优）估计量。但现实中的经济数据经常会违反 CLRM 的基本假定，这时的 OLS 估计量不再具有 BLUE 性质，我们需要对 OLS 方法进行改进以适应更一般的情形。要探讨的第一个问题是：如何判断是否满足 CLRM 的基本假定？接下来的问题是：假定不满足时需要如何分析模型？"同方差"与"无自相关"是 CLRM 的两个关键假定（容易违背且难以处理），本章要讨论的是同方差假定，第 9 章将讨论无自相关假定。若放松误差项具有相同方差的假定，我们将发现，OLS 估计量不再是最优线性无偏估计量，OLS 估计方法默认计算的标准误是有偏误的，通常使用的 t 检验和 F 检验不再有效。所以，我们使用 OLS 方法估计参数时，需要对同方差假定进行检验。

本章主要解决以下问题：
(1) 异方差性的本质是什么？
(2) 异方差性的后果是什么？
(3) 如何诊断异方差性？
(4) 存在异方差时的模型估计。

8.1 异方差的性质

经典线性回归模型的基本假设之一是：扰动项具有相同的（条件）方差，即
$$\text{var}(u_i \mid x_i) = \sigma^2$$
我们以消费支出模型为例，来分析误差项同方差的性质。

家庭在食品消费方面的支出 Y 是家庭收入 X 的函数，建立如下线性模型：
$$Y = \beta_1 + \beta_2 X + u \tag{8.1}$$

图 8-1 呈现了 2007 年中国城镇家庭食品支出与收入的关系，随着收入的增加，食品支出上升。同方差假设要求低收入家庭与高收入家庭在食品支出上有相同的波动幅度。理

想中的数据如图 8-2 所示,低收入($X=X_1$)家庭食品支出围绕均值的分散程度与高收入($X=X_3$)家庭食品支出围绕均值的分散程度相近。

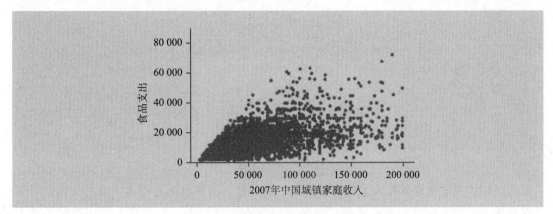

图 8-1　中国城镇家庭食品支出与收入

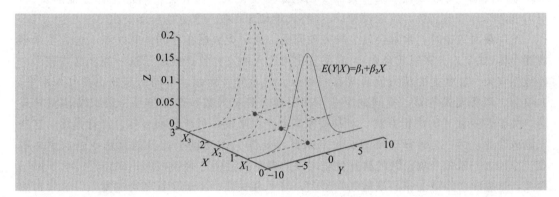

图 8-2　同方差性

但在现实世界中,同方差性经常得不到满足,从图 8-1 中我们观察到,低收入的家庭,食品支出波动较小;高收入的家庭,食品支出的波动较大。因为高收入家庭生活模式有更丰富的选择,有的家庭食品类支出较大,有的家庭喜爱旅游,有的家庭储蓄倾向较高,有的家庭偏好投资,等等,他们在奢俭之间有较大的选择余地。而低收入家庭的消费模式变化不大,因为被迫将较大比例的收入用在衣食住行等基本生活必需事项上,他们的选择范围很少,无法选择奢侈的食品支出。低收入家庭与高收入家庭在食品支出上的波动不相同,如图 8-3 所示,收入为 X_1 的低收入家庭的食品支出大多集中在均值附近,而收入为 X_3 的高收入家庭的食品支出更为分散。

这个例子意味着扰动项 u_i 的方差可能不是常数[①],它取决于收入 X 的高低。当收入较低时,$\mathrm{var}(u_i \mid X_i)$ 较小;当收入增加时,$\mathrm{var}(u_i \mid X_i)$ 变大。误差项 u_i 具有异方差性,即
$$\mathrm{var}(u_i \mid X_i) = \sigma_i^2$$
其中 $\sigma_i(i=1, 2, \cdots, n)$ 不全相同。

模型(8.1)存在异方差性,当我们使用该模型解释低收入家庭的食品支出比解释高收

[①] 也可以说食物支出 Y_i 的条件方差不是常数。

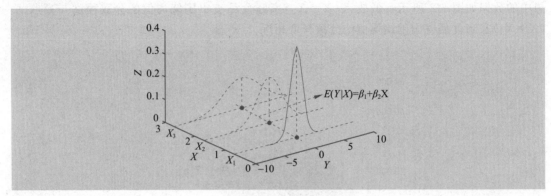

图 8-3 异方差性

入家庭更好,用来推测低收入家庭的食品支出更可靠。随着收入的提高,食品支出的可变性也在增大。对于高收入家庭来说,食品支出所占比例较小,它对收入变化的敏感性下降,而个人偏好等非收入因素对食品支出的影响会更大一些,他们可能选择节俭的食品,也可能选择奢侈的消费。应用模型(8.1)将较难预测高收入家庭的食品支出。

使用截面数据时,常常会发生异方差问题。这一类数据在相同的时间点上包含了众多观测个体(如个人、家庭或企业),食品支出与收入的家庭数据就属于这一类。这些截面个体数据在某一变量上的观测值通常有着相当大的差异。例如,不同的家庭,其收入水平、人口数、消费模式各异;不同的企业,其规模、职工人数、产品类型、组织结构差异显著。关于因变量 Y 的决定方式,对某些家庭或企业来说,可能更加多样、富有弹性。这些家庭或企业,用一组解释变量的变化来阐释因变量 Y 的变动会比其他家庭或企业更加困难。原因之一就是未观测到的解释变量之外的误差项会随之有较大的不确定性。对于回归模型,这意味着经济变量的取值区间越大,与 Y 相关联的不确定性就会越复杂,这就自然产生了异方差性。

异方差性并非只是截面数据才具有的性质。对于时间序列数据,某个经济观测(如一家公司、一个家庭)在样本的不同时期,误差项的方差也是有可能变化的。例如,外在的冲击或环境的改变,导致 Y 有着更多或更少的不确定性,这就意味着出现了异方差问题。

8.2 异方差性对 OLS 估计量的影响

如果存在异方差性,就违反了同方差假设 $\text{var}(u_i \mid x_i) = \sigma^2$,若其他假定不变,这会对最小二乘估计量带来什么后果呢?

(1)最小二乘估计量仍然是线性无偏估计量,但它不再是最优的,存在具有更小方差的其他线性无偏估计量。

参数估计量是无偏的这一性质,与同方差假定无关。以一元回归模型为例,斜率系数的 OLS 估计量为

$$\hat{\beta}_2 = \frac{\sum x_i y_i}{\sum x_i^2} = \frac{\sum x_i \cdot (\beta_2 x_i + u_i)}{\sum x_i^2} = \beta_2 + \frac{\sum x_i u_i}{\sum x_i^2}$$

那么

$$E(\hat{\beta}_2) = \beta_2 + \frac{E \sum x_i u_i}{\sum x_i^2} = \beta_2 + \frac{\sum x_i E(u_i \mid x_i)}{\sum x_i^2} = \beta_2$$

OLS 估计量的无偏性依赖于 $E(u_i \mid x_i) = 0$，并没有用到同方差的假设。

令 $k_i = \dfrac{x_i}{\sum x_i^2}$，OLS 估计量 $\hat{\beta}_2$ 的方差为

$$\mathrm{var}(\beta_2 + \frac{\sum x_i u_i}{\sum x_i^2}) = \mathrm{var}(\sum k_i u_i) = \sum [k_i^2 \mathrm{var}(u_i)] = \sum k_i^2 \sigma_i^2$$

在同方差假设和误差项无自相关假设满足时，线性无偏估计量中 OLS 估计量的方差最小，它是最小化 $\sigma^2 \sum k_i^2$ 得到的。当同方差假设不满足时，欲使系数估计量方差最小，应该最小化 $\sum k_i^2 \sigma_i^2$ [①]，这样得到的并不是 OLS 估计量。可见异方差条件下，存在其他的具有最小方差的线性无偏估计量，OLS 估计量不再是有效估计量。

(2) 采用通常的 OLS 估计量方差的估计公式是错误的，导致 $\hat{\beta}_{\mathrm{OLS}}$ 方差的一般估计是有偏误的，使用这些有偏标准误所构造的置信区间和假设检验都不再可信。这是异方差问题导致的最严重的后果。

以一元回归模型为例，对于不存在异方差性的回归模型

$$y_i = \beta_1 + \beta_2 x_i + u_i, \ \mathrm{var}(u_i \mid x_i) = \sigma^2 \tag{8.2}$$

我们证明了最小二乘估计量 $\hat{\beta}_2$ 的方差计算公式是

$$\mathrm{var}(\hat{\beta}_2) = \frac{\sigma^2}{\sum x_i^2} \tag{8.3}$$

通常对计量模型进行 OLS 回归，所报告的标准误就是基于公式(8.3)计算得来的。所有的统计软件做回归时默认是满足同方差性的，由此计算相应的标准误。但是当误差项 u_i 的方差不为常数时，最小二乘估计量 $\hat{\beta}_2$ 方差的正确公式应该是

$$\mathrm{var}(\hat{\beta}_2) = \frac{\sum x_i^2 \sigma_i^2}{(\sum x_i^2)^2} \tag{8.4}$$

这就是说，当存在异方差性时，我们不能继续使用公式(8.3)来计算 $\hat{\beta}_2$ 的方差了，而应该改用公式(8.4)。否则，使用原来默认(同方差条件下)的公式进行计算，将导致标准误有偏，从而使得系数估计值的置信区间不可信，显著性检验的 t 值、F 值失效。

---

① 见附录 3A。

8.3 异方差性的检验

由于普通最小二乘法的有效性依赖于误差项的同方差性,并且基于 OLS 回归所进行的标准的假设检验也取决于同方差性,所以我们使用 OLS 回归结果之前,需要检验异方差性是否存在。

模型异方差性的表现各有不同,在某特定计量方程中,异方差性的具体形式事先并不知道。所以,对于异方差并不存在统一的检验方法。各种计量经济学教材罗列了多种检验方法,但没有一种检验方法能够从逻辑上证明异方差性的存在,能做到的一般是发现异方差性存在的各种迹象。本节将介绍四种方法。一种是非正式的残差图检验,另外三种方法是更正式的统计检验。

8.3.1 图形检验

异方差性的各种检验方法均是建立在 OLS 回归残差的基础上。在出现异方差的情况下,最小二乘估计量仍是无偏的、一致的,对回归模型做 OLS 拟合之后,其残差将能够模仿(虽然由于抽样变异而不是很完美)真实干扰的异方差性。根据误差项方差的定义,$E(u_i^2)=\sigma_i^2$,而 OLS 残差 e_i 是误差 u_i 一个估计量,所以 e_i^2 就是 u_i^2 的一个估计量,我们也使用 e_i^2 来估计 u_i^2 的期望 (σ_i^2)。异方差性的检验程序中,就是以 OLS 残差的平方 e_i^2 作为随机误差项的方差 σ_i^2 的估计量。

有时候,对分析的数据进行视觉检查就可以发现异方差性的存在。这是一种非正式的但简单有用的检验,可以帮助我们直观地侦查数据分布的特征,判断误差变化与解释变量之间可能的关系。

我们对 OLS 残差进行图形分析,观察方差的估计值是否随着观测值而变化。一般的做法是:将残差的平方(使用残差本身或残差的绝对值亦可)关于解释变量或因变量拟合值 $\hat{Y}$ 做散点图。如果 e^2 随着 X_j 或 $\hat{Y}$ 的变化而呈现系统性变化,则表明数据中可能存在异方差性。

【例 8.1】 城镇居民的工资模型

在这个例子里,我们应用 CHIP2007 年的微观数据[①](见数据文件 Table8-1)建立城镇居民的工资模型:

$$\text{lwage}_i = \beta_1 + \beta_2 \text{exper}_i + \beta_3 \text{age}_i + \beta_4 \text{educ}_i + \beta_5 \text{health}_i + \beta_6 \text{female}_i + u_i$$

其中,lwage 是工资的对数,exper 是工作年限,age 是年龄,educ 是受教育年数,health 为健康状况虚拟变量,female 为性别虚拟变量。应用最小二乘法估计得出如下回归估计结果(括号内是 t 统计值):

$$\widehat{\text{lwage}}_i = 6.527 + 0.013 \text{exper}_i - 0.004 \text{age}_i + 0.063 \text{educ}_i + 0.351 \text{health}_i - 0.263 \text{female}_i$$
$$(76.12)\ (13.72)\ \ \ \ (-3.82)\ \ \ \ (22.94)\ \ \ \ (5.77)\ \ \ \ (-15.78)$$
$$n=5695\ \ \ R^2=0.166\ \ \ F=226.46$$

---

① 数据来源:CHIP2007 中国城市居民收入调查数据。

我们将回归的 OLS 残差平方分别对工作年限、性别、健康状况和因变量的拟合值做图，如图 8-4～图 8-7 所示。为了方便，本章用 e 表示残差。

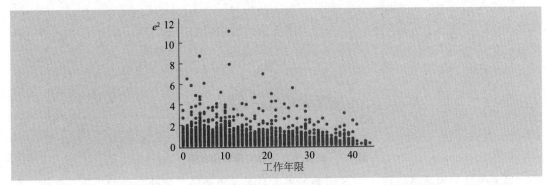

图 8-4　残差平方与工作年限

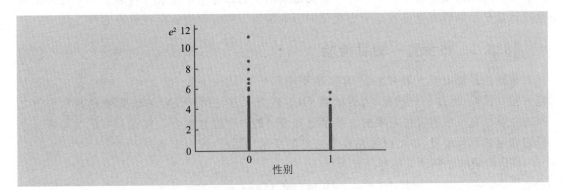

图 8-5　残差平方与性别

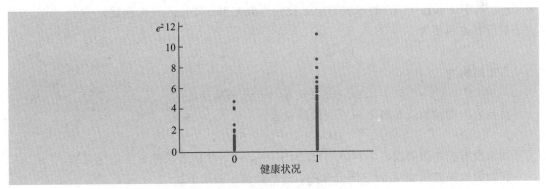

图 8-6　残差平方与健康状况

以上图形都表现出该模型存在异方差现象，并且异方差的形式比较复杂，既与工作年限相关，还与性别、健康状况等因素相关。

图形检验并不十分可靠，它依赖于分析者的经验与观察力。而且有些情况下，异方差性是存在的，我们却难以察觉，尤其模型中的异方差性与多个解释变量相关时，可能就会这样。为了可以在直觉无能为力的情况下发现异方差性，我们需要一些规范的统计检验，以对同方差的虚拟假设进行检验。

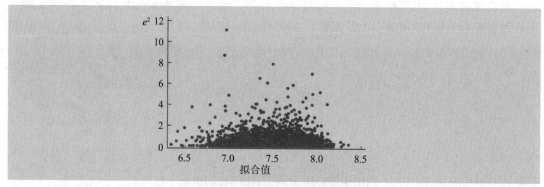

图 8-7 残差平方与因变量的拟合值

异方差性的检验思想是：OLS 残差的平方是否系统地随着其他变量的变化而变化。我们后面所介绍的规范的异方差性检验方法都借助了回归分析来做统计检验。如果相应的检验统计量显示解释变量是残差平方变化的影响因素，那么模型就存在着异方差问题。

8.3.2 布罗施—帕甘检验[①]

该检验最初由澳大利亚经济学家布罗施和帕甘（Breusch—Pagan，1979）提出。布罗施—帕甘检验（简称 B-P 检验）考查的是 OLS 残差平方与预先设定的解释变量的水平值之间的关系。它一般假设误差项的方差是已知变量的一个线性组合，将误差项的方差用 j 个预先确定的解释变量（也可以包括模型之外的变量）的线性回归来刻画。

B-P 检验的原假设与备择假设为

$$H_0: \sigma_i^2 = \sigma^2 \quad H_1: \sigma_i^2 = \sigma^2 f(z_{i1}, z_{i2}, \cdots, z_{ij})$$

原假设表示误差项是同方差的，备择假设表示误差项的方差依赖于外生变量 z_1、z_2、$\cdots$、z_j。其中，函数 $f(\cdot)$ 的形式不定，我们一般使用 z 变量的线性函数。

假设基本模型为

$$Y = \beta_1 + \beta_2 X_2 + \cdots + \beta_k X_k + u \tag{8.5}$$

方差结构为

$$\sigma^2 = \alpha_1 + \alpha_2 X_2 + \cdots + \alpha_j X_j + \varepsilon \tag{8.6}$$

对异方差的检验就是对下面原假设的检验：

$$H_0: \alpha_2, \cdots, \alpha_j \text{ 全为 } 0$$

如果没有拒绝原假设，方程(8.6)变为 $\sigma^2 = \alpha_1 + \varepsilon$，意味着误差项方差为常数。

我们假设误差项 u_i 是独立同分布的，B-P 检验步骤如下：

(1) 用 OLS 方法估计回归方程(8.5)；

(2) 计算 OLS 残差：$e_1, e_2, \cdots, e_n$，并取平方；

(3) 将 e_i^2 对所选定的 j 个变量进行回归，即估计辅助回归方程(8.6)。

(4) 计算检验统计量 nR^2，n 为样本容量，R^2 为(3)中辅助回归的拟合优度 R^2；

(5) 如果 nR^2 大于自由度为 j 的 χ_α^2 分布的临界值，就拒绝同方差的零假设。

[①] 也称为布罗施-帕甘-戈弗雷（Breusch-Pagan-Godfrey）检验。戈弗雷（1978）与布罗施-帕甘的异方差检验方法相似。

这种检验方法又称为 LM(拉格朗日乘数)检验,是一种适用于大样本的检验。最初的布罗施—帕甘检验[①]要求误差项 u_i 服从正态分布,有较大局限性。Koenker(1981)将此假定减弱为 u_i 独立同分布,采用 LM 检验。在实际应用中,我们较多采用的是独立同分布假定下的 LM 检验。

但 LM 统计量(nR^2)的 χ^2 分布仅适用于大样本情形。在小样本中,nR^2 服从 χ^2 分布通常是得不到保证的。所以在小样本情形下进行异方差性检验时,不建议使用 LM 统计量,一般是用 F 检验来代替 LM 检验,F 检验使用辅助回归方程的总体显著性检验的 F 统计量。

布罗施—帕甘检验的有效之处在于:如果我们能够明确列出干扰了误差项方差的解释变量,就可以在辅助回归方程中反映异方差的特定结构和异方差形式的特殊信息。在没有其他信息的情况下,布罗施—帕甘检验就使用所有的解释变量。

如果在布罗施—帕甘辅助回归中所选择的解释变量是正确的,那么,布罗施—帕甘检验的程序就比后面的怀特检验更有功效。如果辅助回归中所设定的方差结构不可靠,布罗施—帕甘检验就会失去一定功效。

8.3.3 怀特检验

美国经济学家赫尔伯特·怀特提出了一种一般性的异方差检验方法。怀特的方法被认为是适用于所有多元回归模型的最简单的方法。

怀特检验(White Test,1980)分析残差的平方与解释变量的水平值和平方项之间的关系。它不需要关于异方差的任何先验知识,只要求样本容量较大。

假设基本模型为

$$Y=\beta_1+\beta_2 X_2+\cdots+\beta_k X_k+u \tag{8.7}$$

则方差结构为

$$\sigma^2=\alpha_1+\alpha_2 X_2+\cdots+\alpha_k X_k+\gamma_2 X_2^2+\cdots+\gamma_k X_k^2+\lambda_1 X_2 X_3+\cdots+\lambda_{(k-1)(k-2)/2} X_{k-1} X_k+\varepsilon \tag{8.8}$$

对异方差的检验就是对下面原假设的检验:

$H_0: \alpha_2, \cdots, \alpha_k, \gamma_2, \cdots, \gamma_k, \lambda_1, \cdots, \lambda_{(k-1)(k-2)/2}$ 全为 0

如果没有拒绝原假设,则方程(8.8)变为 $\sigma^2=\alpha_1+\varepsilon$,意味着误差项方差为常数。

怀特检验的步骤如下:

(1) 用 OLS 方法估计回归模型(8.7);

(2) 计算 OLS 残差:$e_1, e_2, \cdots, e_n$,并取平方;

(3) 将 e_i^2 对基本模型中的所有解释变量及其平方项、交叉乘积项进行回归,即估计方差结构方程(8.8)。

(4) 计算检验统计量 nR^2,式中 n 为样本容量,R^2 为(3)中辅助回归的拟合优度 R^2;

(5) 如果 nR^2 大于自由度为 5 的卡方分布的临界值 $\chi_5^{2(a)}$,就拒绝同方差的零假设。

本质上这两种异方差的 LM 检验,无论是布罗施—帕甘检验还是怀特检验,查看的都是误差项的方差是常数还是随着辅助回归中的某些解释变量的变化而变化。那么,辅助回

[①] 参看本章附录 8A。

归中的 R^2 足够高时，我们就会拒绝同方差的虚拟假设。当然，单独的 R^2 的分布对我们来说是未知的，但将其乘以样本数后，就可以被证明服从一定的 χ^2 分布。

另外，我们要注意在估计辅助回归方程时，如果某个解释变量为虚拟变量，它的平方项等于该虚拟变量本身，不能与虚拟变量同时放入辅助回归方程，否则将产生完全多重共线性。

随着原模型解释变量的增加，怀特检验中辅助回归方程的解释变量的个数会增加很多。如果原模型中有 10 个解释变量，辅助方程就可能包含 65 个解释变量。在小样本的情况下，自由度将成为一个问题。Wooldridge(2000)建议用 $\hat{Y}$ 和 $\hat{Y}^2$ 作为回归元来代替单个解释变量、它们的平方及交叉乘积。这种处理虽然损失了一些信息，但简化了怀特检验，尤其当原模型中包含多个解释变量、样本又不大时，可避免自由度的大量减少。这种处理方法不仅仅限于异方差的怀特检验，在异方差的 BP 检验中，亦可如此。

一般而言，怀特检验主要用于大样本检验。LM 统计量的 χ^2 分布在大样本中有良好表现，而在小样本中则表现不佳。许多计量经济学家更倾向于使用布罗施—帕甘检验，如果对异方差的形式有足够的先验信息，该检验将比怀特检验更具功效。特别是自由度的个数明显较小时，布罗施—帕甘检验将更为可取，但它依赖于我们是否正确估计了异方差的形式。

【例 8.2】 布罗施—帕甘检验与怀特检验

在例 7.4 中我们使用数据文件 Table7-2 估计了家务劳动的影响模型：

$$\text{household}_i = 52.30 - 6.05\text{lwage}_i + 79.28\text{female}_i + 24.38\text{married}_i$$
$$(16.83)\ (2.36)\qquad\quad (3.09)\qquad\qquad (4.36)$$
$$n = 1\,966 \quad R^2 = 0.273\,6 \quad F = 246.35$$

结果估计了女性比男性每天从事家庭劳动的时间多 79.28 分钟，已婚群体比未婚群体每天从事的家务时间多 24.38 分钟，并且收入的增加会减少家务劳动时间。

现在我们关注的是异方差问题——从事家务劳动的其他因素，它们的波动是相同的吗？下面我们就对模型的异方差性做检验。

▶ 1. 异方差的布罗施—帕甘检验

我们没有异方差先验决定因素的相关信息，所以假设方差结构方程包含全部解释变量：

$$\sigma_i^2 = \alpha_1 + \alpha_2 \text{lwage}_i + \alpha_3 \text{female}_i + \alpha_4 \text{married}_i + u_i$$

估计该辅助回归方程得到：

$$\hat{e}^2 = 5077.5 - 450.1\text{lwage} + 3\,209.3\text{female} + 1\,173.1\text{married}$$
$$t: (2.00)\ (-1.26)\qquad\quad (6.89)\qquad\qquad (1.78)$$
$$n = 1\,966 \quad R^2 = 0.028\,1 \quad F = 18.90 \quad p(F) = 0.000\,0$$

布罗施—帕甘辅助回归的 R^2 是 0.028 1，其检验统计量 $nR^2 = 1\,966 \times 0.028\,1 = 55.2$，在 5% 的显著性水平下自由度为 3 的 χ^2 分布的临界值是 7.81，$nR^2 > 7.81$，所以我们拒绝同方差假设。经计算，检验统计量 $nR^2 = 55.2$ 的 p 值为 6.2×10^{-12}，近乎为 0，误差项为异方差的证据十分强。

2. B-P检验的特殊形式

异方差性检验时,误差方差的设定可以使用因变量的拟合值来替代解释变量:

$$\sigma_i^2 = \alpha_1 + \alpha_2 \widehat{happiness_i} + u_i$$

计算基本模型中因变量的拟合值,估计辅助回归方程:

$$\widehat{e^2} = 1\,656.1 + 41.66\,\widehat{happiness}$$

$$t: (3.98) \quad (7.51)$$

$$n = 1\,966 \quad R^2 = 0.027\,9 \quad F = 56.37 \quad p(F) = 0.000\,0$$

计算 LM 检验统计量 $nR^2 = 1\,966 \times 0.027\,9 = 54.85$,在 5% 的显著性水平上,大于自由度为 1 的 χ^2 分布的临界值 3.84,检验统计量的 p 值 1.3×10^{-13} 约为 0,故拒绝同方差假设。

3. 异方差的怀特检验

怀特检验的方差结构方程包括了所有的解释变量,是其一次方、二次方以及两两交互项的线性函数。我们将基本方程的 OLS 残差的平方 e^2 对 lwage、lwage^2、female、married 及 3 个交叉项进行回归,得到辅助回归方程:

$$\widehat{e^2} = 9\,241.3 - 1\,080.3\,\mathrm{lwage} + 1.20\,\mathrm{lwage}^2 - 5\,234.1\,\mathrm{female} + 10.25\,\mathrm{married}$$

$$t: (0.64)\;(-0.30) \quad\quad (0.01) \quad (-0.98) \quad\quad (0.00)$$

$$+ 1\,263.4\,\mathrm{lwage} \cdot \mathrm{female} + 187.7\,\mathrm{lwage} \cdot \mathrm{married} - 50.7\,\mathrm{female} \cdot \mathrm{married}$$

$$(1.64) \quad\quad\quad (0.17) \quad\quad\quad (-0.04)$$

$$n = 1966 \quad R^2 = 0.029\,5 \quad F = 8.50 \quad p(F) = 0.000\,0$$

怀特辅助回归的 R^2 是 0.029 5,其检验统计量 $nR^2 = 1\,966 \times 0.029\,5 = 58.0$,在 5% 的显著性水平下,大于自由度为 7 的 χ^2 统计量的临界值 14.07,LM 统计量的 p 值为 $3.8 \times 10^{-10} \approx 0$。所以拒绝同方差假设。这里要注意,LM 统计量服从的卡方分布的自由度是 7。

4. 怀特检验的特殊形式

我们在做异方差性的怀特检验时,经常使用因变量的拟合值(包含一次方和二次方)来替代误差方差结构方程中众多的解释变量。估计检验的辅助方程,得到

$$\widehat{e^2} = 799.0 + 77.35\,\widehat{happiness} - 0.249\,\widehat{happiness}^2$$

$$t: (0.73) \quad (1.82) \quad\quad (-0.85)$$

$$n = 1\,966 \quad R^2 = 0.028\,3 \quad F = 28.54 \quad p(F) = 0.000\,0$$

LM 统计量 $nR^2 = 1\,966 \times 0.028\,3 = 55.5$,服从自由度为 2 的 χ^2 分布,其 p 值接近 0,所以拒绝同方差假设。

8.3.4 戈德菲尔德—匡特检验

怀特检验和布罗施—帕甘检验通常所面对的误差项方差是连续变化的。戈德菲尔德—匡特检验(Goldfeld-Quandt test,1965)早期也是用于检验这类平滑变化的方差,但它的检验方法比较特殊。常见程序是把样本分成两组,检验两个不同的组是否具有相同的方差。如果方差随着某解释变量 X_i 的增大而增大,即为递增型异方差时,戈德菲尔德—匡特建议忽略掉一定数量的中间观测值,剩余观测值中一组对应于 X_i 较小值,另一组对应于 X_i

较大值，对两组观测值分别进行回归，计算两组残差平方和的比率，这个比率是一个服从 F 分布的统计量，如果误差项是同方差的，它应接近 1。

这种检验是否恰当在很大程度上依赖于我们按递增异方差排列观测值的能力，当观测值没有正确排序时，此检验的功效就值得怀疑。现在布罗施—帕甘检验和怀特检验已经取代了这个最早使用的戈德菲尔德—匡特检验，但在处理方差突然变化的情形时，如罗伯特·巴罗(1978)使用戈德菲尔德—匡特检验来判断第二次世界大战期间货币供给的干扰是否比"二战"后具有更大的方差，戈德菲尔德—匡特检验依然有用。

我们如何检验突然变化的方差呢？如何检验不同组的观测是否围绕着它们各自的均值而有不同的变化呢？由于误差项无法观测，所以该检验转而比较每组的均方差。戈德菲尔德—匡特检验的零假设为

$$H_0: \sigma_1^2 = \sigma_2^2$$

备择假设为

$$H_1: \sigma_1^2 \neq \sigma_2^2$$

检验的一般程序：

(1) 将 n 个观测分成 2 组。令 n_1、n_2 分别表示第 1 组和第 2 组的观测数。

(2) 使用第 1 组中的 n_1 个观测，利用最小二乘法估计基本回归模型，计算残差平方和 SSR_1 并将它除以 (n_1-k)，又称为均方误差。

(3) 使用第 2 组中的 n_2 个观测，利用最小二乘法估计基本回归模型，计算残差平方和 SSR_2 并将它除以 n_2-k。

(4) 构造 F 统计量。将 $SSR_1/(n_1-k)$ 和 $SSR_2/(n_2-k)$ 中较大者记为 $SSR_L/(n_L-k)$，较小者记为 $SSR_S/(n_S-k)$。则

$$F = \frac{SSR_L/(n_L-k)}{SSR_S/(n_S-k)}$$

在 H_0 成立的条件下，$F \sim F(\nu_1, \nu_2)$，其中 $\nu_1 = n_L - k$，$\nu_2 = n_S - k$。

第(2)、第(3)步中计算的均方误差就是两组回归方程误差项 u_i 的方差 σ_i^2 的估计值，第(4)步中计算的 F 值就是两组误差方差的估计值之比。如果两组的 σ_i^2 不相同，存在异方差，那么我们计算的 F 值就应该显著大于 1。在选定的显著性水平下，如果 F 值大于自由度为 ν_1，ν_2 的临界值，便拒绝同方差的虚拟假设。

如果随机干扰项是正态分布的，那么戈德菲尔德—匡特检验就是可靠的。如果干扰不是正态分布，但 (n_L-k) 和 (n_S-k) 都很大，那么戈德菲尔德—匡特检验统计量渐进地服从 F 分布，该检验是渐近有效的。

【例 8.3】 戈德菲尔德—匡特检验

例 8.1 中使用数据文件 Table8-1 中的收入数据估计了方程

$$\widehat{lwage}_i = 6.527 + 0.013 exper_i - 0.004 age_i + 0.063 educ_i + 0.351 health_i - 0.263 female_i$$
$$\quad (76.12)\ (13.72)\quad (-3.82)\quad\quad (22.94)\quad\quad (5.77)\quad\quad (-15.78)$$

$n = 5\ 695\quad R^2 = 0.166\quad F = 226.46$

那么，给定个人的工作年限、年龄、受教育程度和健康状况不变，男性的收入围绕其均值的变化与女性的类似吗？这个问题就是戈德菲尔德—匡特检验程序的一个经典应用。

针对样本中的 3 295 个男性，将收入的对数对工作年限、年龄、受教育程度、健康状

况进行回归，便得到残差平方和 1 285.2，于是
$$s_1^2 = 1285.2/(3\,295-5) = 0.390\,6$$
针对样本中 2 400 个女性做同样的回归便得到残差平方和 789.5，于是
$$s_2^2 = 789.5/(2\,400-5) = 0.329\,6$$
检验统计量为较大估计方差 s_1^2 与较小估计方差 s_2^2 之比为
$$F = 0.390\,6/0.329\,6 = 1.185$$
自由度为 3 290 和 2 395 的 F 统计量的 p 值是 0.000 004，在任何常见的显著性水平下，我们都拒绝方差相等的虚拟假设。数据表明，男性的收入围绕其条件均值表现出更大的波动。

异方差结构还可能有其他设定。有的检验将辅助回归方程中的因变量用 $|e_i|$ 来替代 e_i^2，有的检验利用 e_i^2 的自然对数 $\ln e_i^2$ 来替代 e_i^2。每一种形式都意味着不同的异方差结构。如果对异方差的结构估计正确，就能保证检验的功效。有时当某种异方差的检验方法没有拒绝同方差的假定时，并不意味着误差项不存在异方差性。毕竟各种检验都只是针对误差项方差的某种特殊形式来实施的，如果异方差的结构估计错误，检验也就失去了功效。

还要提到的一点是，利用各种检验方法来判断是否存在异方差性，首先应确保设定了正确的函数形式且没有遗漏变量[①]，否则检验结论是不可靠的。因为不正确的函数形式或遗漏变量将会干扰异方差检验。例如，如果遗漏掉的变量包含了异方差成分，其效果就会被误差项吸收，使得异方差的检验拒绝同方差假设。如果在模型中漏掉了某个解释变量的二次项，也可能会导致类似的检验结论。所以，在实践中，进行异方差检验之前应该先进行回归模型设定的检验，只有在回归的函数形式是恰当的前提下，对异方差性检验的结果才是可靠的。

以上的分析表明，如果检验结果存在异方差性，这也可能归因于忽略了某个重要解释变量或是使用了错误的函数形式。这些问题是比异方差更严重的问题，所以当检验结果表明有异方差性时，首先应该考察是否忽略了变量或者设定了错误的函数形式。

8.4 异方差问题的处理

如果同方差的假设被拒绝了，我们所面临的问题就是找到一个优于普通最小二乘法的估计方法。本节将就一些估计方法进行讨论。

8.4.1 加权最小二乘法

▶ 1. u_i 的方差已知的情形

如果我们明确了异方差的存在，就会考虑寻找比 OLS 更有效的估计量。

OLS 估计量是通过最小化残差平方和 $\sum e_i^2$ 得到的，其中每一个残差平方 e_i^2 的权重都

---

① 遗漏变量也可看作函数形式误设。

是相同的。异方差情况下，如果方差 σ_i^2 较大，可以合理推测与其对应的 e_i^2 也较大；如果方差 σ_i^2 较小，可以推测与其对应的 e_i^2 也较小。若误差项 u_i 的方差较大，这意味着对应的样本观测值偏离总体回归线的概率大，其稳定性较差，估计模型时就应该减小该观测值的权重。我们可以通过这样的思想来实现估计量的有效性：不能最小化残差平方和 $\sum e_i^2$ 而是最小化加适当权重的残差平方和 $\sum w_i e_i^2$。如果 e_i^2 较大，就赋予它较小的权重；如果 e_i^2 较小，就赋予它较大的权重，加权最小二乘法正是通过最小化残差加权平方和而获得了有效的估计量。后面将看到，加权过程的本质是将误差项的异方差变换为同方差，变换之后的数据满足经典回归模型的同方差假定，将变换后的数据应用于 OLS 估计。由此得到的系数估计量自然具有 BULE 性质，这样的估计量称为广义最小二乘（generalized least squares，GLS）估计量。GLS 估计量具有类似 OLS 估计量的性质，如果误差项服从正态分布，估计量也服从正态分布，t 检验和 F 检验完全适用；如果误差项非正态分布，估计量在大样本中具有渐近正态性，检验统计量渐近服从 t 分布和 F 分布。

在实践中，如何将数据进行加权变换，消除异方差性，以使用 OLS 方法呢？我们以二元回归模型为例来说明：

$$Y_i = \beta_1 + \beta_2 X_{2i} + \beta_3 X_{3i} + u_i \tag{8.9}$$

假设模型(8.9)中存在异方差性，其误差项方差（以解释变量 X_2、X_3 为条件）的一般形式为

$$\text{var}(u_i) = \sigma_i^2$$

如果方差依赖于解释变量，则可以将其改写为

$$\text{var}(u_i) = \sigma^2 \cdot f(X_{2i}, X_{3i})$$

当 $f(\ )$ 退化为常数变量（如等于1）时，那么误差项就是同方差的，此时 OLS 估计量就是最优线性无偏估计量。如果方差函数中 $f(\ )$ 不为常数，OLS 估计量就不是最优线性无偏估计量。这时需要对模型(8.9)进行变换，两边同时除以 $\sqrt{f_i}$，变换后的新模型为

$$\frac{Y_i}{\sqrt{f_i}} = \frac{\beta_1}{\sqrt{f_i}} + \beta_2 \frac{X_{2i}}{\sqrt{f_i}} + \beta_3 \frac{X_{3i}}{\sqrt{f_i}} + \frac{u_i}{\sqrt{f_i}} \tag{8.10}$$

或记为

$$Y_i^* = \beta_1 X_{1i}^* + \beta_2 X_{2i}^* + \beta_3 X_{3i}^* + \varepsilon_i \tag{8.11}$$

其中

$$Y^* = \frac{Y}{\sqrt{f_i}}, \quad X_{1i}^* = \frac{1}{\sqrt{f_i}}, \quad X_{2i}^* = \frac{X_{2i}}{\sqrt{f_i}}, \quad X_{3i}^* = \frac{X_{3i}}{\sqrt{f_i}}, \quad \varepsilon_i = \frac{u_i}{\sqrt{f_i}}$$

新模型的误差项随之发生变化，新的误差项 ε_i 的方差是

$$\text{var}(\varepsilon_i) = \sigma^2 \cdot f_i \cdot \left[\frac{1}{\sqrt{f_i}}\right]^2 = \sigma^2$$

可见，新模型的误差项 ε_i 是同方差的。在变换之后的模型(8.11)中，系数 β_1、β_2 和 β_3 对应于原回归模型(8.9)中的截距系数和斜率系数。要注意的是，对模型(8.11)而言，系数 β_1 并不是截距系数，而是解释变量 $1/\sqrt{f_i}$ 的系数。

变换之后的模型满足高斯—马尔可夫定理的条件，用 OLS 方法估计模型，将给出 β_1、β_2 和 β_3 的最优线性无偏估计量。但是参数的估计值在新方程中一般难以解释其意义，需

要放到原方程中去解释。

【例 8.4】 误差项的方差与 X^2 成比例

我们经常会观察到误差项的方差随着某个变量的增加而增加,尤其特殊的情形是误差项的方差与该变量成正比例关系:

$$\mathrm{var}(u_i \mid X_i) = \sigma^2 \cdot X_i$$

或是与该变量的平方成正比例:

$$\mathrm{var}(u_i \mid X_i) = \sigma^2 \cdot X_i^2$$

下面这个例子中假定误差项的方差与已知变量的平方成比例,这是异方差的一种特殊而简单的情形。

我们用家庭年收入 income 来解释家庭住房支出 hexp,设定模型为

$$\mathrm{hexp}_i = \beta_1 + \beta_2 \mathrm{income}_i + u_i \tag{8.12}$$

利用数据文件 Table8-2 中 20 个家庭住房支出与年收入的横截面数据[①],估计方程为

$$\widehat{\mathrm{hexp}_i} = 0.89 + 0.237 \mathrm{income}_i$$
$$se: (0.204)\ (0.015) \tag{8.13}$$
$$R^2 = 0.9335 \quad F = 252.72$$

使用布罗施—帕甘检验考查模型的异方差性,结果拒绝了同方差的虚拟假设。那么,式(8.13)中参数的 OLS 估计并不是最有效的估计量,而且 t 统计量、F 统计量都不可靠。

图 8-8 显示出该模型的误差项方差随着年收入的增加而增加。收入较高的家庭住房支出的方差较大。图形显示,它与年收入的平方成正比例:

$$\mathrm{var}(u_i \mid \mathrm{income}_i) = \sigma^2 \cdot \mathrm{income}_i^2$$

我们选取权数 $w_i = 1/\mathrm{income}_i$,将模型(8.12)两边同时乘以 w_i,得到方程

$$\frac{\mathrm{hexp}_i}{\mathrm{income}_i} = \beta_1 \frac{1}{\mathrm{income}_i} + \beta_2 + \frac{u_i}{\mathrm{income}_i} \tag{8.14}$$

记为

$$Y_i^* = \beta_2 + \beta_1 X_i^* + \varepsilon_i \tag{8.15}$$

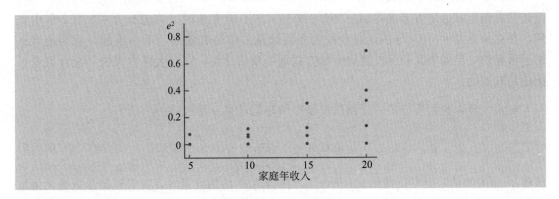

图 8-8 残差平方与家庭年收入

[①] 数据来源:Robert S. Pindyck. 计量经济模型与经济预测[M]. 4 版. 北京:机械工业出版社,1999.

其中，

$$Y_i^* = \frac{\text{hexp}_i}{\text{income}_i}, \quad X_i^* = \frac{1}{\text{income}_i}, \quad \varepsilon_i = \frac{u_i}{\text{income}_i}$$

式(8.15)中误差项的方差(以解释变量为条件)是

$$\text{var}(\varepsilon_i) = \text{var}(\frac{u_i}{\text{income}_i}) = \sigma^2 \cdot \text{income}_i^2 \cdot (\frac{1}{\text{income}_i})^2 = \sigma^2$$

我们得到了满足同方差假设的模型(8.15)，对其进行OLS估计，得到β_1和β_2的有效估计量：

$$\hat{Y}_i^* = 0.249 + 0.753 X_i^*$$

$$se: (0.012)\ (0.098)$$

$$R^2 = 0.7654 \quad F = 58.72$$

由此，家庭住房支出方程为

$$\widehat{\text{hexp}_i} = 0.753 + 0.249 \text{income}_i$$

$$se: (0.098)\ (0.012)$$

$$R^2 = 0.9618 \quad F = 452.9$$

我们对变换后的模型使用布罗施—帕甘检验，没有发现明显的异方差性。

▶ 2. u_i 的方差未知的情形

在大多数应用问题中，毕竟误差项真正的方差形式都是未知的，切实可行的方法是对异方差的形式进行估计，并用它替代真实的方差来实施加权最小二乘法。这种方法被称为可行的广义最小二乘法(FGLS[①])。

可行的广义最小二乘法只有在大样本中的应用才是恰当的。如果我们的估计接近异方差的真实形式，FGLS估计量就是最优的，不仅估计量的 t 检验和 F 检验是可靠的，而且估计量也是有效的。

8.4.2 怀特异方差一致标准误

如果对异方差的生成过程有一定的把握，WLS 或 FGLS 将提供相当理想的估计量。但如果我们不知道异方差的形式，WLS 或 FGLS 不能实施时又该怎么办呢？8.2 节中提到，存在异方差性时 OLS 估计通常报告的估计量方差是有偏的、不一致的，从而统计推论不再有效，但如果我们可以找到系数方差的一致估计量，则对大样本来说，统计推论可能还是有效的。

在 8.2 节，我们推导了一元回归模型中斜率估计量 $\hat{\beta}_2$ 的方差为

$$\text{var}(\hat{\beta}_2) = \frac{\sum x_i^2 \sigma_i^2}{(\sum x_i^2)^2} \tag{8.16}$$

虽然 σ_i^2 是未知的，但可以证明 $\sigma_i^2 = E(e_i^2)$，在构造 σ_i^2 的估计量时，如果模型参数是无偏估计量，我们就可以用样本的残差平方 e_i^2 来代替 $E(e_i^2)$，用 $\sum x_i^2 e_i^2$ 来估计 $\sum x_i^2 \sigma_i^2$。所以式(8.16)中的方差表达式就近似等于

---

① FGLS方法可参阅 Wooldrige 所著《计量经济学导论(中文第五版)》，第 233~235 页。

$$\widetilde{\text{var}}(\hat{\beta}_2) = \frac{\sum x_i^2 e_i^2}{(\sum x_i^2)^2} \tag{8.17}$$

这个方差的估计量称为怀特异方差一致估计量,称为一致估计量是因为在大样本中,它的分布收敛于估计量的真实方差。在大样本的情形下就可以使用 $\widetilde{\text{var}}(\hat{\beta}_2)$ 进行稳健的假设检验,故又称为怀特异方差的稳健标准误。

【例 8.5】 异方差的稳健标准误

例 8.1 使用数据文件 Table 8-1 给出了工资模型(8.1)的 OLS 估计结果,计算了通常的 OLS 估计量的标准误,这里我们计算怀特异方差的一致标准误。

表 8-1 中,结果(2)的系数估计值与结果(1)中的系数估计值相同,因为系数的估计方法相同,都是 OLS 估计量。不过,标准误的估计值却不相同,结果(2)报告的是怀特异方差的一致标准误,即稳健标准误。结果(1)中的标准误使用了同方差条件下的计算公式,对该模型来说,结果是有偏误的。相比稳健标准误,有的偏大,如 female 对应的标准误;有的偏小,如 exper、age、educ 等变量对应的标准误。

表 8-1 工资方程的 OLS 估计

自变量	(1) 使用通常的标准误	(2) 使用稳健标准误
exper	0.013 [0.000 963]	0.013 [0.000 976]
age	−0.004 [0.001 09]	−0.004 [0.001 13]
educ	0.063 [0.002 75]	0.063 [0.003 10]
health	0.351 [0.060 9]	0.351 [0.065 2]
female	−0.263 [0.016 65]	−0.263 [0.016 62]
_cons	6.527 [0.085 7]	6.527 [0.092 6]
N	569 5	569 5
R^2	0.166	0.166
F	226.46	209.46

注:方括号内为系数估计量的标准误。

找到更有效的估计量当然会得到更有功效的假设检验,所以在知道异方差形式的情况下,加权最小二乘法便优于使用怀特稳健标准误的普通最小二乘法。但由于通常都不知道异方差的形式,所以我们一般都是将 OLS 估计量与怀特异方差一致估计量结合使用。如果数据生成过程中的异方差形式不太明确，这种处理比加权最小二乘法更好。WLS 或 FGLS 不能很好地近似真实方差结构时，相对 OLS 方法在有效性上的好处通常不太明显，而它在可靠统计推断上的风险却很大。

怀特的方法不仅可用来得到异方差的稳健的 t 检验，还可以用来得到异方差稳健的 F 检验。我们在做计量分析的参数检验时，F 检验是最经常使用的方法。在存在异方差性的情形下，OLS 回归通常计算的 F 统计量是无效的，我们需要使用异方差稳健标准误来获得一个稳健的 F 统计量。越来越多的计量软件将 OLS 回归的怀特异方差稳健标准误作为一个选项给出，并以此为基础计算异方差稳健的 F 统计量。现在，怀特的异方差稳健标准误已经成为计量经济学家的一个标准工具。一般观点认为，异方差性是计量模型的常态，我们在报告回归结果时，默认报告的就应该是异方差稳健标准误。

本章小结

经典线性回归模型的假定要求误差项同方差，而实践中出现异方差性是比较常见的现象。异方差性的产生如果不是因为遗漏变量等模型设定问题，而只是单纯的异方差性，那么这不会导致 OLS 估计量的偏误，但它不再是有效估计量。存在异方差性时常规计算的 OLS 估计量标准误有偏，从而导致假设检验的结果不可靠。

本章介绍了观测异方差的图形法，以及三种规范的异方差检验方法。这些方法都试图寻找误差项方差与解释变量之间的相关性。其中的布罗施—帕甘检验、怀特检验是最具一般性的异方差检验方法；而如果我们对异方差的结构有更多的信息，布罗施—帕甘检验就更有功效；戈德菲尔德—匡特检验则适用于数据能够自然分组的模型。

出现异方差性时，OLS 估计量不再是 BLUE 估计量，若知道异方差性的形式，使用加权最小二乘法可以得到最优估计量。在大样本中，可行的广义最小二乘法是一个比较实用的方法，如果对异方差形式的估计较好地近似了真实的方差结构，FGLS 估计量则是最优的。但我们通常都不知道异方差的正确形式或者缺乏足够的信息来估计它的真实结构，所以异方差的稳健标准误在实践中被广泛使用。此时我们仍然使用 OLS 方法估计参数，与怀特异方差一致标准误结合使用，在大样本情况下就可以进行稳健的统计推断。

思考与练习

8.1 解释概念

(1) 同方差 (2) 异方差 (3) 布罗施—帕甘检验 (4) 怀特检验
(5) 戈德菲尔德—匡特检验 (6) 怀特异方差一致标准误 (7) 加权最小二乘法
(8) 广义最小二乘估计量 (9) 可行的广义最小二乘估计量

8.2 异方差的含义是什么？它对下面各项有什么影响？

(1) OLS 估计量及其方差；
(2) 置信区间；

（3）显著性 t 检验和 F 检验。

8.3 直观地解释当误差项存在异方差性时，为什么加权最小二乘法会得出比普通最小二乘法更有效的参数估计量？

8.4 在一元回归模型中，假设误差项方差结构如下：
$$E(u_i^2)=\sigma^2 X_i^4$$

如何通过数据变换实现同方差？如何估计变换后的模型？列出估计步骤。

8.5 已知如下有关某公司利润和销售额的模型：
$$\text{profit}_i=\beta_1+\beta_2\text{sales}_i+\beta_3 D_i+u_i$$

式中，profit＝利润；sales＝销售额；$D=1$ 表示公司属于制造业，$D=0$ 表示其他。

（1）写出辅助回归方程，以使用怀特检验来判断是否存在异方差。

（2）说明不存在异方差的零假设。

（3）描述检验所需要进行的回归（结合模型具体说明）。

（4）检验统计量怎样计算？并说明它的分布与自由度。

（5）判定规则是什么？

8.6 上题中，如果怀疑制造业企业与非制造业企业的利润有异方差问题，描述如何采用戈德菲尔德—匡特方法检验是否存在异方差性。

8.7** 使用数据文件 Table8-3 中的数据，研究主管人数与工人数、企业产值的关系。其中包括不同规模的 27 家工业企业的数据，x_1 为工人数，x_2 为企业产值（万元），y 为主管人数。设定模型
$$y_i=\beta_0+\beta_1 x_{1i}+\beta_2 x_{2i}+u_i$$

（1）给出回归方程的估计结果。

（2）使用布罗施—帕甘检验和怀特检验考察模型的异方差性。要求写出异方差性检验的辅助回归方程的估计结果。

（3）假定误差项的方差 $\sigma_i^2=\sigma^2 x_{1i}$，试用加权最小二乘法处理该异方差问题。

8.8** 本题使用例 6.3 的数据（数据文件 Table6-3）估计模型
$$\text{lwage}_i=\beta_1+\beta_2\text{educ}_i+\beta_3\text{exper}_i+\beta_4\text{exper}_i^2+\beta_5\text{married}_i+\beta_6\text{black}_i+u_i$$

（1）写出模型的 OLS 回归结果，并做残差对各个解释变量的散点图。能否看出哪些变量导致了异方差问题？

（2）使用怀特检验的特殊形式分析模型是否存在异方差性。

（3）使用戈德菲尔德—匡特方法考察已婚组与未婚组的工资是否有异方差性。

（4）计算异方差的怀特稳健标准误，并与（1）中的结果比较。

本章附录

附录 8A 布罗施—帕甘检验的另一个统计量

假设基本模型为
$$Y=\beta_1+\beta_2 X_2+\cdots+\beta_k X_k+u \qquad (8A.1)$$

方差结构为
$$\sigma^2=\alpha_1+\alpha_2 X_2+\cdots+\alpha_j X_j+\varepsilon \qquad (8A.2)$$

假设误差项 u_i 服从正态分布，Breusch-Pagan 检验步骤如下：

(1) 用 OLS 方法估计回归方程(8A.1)，计算 OLS 残差 e_1, e_2, $\cdots$, e_n，并取平方。

(2) 利用残差估计 $\hat{\sigma}^2 = \dfrac{\sum e_i^2}{n}$。

(3) 估计辅助回归方程 $\dfrac{e_i^2}{\hat{\sigma}^2} = \alpha_1 + \alpha_2 X_{2i} + \alpha_3 X_{3i} + \cdots + \alpha_j X_{ji} + v_i$。

(4) 计算检验统计量，即(3)中的回归平方和的一半 $\dfrac{\text{ESS}}{2} \sim \chi^2_{j-1}$。

(5) 如果检验统计值 $\dfrac{\text{ESS}}{2}$ 大于自由度为 $j-1$ 的 χ^2 分布的临界值，就拒绝同方差的虚拟假设。

第 9 章 自 相 关

本章将讨论误差项无自相关的假设。时间序列变量普遍存在着自相关问题，误差项的自相关性违反了 CLRM 假设。本章的内容包括自相关的本质、自相关性的后果、自相关的诊断，以及存在自相关问题时怎样改进 OLS 估计方法。

9.1 自相关的性质

经典回归模型的假设要求第 i 个误差 u_i 和第 j 个误差 u_j 是不相关的 $(i\neq j)$，即
$$\text{cov}(u_i, u_j)=E(u_iu_j)=0 \quad (i\neq j)$$
但这一假设在实践中尤其是时间序列分析中经常不能成立。如果按时间或者空间排列的误差项之间存在相关性，就称为自相关或序列相关，表示为
$$\text{cov}(u_i, u_j)=E(u_iu_j)\neq 0 \quad (i\neq j) \tag{9.1}$$

序列相关实质上就是某期的误差项依赖于过去若干期的误差项。广义地说，序列相关是指变量与其自身滞后值之间的相关性，它并不限于误差项，也可以是因变量或自变量的序列相关。本章讨论的是误差项的自相关性，而这一问题与变量的序列相关性紧密相联。

误差项存在自相关性，它潜在的含义是：我们所建立的模型并不完美，没有将数据中所包含的全部信息表达出来，误差项不是真正的随机干扰项。现实中许多时间序列变量都存在一定程度的序列相关，产生这种相关性的原因主要在于：经济系统中各种影响因素都有一定的黏滞性。在这些因素作用下，如果数据发生的时间接近，就会受到近似的影响，这自然导致了经济数据的相关性。序列相关既可能是正相关也可能是负相关，不过正相关的情形似乎更多一些。

自相关性普遍地存在于时间序列中。时间序列数据最重要的特征是它们按照时间自然排序、变量间可能存在动态关系，表现为某一期取值与下一期的取值相关，当期变量的变化会对未来一期或多期的变量本身或者其他变量产生影响。例如，失业率在某一季度较高，那么它在下一个季度很可能也比较高。又如，葱姜蒜之类的周期性农产品如果当年的

价格较高，就会刺激下个年度的供给从而导致价格走低。像失业率、GDP 增长率、通货膨胀率和利率这样的变量，它们某一期的表现与之前若干期所发生的事件都是相关联的，通常会循序渐进地变化而较少发生突变。经济决策通常会导致经济变量发生变化，它的影响一般不是瞬时完成，而是会持续一段时间。像气候、灾害、战争、疾病等因素对经济运行的影响也会持续一段时间，经过若干时期后才会逐渐消失。影响经济变量的这些因素如果没有被模型捕捉，它们就成为回归模型误差项的一部分，导致误差项序列相关。

在截面数据里以随机抽样的方式所获取的不同观测值通常是不相关的。截面数据一般不具有自然的特定的排序标准，在分析此类数据时，如果打乱观测值顺序不会影响估计的结果。但如果截面数据样本观测值的顺序有一定意义（如变量的大小或顺次的地理位置），自相关性在截面数据研究中也可能会发生。例如，按地理位置排列的观测数据，从相邻地理位置上获得的数据因为受共同的外部环境的影响很可能具有相关性。

为什么会产生自相关问题呢？由以上分析可见，误差项自相关有时是模型设定误差所导致的。当回归方程中重要的解释变量被遗漏时，就有可能出现严重的自相关现象，因为被忽略的变量的相邻值之间可能是相关的，相应的误差项之间自然会出现相关性。当被忽略的变量加入回归方程以后，由此产生的自相关就会消失。

自相关问题也可能是错误的函数形式所导致的。即使真实模型的误差项不存在自相关，如果所选择的模型形式与真实模型的函数形式之间存在着差异，就可能导致误差项表现出自相关性。假如能纠正设定误差，对应的自相关性就可以消除。因此，我们在处理自相关问题之前，要尽可能保证所设定的模型是正确的，即正确地描述变量之间的关系。

本章仅讨论时间序列的自相关问题。为了强调我们使用的数据是时间序列观测值，后面将用下标 t 和 s 来代替下标 i 和 j。t 和 s 通常代表不同的时期，如年、季度、月、日等。

时间序列的动态性是它的本质特征，动态模型之一就是通过误差项的滞后值使动态关系进入回归模型。误差项可能与其一阶或高阶滞后值相关，但时间间隔越远的误差项之间相关性越小并逐渐消失。在进一步的讨论之前，我们要设定误差项的生成过程。本章主要考察一阶自相关的情形，动态模型设定为

$$Y_t = f(X_t) + u_t \quad u_t = \rho u_{t-1} + v_t \tag{9.2}$$

动态关系(9.2)的本质是，第 t 期误差项 u_t 带来的冲击不仅会影响当期的被解释变量 Y_t，也会影响其未来的取值 Y_{t+1}，Y_{t+2}，…。其中的误差项结构为

$$u_t = \rho u_{t-1} + v_t \tag{9.3}$$

并且满足 $|\rho|<1$。ρ 是 u_t 和 u_{t-1} 之间的相关系数；v_t 是独立正态随机变量序列，期望为 0，方差为常数，又称为白噪音。在这种模型假定之下，称误差项具有一阶自回归结构，这也是经常讨论的一种自相关模式。其中的 ρ 称为一阶自相关系数，计算公式为

$$\rho = \frac{\text{cov}(u_t, u_{t-1})}{\sqrt{\text{var}(u_t)\text{var}(u_{t-1})}} \tag{9.4}$$

假设满足同方差性，$\text{var}(u_t) = \text{var}(u_{t-1})$，所以自相关系数可表示为

$$\rho = \frac{\text{cov}(u_t, u_{t-1})}{\text{var}(u_{t-1})} \quad 或 \quad \rho = \frac{\text{cov}(u_t, u_{t-1})}{\text{var}(u_t)}$$

后面的分析中经常要计算误差项 u_t 的一阶样本自相关系数，它可由残差 e_t 来估计：

$$\hat{\rho}_1 = \frac{\sum (e_t, e_{t-1})}{\sum e_t^2} \tag{9.5}$$

当误差项满足 CLRM 的假设时，误差序列作为随机过程是平稳的，因为此时它们的均值和方差均为常数，且任何两期的误差项的相关系数也是常数（零[①]）。但实际应用中时间序列中的误差项不一定是平稳的。如果误差项序列非平稳，这将对经典回归方法产生影响。事实上，回归分析中的一个默认假设是变量是平稳的，如果变量非平稳，只要误差序列是平稳的，就表明因变量和解释变量之间存在稳定的均衡关系，回归方程的设定仍然是合理的。否则，回归方程是没有意义的。非平稳时间序列的讨论超过了本书的范围，后面的讨论仅限于变量平稳时误差项的自相关问题。

接下来，我们讨论自相关问题对经典 OLS 回归方法的影响。

9.2 自相关性对 OLS 估计量的影响

如果存在自相关，就违反了 CLRM 的假设 $\text{cov}(u_t, u_s) = 0 (t \neq s)$，若其他假定不变，这会对最小二乘估计量带来什么后果呢？

（1）最小二乘估计量仍然是线性无偏估计量，但它不再是最优的，存在具有更小方差的其他线性无偏估计量。

与异方差性一样，参数估计量是无偏的这一性质，与无自相关假定无关。以一元回归模型为例，斜率系数的 OLS 估计量为

$$\hat{\beta}_2 = \frac{\sum x_t y_t}{\sum x_t^2} = \frac{\sum x_t \cdot (\beta_2 x_t + u_t)}{\sum x_t^2} = \beta_2 + \frac{\sum x_t u_t}{\sum x_t^2} \tag{9.6}$$

估计量的期望

$$E(\hat{\beta}_2) = \beta_2 + \frac{E \sum x_t u_t}{\sum x_t^2} = \beta_2 + \frac{\sum x_t E(u_t \mid x_t)}{\sum x_t^2} = \beta_2$$

无偏性条件仅依赖于 $E(u_t \mid x_t) = 0$，误差项之间的相关性不会影响 OLS 估计量的无偏性。

令 $k_t = \dfrac{x_t}{\sum x_t^2}$，OLS 估计量 $\hat{\beta}_2$ 的方差

$$\begin{aligned}
\text{var}(\hat{\beta}_2) &= \text{var}(\beta_2 + \frac{\sum_t x_t u_t}{\sum_t x_t^2}) \\
&= \text{var}(\sum_t k_t u_t) \\
&= \sum_t k_t^2 \text{var}(u_t \mid x_t) + 2 \sum_{t \neq s} \sum k_t k_s \text{cov}(u_t, u_s) \\
&= \sigma^2 \sum_t k_t^2 + 2 \sum_{t \neq s} \sum k_t k_s \text{cov}(u_t, u_s)
\end{aligned}$$

在同方差假设和误差项无自相关假设满足的情况下，OLS 估计量的方差最小，它是最

[①] 一个随机过程 $\{Y_t\}$，若：第一，$E(Y_t)$ 为常数；第二，$\text{var}(Y_t)$ 为常数；第三，$\text{cov}(Y_t, Y_{t+h})$ 仅取决于 h，那么它就是弱平稳的或协方差平稳的。强平稳要求随机过程的联合分布相同。应用研究中，一般只需要弱平稳。

小化 $\sigma^2 \sum_t k_t^2$ 而得到的。无自相关假设不满足时，方差最小的估计量应该要最小化 $\sigma^2 \sum_t k_t^2 + 2\sum_{t \neq s}\sum k_t k_s \text{cov}(u_t, u_s)$，这样得到的不是 OLS 估计量。可见自相关条件下，存在其他的具有更小方差的线性无偏估计量，OLS 估计量不再是有效估计量。

（2）采用通常的 OLS 估计量方差的估计公式是错误的，导致 $\hat{\beta}_{\text{OLS}}$ 方差的一般估计是有偏误的。用有偏的标准误构造置信区间、进行假设检验都不再可信，这是自相关问题产生的严重后果。

以一元回归模型 $Y_t = \beta_1 + \beta_2 X_t + u_t$ 为例，我们证明了满足同方差性假定、无自相关性假定时，最小二乘估计量 $\hat{\beta}_2$ 的方差

$$\text{var}(\hat{\beta}_2) = \sigma^2 \sum_t k_t^2 \tag{9.7}$$

从统计软件获得的 OLS 估计结果报告的是无自相关性无异方差性时的标准误。当误差项存在自相关性时，最小二乘估计量 $\hat{\beta}_2$ 的方差计算应该使用如下公式：

$$\text{var}(\hat{\beta}_2) = \sigma^2 \sum_t k_t^2 + 2\sum_{t \neq s}\sum k_t k_s \text{cov}(u_t, u_s) \tag{9.8}$$

所以说，此时再使用从前的 OLS 回归结果得到的是有偏误的标准误。

因为经济分析中的许多变量往往存在正的序列相关，这就使得误差项之间存在正相关，各期之间的协方差一般为正。误差项正自相关的情况下，我们继续使用公式（9.7）来计算 $\hat{\beta}_2$ 的方差，一般情况下就会低估 $\hat{\beta}_2$ 的真实方差，从而在系数的估计和检验时夸大了系数估计的精度、夸大了系数的显著性水平。同时，F 检验也是无效的。

9.3 自相关性的检验

9.3.1 图形法

图形法是用来判断自相关性的一种有用的工具。尽管误差项 u_t 不能直接观测到，样本的 OLS 残差 e_t 是误差项 u_t 的估计量，我们可以通过 e_t 的变化判断 u_t 是否存在自相关。检验自相关性的图形一般有两种，一是依据残差与时间变量的序列图做出判断；另一种是依据残差与其滞后值之间是否具有相关性来判断。

我们以一阶自相关为例，如图 9-1 所示，若残差 e_t 在时序图中是随机无序变化的，或者前后两期的残差散点均匀分布在四个象限，说明 u_t 不存在自相关。

如图 9-2 所示，若残差 e_t 随时间呈现趋势性的变动，或者前后两期的残差散点分布在一、三象限，说明 u_t 存在正的自相关。

如图 9-3 所示，若残差 e_t 随时间呈现锯齿形的交替变化，或者前后两期的残差散点分布在二、四象限，则说明 u_t 存在负的自相关。

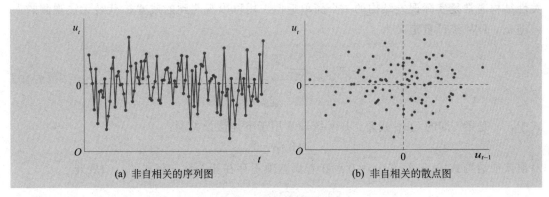

(a) 非自相关的序列图　　　　　(b) 非自相关的散点图

图 9-1　无自相关的序列

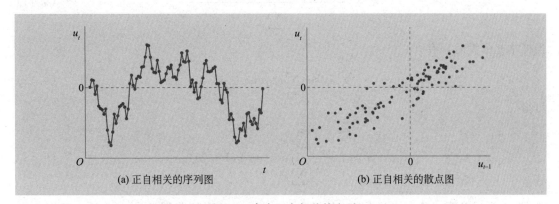

(a) 正自相关的序列图　　　　　(b) 正自相关的散点图

图 9-2　存在正自相关的序列

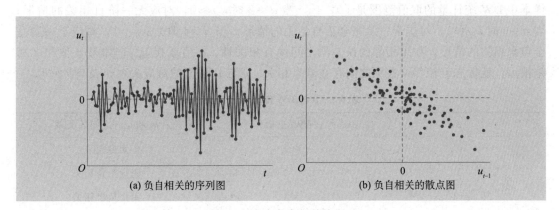

(a) 负自相关的序列图　　　　　(b) 负自相关的散点图

图 9-3　存在负自相关的序列

9.3.2　DW 检验

DW 检验(Durbin and Watson test，1950)是第一个用 OLS 残差检验自相关的规范程序，该检验的基本假定是相邻的误差项 u_t 和 u_{t-1} 之间相关，且误差项具有一阶自回归结构，即 AR(1)模式：

$$u_t = \rho u_{t-1} + v_t \quad |\rho| < 1 \tag{9.9}$$

在许多情况下，误差项 u_t 可能具有更加复杂的相关性结构。由式(9.9)给出的一阶相关性结构通常是实际误差结构的一个简单近似。用可以观测到的残差 e_t 代替无法观测的误差项 u_t，DW 统计量定义为

$$d = \frac{\sum_{t=2}^{T}(e_t - e_{t-1})^2}{\sum_{t=1}^{T}e_t^2} \tag{9.10}$$

式中，e_t 是第 t 期的 OLS 残差。DW 统计量用于下述假设检验：

$$H_0: \rho = 0$$

对误差项结构式(9.9)而言，$\rho=0$ 意味着误差项不存在相关性。将式(9.10)展开

$$d = \frac{\sum_{t=2}^{T}e_t^2 + \sum_{t=2}^{T}e_{t-1}^2 - 2\sum_{t=2}^{T}e_t e_{t-1}}{\sum_{t=1}^{T}e_t^2} \tag{9.11}$$

当样本充分大时，有

$$\sum_{t=2}^{T}e_t^2 \approx \sum_{t=2}^{T}e_{t-1}^2 \approx \sum_{t=1}^{T}e_t^2 \tag{9.12}$$

可得

$$d \approx 2 - \frac{2\sum_{t=2}^{T}e_t e_{t-1}}{\sum_{t=1}^{T}e_t^2} \approx 2(1-\hat{\rho}) \tag{9.13}$$

式中，$\hat{\rho}$ 为误差项一阶自相关系数 ρ 的样本估计量。ρ 的取值范围是 $[-1, 1]$，所以在大样本中 DW 统计量的取值范围是 $[0, 4]$。当 $d=2$ 时，$\rho \approx 0$，对应无一阶自相关的情形；当 $d=0$ 时，$\rho \approx 1$，对应于一阶完全正自相关的情形；当 $d=4$ 时，$\rho \approx -1$，对应于一阶完全负自相关的情形。如果相邻的误差项之间没有相关性，d 值就接近 2；如果 d 值与 2 相差很远，就标志着相邻误差项之间存在着自相关。ρ 与 DW 值的对应关系如表 9-1 所示。

表 9-1 ρ 与 DW 值的对应关系

ρ	DW（近似）	u_t 和 u_{t-1} 之间的关系
0	2	无自相关
1	0	完全正自相关
-1	4	完全负自相关
(0, 1)	(0, 2)	有某种程度的正自相关
(-1, 0)	(2, 4)	有某种程度的负自相关

DW 统计量的分布非常复杂，它不仅取决于样本数、解释变量的个数、是否包含截距项，还取决于解释变量的取值，德宾和沃森计算了各种情形下 DW 统计量的临界值。对不同的样本和显著性水平 α，临界值 d_α 是变化的，我们无法制成统计表，但临界值的上界分布 d_U 与下界分布 d_L（$d_L < d_\alpha < d_U$）只取决于样本数与回归元的个数，本书附录 9 给出了 DW 检验的临界值 d_U 与 d_L，我们就以此来进行 DW 检验，它的判别规则如图 9-4 所示。

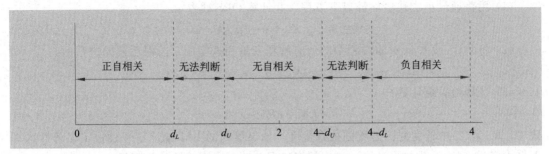

图 9-4　DW 检验的判别规则

如果 DW 统计量小于 d_L，它必然小于 d_α，我们就拒绝不存在自相关的零假设 $H_0: \rho = 0$[①]；如果 DW 统计量大于 d_U，它必然大于 d_α，我们就不能拒绝无自相关的零假设 $H_0: \rho = 0$；但当 d 统计量介于 d_U 与 d_L 之间时，因为不知道 d_α 的精确位置，我们不能确定 d 值是大于还是小于 d_α，也就不能对零假设做出判断。

DW 统计量是以 2 为中心的对称分布，所以如果 DW 统计量大于 $4-d_L$，我们就拒绝零假设 $H_0: \rho = 0$，认为误差项存在负相关；如果 DW 统计量小于 $4-d_U$，我们就不能拒绝零假设 $H_0: \rho = 0$；同样的，当 DW 统计量介于 $4-d_L$ 与 $4-d_U$ 之间时，将不能确定 d 值是大于还是小于 d_α，不能对自相关问题做出判断。

DW 检验被提出后，很长一段时间内它都是误差模型 $u_t = \rho u_{t-1} + v_t$ 原假设 $H_0: \rho = 0$ 的标准检验。但 DW 检验的缺点也非常明显：①只能检验一阶自相关，无法用来判断高阶自相关是否存在；②如果方程中含有被解释变量的滞后项或解释变量不满足严格外生性，DW 检验不再有效[②]。DW 检验统计量的使用也不方便，它的临界值只在部分软件包中有提供，人们经常需要去查找它的上限和下限的临界值以做判断，还有可能出现没有结论的情况。后面我们将介绍的布罗施—戈弗雷检验不受这些限制，尤其适合回归元不是严格外生或是高阶自相关的检验。

9.3.3　布罗施—戈弗雷检验

布罗施—戈弗雷检验（Breusch-Godfrey test，1978）是大样本下的 LM 检验（拉格朗日乘数检验），可以检验一阶或高阶自相关问题。假设误差项结构为 AR(q) 自相关模式：

$$u_t = \rho_1 u_{t-1} + \rho_2 u_{t-2} + \cdots + \rho_q u_{t-q} + v_t \tag{9.14}$$

自相关检验的零假设为

$$H_0: \rho_1 = 0, \rho_2 = 0, \cdots, \rho_q = 0$$

布罗施—戈弗雷检验（简称 B-G 检验）需要使用残差进行辅助回归，辅助回归方程的因变量是我们所分析的原方程的 OLS 残差。辅助回归方程中的解释变量包括一定期数的滞后残差以及原方程中所有的解释变量。如果滞后残差可以解释当前残差的变异，我们就拒绝误差项无序列相关的零假设。

布罗施—戈弗雷检验的步骤如下：

[①] 因为经济分析中多数是正相关的情形，所以我们采用了单侧检验，其对立假设为 $H_1: \rho > 0$。

[②] 参见 J. Durbin 的"Testing for Serial Correlation in Least-Squares Regression When some of the Regressors Are Lagged Dependent Variables" Econometria，Vol. 38，pp. 410-421，1970。

(1) 用普通最小二乘法估计以下方程，并计算 OLS 残差 e_t：
$$Y_t = \beta_1 + \beta_2 X_{2t} + \cdots + \beta_k X_{kt} + u_t \qquad (9.15)$$

(2) 将 OLS 残差 e_t 对原方程中的所有解释变量和选定的 q 阶滞后残差进行回归
$$e_t = \alpha_1 + \alpha_2 X_{2t} + \cdots + \alpha_k X_{kt} + \alpha_{k+1} e_{t-1} + \cdots + \alpha_{k+q} e_{t-q} + v_t$$

(3) 计算检验统计量：
$$\text{LM} = nR^2 \sim \chi_q^2$$

式中，R^2 为(2)中辅助回归方程的拟合优度。如果得到的 LM 统计量超过选定显著性水平下自由度为 q 的 χ^2 分布临界值，我们就拒绝误差项无序列相关的零假设。

这里要注意，辅助回归使用了 q 阶滞后残差，所以计算 LM 统计量时，样本观测数 n 比原方程的观测数(n_0)减少了 q 个，即 $n = n_0 - q$。

对于年度数据，q 的常见选择在 2~4 之间；对于季度数据，q 的常见选择在 4~8 之间；对于月度数据，q 的常见选择是 12~24 之间。

第(3)步中的 LM 统计量只在大样本中近似服从 χ^2 分布。对于小样本的检验，布罗施—戈弗雷检验一般使用 F 检验统计量，即第(2)步中辅助回归方程的总体显著性检验的 F 统计量。

DW 检验考虑的是相邻两期误差项之间的相关性，而布罗施—戈弗雷检验考虑多阶误差项之间的相关关系，这两个检验有着不同的功效。如果 $\text{cov}(u_t, u_{t+j})$ 在 $j=1$ 时比 $j>1$ 时明显大，那么 DW 检验就比布罗施—戈弗雷检验更有效。如果 $\text{cov}(u_t, u_{t+j})$ 在 $j=1$ 时比 $j>1$ 时要小，布罗施—戈弗雷检验就更有效。

【例 9.1】 自相关的检验

数据文件 Table9-1 是中国 1980—2012 年的城镇居民可支配收入和消费支出的数据[①]。其中，Y 为城镇居民可支配收入(单位：元，1978 年不变价)；X 为城镇居民消费支出(单位：元，1978 年不变价)。估计我国城镇居民的消费函数
$$Y_t = \beta_1 + \beta_2 X_t + u_t \qquad (9.16)$$

样本回归方程为
$$\hat{Y} = 147.141 + 0.667X$$
$$se = (10.854)\ (0.005\ 8)$$
$$n = 33 \quad R^2 = 0.9976$$

▶ **1. 图形法检验**

为检验误差项是否存在自相关，利用回归方程计算残差 e_t，绘制了 e_t 的时序图、相邻两期残差的散点图。图 9-5 显示了残差之间的正相关性，这种正相关性在图 9-6 中表现为散点聚集中在第一和第三象限。

▶ **2. DW 检验**

由样本回归结果计算 DW 检验统计量得 $d = 0.365$。观测值有 33 期，模型包含 1 个解释变量，查 DW 检验临界值表，得到 $\alpha = 0.05$ 时，$d_L = 1.172$，$d_U = 1.291$。由于 $d < d_L$，可以得出结论：在 5% 的显著性水平下拒绝了零假设，误差项存在显著的自相关。

---

① 数据来源：中国国家统计局年度数据。

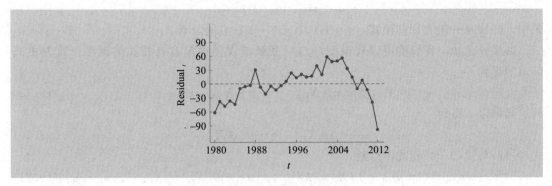

图 9-5　e_t 的时序图

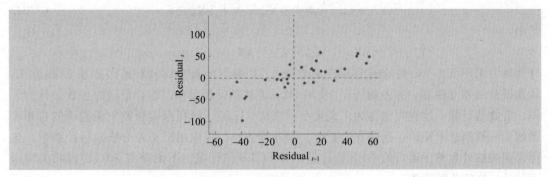

图 9-6　e_t 与 e_{t-1} 的相关图

▶ 3. 布罗施—戈弗雷检验

布罗施—戈弗雷检验的辅助回归方程估计如下：

$$\hat{e}_t = 13.871 - 0.010 X_t + 0.952 e_{t-1}$$
$$t = (2.27)\ (-2.88)\quad (8.21)$$
$$n = 32\quad R^2 = 0.7001$$

检验统计量 $LM = nR^2 = 32 \times 0.7001 = 22.4$，$p$ 值为 0.000。LM 检验拒绝无自相关的零假设。

9.4　自相关问题的处理

如果自相关的检验显示存在自相关性时，我们首先应考虑模型的设定问题。因为模型的设定偏差也会导致自相关问题，函数形式错误或遗漏变量都有可能是自相关的根源。解决了这些问题之后才可以考虑通过变量的变换消除自相关性。

9.4.1　可行的广义最小二乘法

我们假设线性回归模型为

$$Y_t = \beta_1 + \beta_2 X_{2t} + \cdots + \beta_k X_{kt} + u_t \tag{9.17}$$

$$u_t = \rho u_{t-1} + v_t \quad |\rho| < 1 \tag{9.18}$$

式中，u_t 服从一阶自回归模式，$v_t \sim N(0, \sigma_v^2)$，$v_t$ 独立同分布。

如果 ρ 已知，我们就可以将模型(9.17)变换成误差项没有自相关的模型。首先由式(9.17)得到

$$Y_{t-1} = \beta_1 + \beta_2 X_{2,t-1} + \cdots + \beta_k X_{k,t-1} + u_{t-1} \tag{9.19}$$

两边同乘以 ρ 得到

$$\rho Y_{t-1} = \rho\beta_1 + \rho\beta_2 X_{2,t-1} + \cdots + \rho\beta_k X_{k,t-1} + \rho u_{t-1} \tag{9.20}$$

式(9.17)与式(9.20)相减，得到

$$Y_t - \rho Y_{t-1} = (1-\rho)\beta_1 + \beta_2(X_{2,t} - \rho X_{2,t-1}) + \cdots + \beta_k(X_{k,t} - \rho X_{k,t-1}) + u_t - \rho u_{t-1} \tag{9.21}$$

或

$$Y_t^* = (1-\rho)\beta_1 + \beta_2 X_{2t}^* + \cdots + \beta_k X_{kt}^* + \varepsilon_t \tag{9.22}$$

其中，

$$Y_t^* = Y_t - \rho Y_{t-1}, \quad X_{j,t}^* = X_{j,t} - \rho X_{j,t-1}, \quad \varepsilon_t = u_t - \rho u_{t-1}$$

分别称为 $Y_{j,t}$、$X_{j,t}$、u_t 的准差分或广义差分[①]。变换后的模型(9.22)的误差项 ε_t 即为 v_t，各期误差项相互独立，方差相同[②]。使用 OLS 方法估计模型(9.22)，得到的参数估计为无偏、有效估计量。这种方法称为广义最小二乘法(GLS)。但在经验研究中误差项的自相关系数 ρ 一般都是未知的，我们首先要对 ρ 值进行估计，再应用广义差分法来估计参数。这样得到的估计量称为可行的 GLS 估计量，即 FGLS 估计量。下面介绍 AR(1)自相关情形下估计 ρ 值的几种方法。

▶ 1. 由 d 统计量估计 ρ

在 9.3 节中，给出了 d 统计量与自相关系数 ρ 之间的近似关系

$$d \approx 2(1-\hat{\rho}) \tag{9.23}$$

如果得到了 d 值就可以估算出 $\hat{\rho}$，基本步骤如下：

(1) 应用 OLS 方法估计方程 $Y_t = \beta_1 + \beta_2 X_{2t} + \cdots + \beta_k X_{kt} + u_t$，并计算 d 统计量。

(2) 代入关系式 $d \approx 2(1-\hat{\rho})$，估计出 $\hat{\rho} \approx 1 - \dfrac{d}{2}$。

得到 ρ 的估计值后，将其代入广义差分方程(9.21)，应用 OLS 方法就得到了参数的 BLUE 估计值。这种方法简单易行，但只有在样本量很大时才能得到较理想的 ρ 的估计值。

▶ 2. 使用 OLS 残差 e_t 估计 ρ

这是从误差项的结构考虑的一种自然的方法。假设误差项为一阶自相关模式

$$u_t = \rho u_{t-1} + v_t \quad |\rho| < 1 \tag{9.24}$$

自相关系数 ρ 就是式(9.24)中的回归系数，随机误差项 u_t 无法观察到，用样本残差 e_t 代替 u_t 来估计方程

$$e_t = \hat{\rho} e_{t-1} + v_t \tag{9.25}$$

将得到 $\hat{\rho}$ 的估计值。$\hat{\rho}$ 是样本自相关系数，是 ρ 的估计量。

---

① 当 $\rho=1$ 时称为差分。

② 相互独立的随机变量一定是不相关的，反之不然。但如果两个不相关的随机变量服从二元联合正态分布，则它们是彼此独立的。

可行的广义最小二乘法中最著名的就是Cochrane-Orcutt方法，它正是利用OLS残差来估计ρ；然后根据估计的$\hat{\rho}$进行差分变换得到差分方程，再应用OLS方法。Cochrane-Orcutt方法还可以通过迭代模式获得ρ的收敛值，其步骤如下：

(1) 应用OLS方法估计方程$Y_t = \beta_1 + \beta_2 X_{2t} + \cdots + \beta_k X_{kt} + u_t$，计算残差$e_t$；

(2) 估计方程$e_t = \hat{\rho} e_{t-1} + v_t$，获得一阶自相关系数的估计值$\hat{\rho}$；

(3) 将$\hat{\rho}$代入差分方程(9.21)，得到参数的FGLS估计量；

如果采用迭代方法，还包括以下步骤[①]：

(4) 将FGLS估计量代入(1)中的方程，求得新的残差e_t；

(5) 重复(2)~(4)，当连续迭代的两个ρ的估计值相差很小，例如，不超过0.0001时，就得到了$\hat{\rho}$的收敛值，停止该迭代过程，最后一次的估计值即为方程的最终估计结果。

【例9.2】 可行的广义最小二乘法

例9.1中估计的消费函数存在显著的自相关性，我们使用FGLS方法来估计模型。

(1) 使用DW统计量估计自相关系数，得到$\hat{\rho} = 1 - 0.365/2 = 0.8175$，估计差分方程结果如下：

$$\hat{Y}_t = 211.262 + 0.634 X_t$$
$$se = (32.259) \quad (0.0125)$$
$$n = 32 \quad R^2 = 0.9885$$

原始方程的DW统计量是0.365，经过差分变换，最终方程的DW值为2.028。

(2) 使用Cochrane-Orcutt方法，用OLS残差估计自相关系数，得到$\hat{e}_t = 0.8554 e_{t-1}$。

所以，$\hat{\rho} = 0.8554$，代入差分方程，估计结果如下：

$$\hat{Y} = 228.827 + 0.629 X$$
$$se = (40.013) \quad (0.0143)$$
$$n = 32 \quad R^2 = 0.9848$$

原始方程的$d = 0.365$，经过差分变换，最终方程的$d = 2.142$。

(3) 如果使用Cochrane-Orcutt迭代方法，估计结果为

$$\hat{Y} = 281.638 + 0.615 X$$
$$se = (64.583) \quad (0.0184)$$
$$n = 32 \quad R^2 = 0.9739$$

经过46次迭代，最终的$\hat{\rho} = 0.9126$。原始方程的$d = 0.365$，最终样本方程的$d = 2.296$。

在5%的显著性水平下，$d_L = 1.172$，$d_U = 1.291$，不存在一阶自相关性的DW取值区间为1.291~2.709。各种不同的FGLS估计结果，都改善了自相关问题，最终方程的DW值都介于不存在自相关的区间。另外，我们注意到FGLS方法得到的系数标准误都比原方程的明显增加了。

进行差分变换的过程中，由于第一期样本观测值没有它的前期值，所以差分变换后缺少了第一期差分值，样本数减少为$T-1$。为了避免这一期数据的丢失，K. R. Kadiyala

---

① 迭代法中的初始自相关系数也可以由DW统计量估计而得。

(1968)提出可对 Y_t 和 X_t 的第一个观测值做如下变换：

$$\left.\begin{array}{l} Y_1^* = Y_1 \cdot \sqrt{1-\rho^2} \\ X_1^* = X_1 \cdot \sqrt{1-\rho^2} \end{array}\right\} \quad (9.26)$$

这种变换又称作普瑞斯—文斯顿变换（Prais-Winsten transformation），科克伦—奥克特（Cochrane-Orcutt）估计忽略了第一期数据，而 Prais-Winsten 估计则按式(9.26)填补了第一期数据再做估计而得。

普瑞斯—文斯顿变换使得第一期误差项 u_1 的方差与其他期误差项的方差保持相等。在实践中，如果样本容量足够大，就无须进行这种变换。对于小样本来说，损失一期数据可能会影响到回归结果，但通过这种变换填补的第一期差分值虽然保持了各期误差项 u_t 方差的一致，却并不意味着反映了变量之间的内在关系，所以我们要慎重进行缺失值的填补。

在大样本情形下，FGLS 给出的参数估计量具有良好的性质，但是在小样本情形下，它们的性质就不十分清楚了。

9.4.2 尼威—韦斯特自相关一致标准误

同异方差问题类似，如果我们知道误差项相关的具体形式，采用 GLS 或 FGLS 方法将会获得一个好的估计量。但现实中我们往往不知道自相关的真实结构，并且如果解释变量不满足严格外生条件，FGLS 既不是一致估计量，也非有效估计量。我们需要寻找其他处理自相关问题的方法。由 9.2 节可知，误差项的自相关没有改变参数 OLS 估计量的无偏性，只是影响了参数的标准误，导致通常报告的估计量方差是有偏误的、不一致的，使得统计推断不再有效。

以一元回归方程 $Y_t = \beta_1 + \beta_2 X_{2t} + u_t$ 为例，既然 $\sigma^2 / \sum x_i^2$ 不再是 $\text{var}(\hat{\beta}_2)$ 的无偏估计量，我们就重新寻找一个正确的方差估计量。尼威—韦斯特标准误采用怀特处理异方差性的思想，同时放松同方差假定和无自相关假定[①]来估计 $\hat{\beta}_2$ 的方差，方差公式为

$$\text{var}(\hat{\beta}_2) = \sum_t k_t^2 \sigma_t^2 + 2 \sum_{t \neq s} \sum k_t k_s \text{cov}(u_t, u_s) \quad (9.27)$$

我们在计算时，其中的 u_t、u_s 用样本的 OLS 残差 e_t、e_s 来替代，σ_t^2 用 e_t^2 来替代。为使估计程序可行，美国计量经济学家尼威和韦斯特（Newey-West，1987）提出选择一个适当的滞后期（通常为 4 期），超过这个滞后期的自相关小到可以忽略的程度。这个估计量称为尼威—韦斯特异方差和自相关一致的方差估计量。在大样本中，它收敛于真实的方差。自相关情况下使用尼威—韦斯特的标准误估计方法进行 t 检验和 F 检验是可靠的，故又称为自相关的稳健标准误。

由式(9.27)计算参数估计量的标准误，当误差项不相关时 $\text{cov}(u_t, u_s) = 0$，得到 $\text{var}(\hat{\beta}_2) = \sum_t k_t^2 \sigma_t^2$，这就是异方差的一致标准误。当误差项相关时 $\text{cov}(u_t, u_s) \neq 0$，获得异方差和自相关一致标准误。在存在异方差的情况下，怀特的异方差一致标准误与尼威—韦斯特的一致标准误在大样本中都是无偏的。如果只存在异方差而不存在自相关，那么使用怀特

---

① 时间序列中自相关性与异方差性经常同时发生。

的一致标准误就更有效,如果存在自相关就需要使用尼威—韦斯特的标准误估计方法。

【例 9.3】 自相关的稳健标准误

例 9.1 中,我们给出了消费函数的 OLS 估计结果,计算了通常的 OLS 估计量的标准误,但存在自相关问题时,它可能是一个比真实标准误偏小的估计值。这里我们给出尼威—韦斯特自相关一致标准误的计算结果。

表 9-2 中,(2)中的系数估计值与(1)中的系数估计值相同,因为估计量都是普通最小二乘估计量。标准误并不相同,(1)中是通常的 OLS 估计量的标准误,(2)报告的是尼威—韦斯特异方差和自相关一致标准误,即稳健标准误。(1)中的标准误(有偏误)与稳健标准误相比,都明显偏小,这是误差项为正的自相关的结果。

表 9-2 城镇居民消费函数的 OLS 估计

自变量	(1) 使用通常的标准误	(2) 使用自相关稳健标准误
x	0.667 2 [0.005 8]	0.667 2 [0.010 0]
_cons	147.141 4 [10.853 8]	147.141 4 [14.627 8]
N	33	33
R^2	0.997 6	0.997 6
F	36.074	4 485.97

对存在自相关的模型使用 OLS 估计量,利用稳健标准误来进行统计推断(稳健的 t 检验、稳健的 F 检验),这是现在比较流行的做法。尤其当 FGLS 不适合使用时,大样本情形下尼威—韦斯特自相关一致标准误就成为不错的选择,即使是数据存在异方差时,也能够进行可靠的假设检验。

本章小结

本章分析了误差项存在自相关时对 OLS 估计方法的影响。自相关情形下,OLS 估计量仍然是无偏的,但它不再是有效估计量。而且按通常方法计算的标准误有偏,从而导致相应的统计推断不再可靠。

本章介绍了用于一阶自相关的 DW 检验,以及更具普遍性的布罗施—戈弗雷自相关检验,后者在高阶自相关和解释变量不严格外生情况下更加有效。

出现自相关性时,OLS 估计量不再是 BLUE 估计量,若了解误差项的生成过程,使用 GLS 或 FGLS 在大样本情形下可得到无偏、有效的估计量。但我们一般并不知道误差项的结构。如果解释变量不是严格外生的,FGLS 就不是一个好的估计量,这就提出了另一种处理自相关问题的方法:计算自相关情形下的稳健标准误,它使得我们在大样本情形下可以对 OLS 估计量进行稳健的假设检验。

思考与练习

9.1 解释概念

(1)自相关 (2)一阶自相关 (3)AR(1)模式 (4)DW统计量 (5)自相关系数 (6)GLS估计 (7)FGLS估计 (8)尼威—韦斯特异方差和自相关一致标准误

9.2 误差项自相关对回归模型参数的估计与检验有哪些影响？

9.3 在存在AR(1)自相关的情形下，用什么估计方法能够得到BLUE估计量？简述这种方法的具体步骤。

9.4 诊断自相关有哪些方法？说明每种方法的检验原理。

9.5 DW统计量有哪些缺陷？

9.6 说明布罗施—戈弗雷自相关检验的适用条件。

9.7 在AR(1)情形下，估计自相关系数ρ有哪些不同的方法？

9.8** 数据文件Table9-2中的数据包含了2005—2007年美国中西部百货公司的销售收入sales和广告支出adv的连续157周的数据（单位：百万美元）。

(1)绘制出sales和adv的时序图，它们呈现出怎样的特征？所绘制的图中，在序列的均值处画出水平线。

(2)估计销售收入对广告支出的回归模型，写出回归结果。

(3)分别使用DW检验和布罗施—戈弗雷检验，判断模型的自相关性。

9.9** 数据文件Table9-3中的数据是美国1947年第一季度到2007年第四季度的宏观经济数据。其中，$Dividend_t$为红利(Net dividends)；CP_t为利润(Corporate Profits)。

(1)估计如下回归模型，写出回归结果

$$\ln Dividend_t = \beta_1 + \beta_2 \ln CP_t + \beta_3 Time_t + u_t$$

(2)检验模型是否存在自相关：

① 图形法检验。

② DW检验。

③ 布罗施—戈弗雷检验。

(3)使用FGLS方法修正自相关问题，写出回归结果。

① 利用DW统计量估计自相关系数。

② 利用OLS残差估计自相关系数。

(4)比较(3)中的回归结果，这两种估计还存在自相关吗？

(5)求尼威—韦斯特标准误，并与(1)中的结果比较。

第10章 模型设定与实践

在经典线性回归模型的讨论中,有一个重要的前提,即回归方程正确地描述了变量之间的关系,也就是说模型设定是正确的。我们把它作为一个默认的前提,但没有把它作为基本假设之一并做正式的陈述,因为这一前提假设是理所当然的,是我们讨论的出发点。实际上,在很多语境中,已经暗含了模型是正确的假定。模型正确是前面所有假设检验与统计推断得以成立的基础。实际上,我们还省略了其他重要但显然是必要的假设,如任何解释变量不能恒为常数,观测次数多于参数的个数。我们省略这些明显的假设固然是为了简化,以避免太累赘的表述,同时也是为了使读者更关注那些更核心的假设条件。

对回归分析的方法有了基本认识之后,我们不得不思考一个基本而重要的问题,即如何寻找正确的模型?本质上,寻找正确的模型就是寻找样本数据背后的形成机制。但在经济学和其他社会科学领域,数据的生成并非来自可控的试验,我们观察到的经济数据可能是制度、文化、消费者行为等多种复杂因素共同作用的结果,这些复杂因素交织在一起构成样本数据的形成机制,由于它太复杂,这种机制实际上是一种未知的结构。构建模型,就是寻找这种未知的结构。我们姑且假定这种结构是恒定不变的,即使变化也是可观察的[1]。尽管这是一个比较苛刻的假设,但只要这种变化是一个渐进缓慢的过程,该假设就是合理的,是可以接受的。

由于样本数据背后的生成机制或结构是未知的,计量模型的构建是一个探索的过程,但探索不是"摇骰子",高效的探索需要理论指引。正确的理论和常识将有助于我们将复杂的现实简化到可控的程度,抓住最关键的特征。简化的过程实际上就是寻找经济变量最重要的影响因素,在这一过程中经济理论或基本常识能帮助我们确定大致的范围。我们不必担心丢掉"繁枝末节"会给模型带来伤害,大量微不足道的因素综合在一起相当于一个服从正态分布的随机变量的作用[2],放在误差项中符合CLRM的要求。确认影响因素之后,还需要探寻变量之间的函数关系,也就是"最疑似的"产生样本数据的回归方程。简而言之,建立回归模型的第一个工作是确认被解释变量的影响因素,更恰当地说应该是潜在的影响

---

[1] 如可用虚拟变量表示社会制度的重大变化。
[2] 由中心极限定理来保证。

因素，因为有些初步认定的因素最终可能被排除；第二个工作是验证函数关系，即如何用解释变量表示被解释变量。第一个工作看似简单，但经济变量之间错综复杂的关联会使问题变得复杂，实践中数据可得性问题又进一步增加了问题的难度。应尽力避免的是遗漏变量的错误，其后果比较严重，这也是本章的重要议题之一。在第二个工作中，由于函数关系选择范围太大，如果没有方向就无异于大海捞针，因此通常会根据经济理论或常识把范围缩小。"过滤"之后，经常面对的是两种情形：第一种情形是，我们心中有一个一般的"正确"模型，只需要去掉不必要的变量，即从一般表达式中寻找更"具体"的模型，此时的检验称为嵌套模型检验；第二种情形是，在有限的几个潜在表达式中选择最合适的模型，潜在模型是竞争性的（没有包含关系），这可以归结为任意两个模型的比较，此时的检验是非嵌套模型检验。前面章节涉及的模型设定检验和 F 检验本质上都是嵌套检验，非嵌套检验将在本章中介绍。

"正确"的模型并不是显而易见的，只能用样本数据"最疑似的"生成过程——回归方程代替它。我们需要"最疑似"的标准和评价指标，以此对模型进行选择。

综上所述，本章将讨论的主要内容有模型选择的原则与指标、模型设定误差的类型、模型设定误差的诊断、嵌套与非嵌套模型、非嵌套模型的选择，以及综合应用。

10.1 模型选择的原则与指标

根据韩德瑞（Hendry）和理查德（Richard）的观点，一个好的模型应满足如下原则[1]：

（1）数据容纳性：模型不仅能解释数据产生时期或数据收集对象变量的关联性，还能解释时间延展或其他类似对象的变量关联性。直观地说，模型能包容更大范围（时间、地点或两者同时延展）的数据[2]。

（2）与理论一致：不违背经济理论或常识。并不是说不能有出乎意料的结果，但如果出现，应该思考是模型有误还是理论有错或理论的适应范围有限。

（3）回归元的弱外生性：即解释变量与误差项不相关。若不满足，则说明可能有遗漏变量或函数形式有误。

（4）表现出参数的稳定性：数据生成过程不变。这是预测的基础。

（5）表现出数据的和谐性：残差项是白噪音，即残差项均值为零，同方差，没有自相关性[3]。

（6）模型具有包容性：能解释竞争性模型的结论。

以上标准是一般性原则，根据这些原则，可以设计出更具可操作性的指标。

---

[1] D. F. Hendry and J. R. Richard, The economic analysis of economic time series, International Statistical Review, Vol. 51，1983：3-33.

[2] 我们可以构造一个函数，如多项式，使其拟合样本数据的所有点，但缺少逻辑，不能用来预测。因为不能保证在本范围以外，这种拟合关系仍然成立。

[3] 严格地说，应该是生成残差序列的随机过程是平稳的。

10.1.1 拟合优度与校正拟合优度

拟合优度是一个非常直观的度量指标，但有一个缺陷，即当模型中添加解释变量时，拟合优度 R^2 一般都会增加。为了克服这个缺陷，定义校正拟合优度如下：

$$\bar{R}^2 = 1 - \frac{\text{RSS}/(n-k)}{\text{TSS}/(n-1)} = 1 - (1-R^2)\left(\frac{n-1}{n-k}\right)$$

易见，该指标体现了对增加变量的"惩罚"。直观地说，校正拟合优度权衡了增加解释变量的"益处"和"损失"。与拟合优度不同，校正拟合优度仅当所添加变量的 t 值的绝对值大于 1 时才会增加。但必须记住的是，拟合优度与校正拟合优度都只能用于被解释变量相同的模型比较，它们的作用是帮助我们发现比较明显的遗漏变量或函数形式的错误，较低的拟合优度就是对我们的警告和提醒。

10.1.2 信息标准

信息标准就是寻求最接近真实数据生成过程的一种方法。Akaike 提出的标准是使真实的密度函数（由样本数据刻画）与假定模型的密度函数"尽可能接近"，该标准称为信息标准（Akaike information criterion，AIC）。它的计算公式是

$$\text{AIC} = e^{2k/n} \frac{\text{RSS}}{n}$$

式中，k 是回归方程中参数的个数，n 是观测次数，$2k/n$ 是惩罚因子。为了方便，对其取对数

$$\ln(\text{AIC}) = \frac{2k}{n} + \ln\left(\frac{\text{RSS}}{n}\right)$$

有些教材和统计软件把上式仍称为 AIC。直观地说，AIC 表示实际密度函数与模型的密度函数接近的程度，所以它的值越小说明模型越理想。AIC 的优点之一是，它不仅能用于样本内的预测，还能预测模型在样本外的表现。重要的是它对嵌套和非嵌套模型都适用，可用于被解释变量不同的两个模型的比较。AIC 是时间序列分析中最常用的标准。大多数统计软件都默认输出 AIC 统计值。

10.1.3 施瓦茨信息准则

与 AIC 相似，SIC 准则的定义是

$$\text{SIC} = n^{k/n} \frac{\text{RSS}}{n}$$

为了方便，对其取对数

$$\ln(\text{SIC}) = \frac{k}{n}\ln n + \ln\left(\frac{\text{RSS}}{n}\right)$$

式中，k 是回归方程中参数的个数，n 是观测次数，$(k/n)\ln n$ 为惩罚因子。

容易看到，SIC 对添加变量的惩罚比 AIC 更严厉。与 AIC 相同的是，SIC 可以比较模型在样本内或样本外的表现。SIC 的值越小说明模型越好。

除了以上标准，还有其他一些指标，如表 10-1 所示。

一般来说，在其他条件相同的情况下，以上统计值越小则模型越好。

表 10-1　模型选择指标

指标	公式	指标	公式
SGMASQ	$\left(\dfrac{\text{RSS}}{n}\right)\left(1-\dfrac{k}{n}\right)^{-1}$	HQ	$\left(\dfrac{\text{RSS}}{n}\right)(\ln n)^{2k/n}$
AIC	$x\left(\dfrac{\text{RSS}}{n}\right)e^{2k/n}$	RICE	$\left(\dfrac{\text{RSS}}{n}\right)\left(1-\dfrac{2k}{n}\right)^{-1}$
FPE	$\left(\dfrac{\text{RSS}}{n}\right)\dfrac{n+k}{n-k}$	SCHWARZ	$\left(\dfrac{\text{RSS}}{n}\right)n^{k/n}$
GCV	$\left(\dfrac{\text{RSS}}{n}\right)\left(1-\dfrac{k}{n}\right)^{-2}$	SHIBATA	$\left(\dfrac{\text{RSS}}{n}\right)\dfrac{n+2k}{n}$

10.2　模型设定误差的类型

正如本章开头所指出的,建立模型的两个基本工作是确定被解释变量的主要影响因素并确定函数形式,因此模型设定误差主要有以下四种类型:

(1) 漏掉相关变量。

(2) 包含无关的变量。

(3) 错误的函数形式。

(4) 对误差项的错误假定。

第(1)种错误的后果是比较严重的。事实上,如果删除一个系数不为零的解释变量,则所有其他回归系数的估计量是有偏的,除非这个被去除的变量与模型中的解释变量都不相关。即使如此(被去除变量与模型中的解释变量不相关),常数估计量通常也是有偏的,从而预测值是有偏的。由于回归系数估计量是有偏的,所以假设检验是无效的。

更具体一点,假设正确的模型是

$$Y_i = \beta_1 + \beta_2 X_{2i} + \beta_3 X_{3i} + u_i$$

但如果我们漏掉了 X_3,拟合的模型是

$$Y_i = \alpha_1 + \alpha_2 X_{2i} + v_i$$

则有[①]

$$E(\hat{\alpha}_2) = \beta_2 + \beta_3 b_{32}$$

式中,b_{32} 是遗漏变量 X_3 对 X_2 回归的斜率。因 $\beta_3 \neq 0$(否则就不存在设定误差),且对于经济数据来说,一般情况下 $b_{32} \neq 0$,从而 $\hat{\alpha}_2$ 是有偏的。

第(2)种错误是增加一个无关变量,直观上看,模型仍是正确的,所以高斯—马尔可夫定理仍然成立,即系数估计量是无偏且有效的,误差项的方差估计量也是无偏的。但应当明确的是,此时的有效性,即方差最小性是针对添加变量的方程而言,然而最小的方差

---

① 证明细节可参见古扎拉蒂所著《计量经济学基础(上册)》(第 5 版),516 页。

也比正确模型(不包含无关变量)要大。如果添加的变量与已有变量高度相关,则会大大提高估计量的方差,从而使估计量的精度下降。

更具体一点,假设正确模型是
$$Y_i = \beta_1 + \beta_2 X_{2i} + u_i$$
但如果我们引入无关变量 X_3,拟合的模型是
$$Y_i = \alpha_1 + \alpha_2 X_{2i} + \alpha_3 X_{3i} + v_i$$
则无偏性
$$E(\hat{\alpha}_1) = \beta_1, \quad E(v_2) = \beta_2, \quad E(\hat{\alpha}_3) = \beta_3 = 0$$
仍然成立。由式(4.9)或式(5.10)易知
$$\text{var}(\hat{\alpha}_2) = \frac{\sigma^2}{\sum x_{2i}^2 (1 - r_{23}^2)} = \text{var}(\hat{\beta}_2) \frac{1}{1 - r_{23}^2}$$
式中,$r_{23}^2 = (r_{23})^2$ 是 X_2 对 X_3 回归的拟合优度,r_{23} 是 X_2 与 X_3 之间的相关系数[①]。显然,添加无关变量使原有系数估计量的方差不必要地增大了。

第(3)种错误是函数形式的误设。没有真实模型作为参照,谈论系数估计量的性质没有意义,因为无偏性与有效性都是针对真实的模型而言的。函数形式的错误会引起很严重的问题,即使在样本内模型与数据拟合非常好,样本之外的预测误差也无法评判。其次,函数形式的错误通常会引起误差项的序列相关问题,从而使统计推断无效。

第(4)种错误是对误差项的错误假定。我们已经知道,如果误差项不满足同方差和无序列相关的假定,假设检验是无效的。

对于前两种情形,我们心中有一个"正确的"模型,通常用嵌套模型的假设检验可以给出最后的判断。对于第(3)种情形,没有"包容"所有潜在模型的一般表达式,需要在若干个彼此竞争的模型中进行选择,即作非嵌套假设检验。但在修正之前,需要进行诊断。对于第四种情形,需要对模型进行改造使之满足基本假设,我们已经在第8章和第9章进行过相关讨论,不再重复。

10.3 模型设定误差的诊断

社会经济系统的样本数据一般不是来源于可控试验的生成过程,最后确认的模型也只能是"疑似"正确模型,所以建立模型的过程是一个探索的过程,是逐步接近真理的过程。因此,发现模型的设定误差是模型"调试"过程中的重要环节,只有发现问题,才能进一步"修正"模型。

10.3.1 侦察是否含有无关变量

根据经济理论、直觉和经验建立初步模型时,通常会(也应该如此)把潜在的变量都引入模型,因为漏掉变量将产生比较严重的后果,且随后的检验存在疑问。所以一般不鼓励

[①] 见第2章习题2.9。

"逐步回归——逐步添加解释变量"的办法,"逐步剔除变量"从理论上说更有说服力。如果这样,我们就要考虑一个问题:当前的模型是否存在无关变量,即对解释变量影响很小的变量,或者说是否可以通过删除一些变量使模型"更加优良"。这时,以前的系数显著性检验(t检验)和联合检验(F检验)都可以派上用场,检验多重共线性的方法也可用于检验过度拟合的问题。但去除变量时,最好不要同时去掉多个变量,以免去掉那些处于显著性边界的变量或具有理论重要性的变量。

【例 10.1】 生命预期模型

为了评估收入水平和保健水平对寿命的影响,利用 85 个国家的数据,可以得到如表 10-2 所示的回归结果。[①]

表 10-2 生命预期模型回归结果

解释变量	模型 1	模型 2	模型 3
Intercept	39.438 0(20.239 2)	40.508 2(20.820 4)	43.166 2(10.017 2)
Income	0.005 4(4.441 7)	0.001 6(3.484 8)	0.001 4(2.683 5)
Access	0.283 3(9.959 9)	0.249 9(8.080 3)	0.149 2(1.001 0)
Income Squared	—	−6.28E-08(−2.41)	−5.54E-08(−1.96)
Access Squared	—	—	0.000 8(0.691 8)
R^2	0.774 1	0.789 2	0.790 4
F 值	140.533 2	101.090 6	75.449 6

表 10-2 中,Income 表示人均收入,单位为美元;Access 表示保健指标;括号内为 t 值。

我们把模型 3 作为出发点,即它是一般化的模型,包含了潜在的重要因素。收入和保健自不必说,引入收入的平方是为了验证寿命预期对收入是以递增还是递减的速率变化,况且直观上平均寿命与收入不应该是线性关系。引入保健的平方有类似的动机。

模型 3 中有两个系数不显著,即保健指标及其平方的系数在 10% 的显著性水平下不显著,即使在 20% 的显著性水平下也不显著[②]。我们本可以做联合检验,考察保健水平及其平方作为一个"集体"是否显著,即是否对寿命有影响,但把这两个变量同时去掉的受限模型的拟合优度的值是缺失的,所以该检验不能进行。但我们其实没有必要做这个联合检验:第一个理由是,保健指标对应的 t 统计值的绝对值大于 1,去掉保健指标后校正拟合优度必然下降,从数据拟合的角度来说,有充分的理由保留它(无论是否联合显著);第二个理由或许更重要,从理论或直觉上来说,保健指标对寿命的影响是不言而喻的。所以,即使不能通过联合显著性检验,也最好不同时删除保健指标及其平方两个变量。实际上,我们还可以补充一个理由来说明为什么保留保健指标。Excel 计算表明,Pr.($t_{80} \geqslant 1.001$)= 15.999%,从单边检验的角度来说,判断保健指标的系数不为零,犯错的概率不超过 16%。犯错的概率或许偏高,但我们还是倾向于相信影响是较明显的。其实,我们接受零

---

① 参见古扎拉蒂所著《经济计量学精要》第 4 版中译本,172 页。
② 伍德里奇的观点是,对于小容量样本,p 值可大到 0.20。

假设(即保健指标的系数为零)犯错的概率更大。"接受原假设"的含义是拒绝它的"把握"尚不满足某种约定的要求，这有点类似于法庭宣判"无罪释放"，并不证明"嫌疑犯"无罪，而是不能肯定其有罪。"疑罪从无"是"无罪推定"原则的体现。不同的是，经济学研究中，很难从逻辑上"证明"一个经济变量对另一个经济变量的影响，只要有较大的把握，我们便不能轻易忽视这种影响，无须遵照"似有从无"的准则。基于此，显著性水平 p 值的选择没有一成不变的规则，5%或10%并不是理所当然的标准。

我们有必要检验收入平方与保健指标平方的联合显著性，因为它们单个都不显著。收入和保健指标已经进入模型，再引入它们的平方需要证据支持。尽管前面已经说明，寿命不应当是收入和保健指标的线性函数，但在样本范围内，线性关系或许是较好的近似。更重要的是，即使不是线性关系，加上平方项未必是合适的选择，对数或其他形式都是可能的选择。为了检验，利用式(4.16)得到

$$F=\frac{(R_U^2-R_R^2)/2}{(1-R_U^2)/(85-5)}=3.1107$$

分子自由度为 2，分母自由度为 80 时，统计值超过上述值的概率为 5%。因此收入平方和保健指标平方是联合显著的，至少不能同时删除。但考虑到保健指标的平方不太显著(且统计值的绝对值小于1)，其符号也不合理，将其去掉得到模型 2，保健指标表现出更强的显著性，且校正拟合优度增加了[①]。

比较而言，模型 2 是比较理想的模型。与模型 1 比较，收入平方的系数显著不为零，我们没有理由剔除收入平方项；与模型 3 比较，模型 2 的校正拟合优度更高，且模型 3 中保健指标的平方项的系数的符号不符合常识。当然，如果有更多的可得数据，模型或许还有改善的空间。

10.3.2 遗漏变量和不正确函数形式的检验

确定变量和函数形式是构建模型的两个重要环节。理论、直觉和经验可以帮助我们少走弯路，但不能完全避免错误，关键是如何发现变量遗漏和函数形式错误。并没有一个简单的规则告诉我们错误在哪里，拟合优度、校正拟合优度、系数显著性、系数符号都是有用的诊断手段，但针对遗漏变量和函数形式的误设，还有其他有用的方法，如残差分析，拉姆齐(Ramsey)的 RESET 检验法，DM 检验(Davidsion-MacKinnon，戴维森—麦金龙检验)等。以下主要介绍残差分析和 RESET 检验方法，DM 检验在 10.5 节中讨论。

▶ 1. 残差分析

前面已经看到，残差分析是侦察误差项序列相关和异方差的实用方法。但它也可以用于模型设定中遗漏变量和函数形式误设的分析。理论依据是，如果模型设定正确，所有比较重要的影响因素都已进入模型并得到恰当的表达，那么误差项反映的是众多无足轻重的因素的共同影响，中心极限定理告诉我们这种共同影响近似于一个服从正态分布的随机变量的作用，并且由 OLS 估计量的特性(残差平方和最小)，误差项的均值接近于零[②]。简单地说，如果模型设定正确，那么误差项序列应当来源于一个正态平稳过程(均值为零、同

[①] 因为去掉的变量的 t 统计值的绝对值小于 1。
[②] 常数项的存在保证残差项的均值为零。直观上，常数项吸收了解释变量以外的其他因素的影响的平均值。

方差、无序列相关),若不然,便可推测模型设定存在问题,遗漏变量或函数形式有误。

通俗地说,如果遗漏变量或函数形式有误,必然有一部分影响会被"误差项"吸纳,从而使得误差项表现出系统性的规律,正是这一原理为我们提供了侦察模型误设的手段。

【例 10.2】 产出—成本函数

数据文件 Table10-1 给出了产出和成本的数据。真实的成本函数是①

$$Y = \beta_1 + \beta_2 X + \beta_3 X^2 + \beta_4 X^3 + u \tag{10.1}$$

式中,X 是总产出,Y 是总成本。残差图形如图 10-1(a)所示。

如果漏掉平方项、立方项或同时漏掉平方项和立方项,则回归方程的残差图分别如图 10-1(b)~(d)所示。

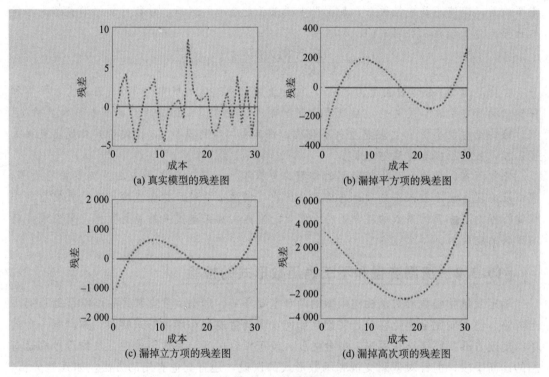

图 10-1 残差图

由图 10-1 可见,存在模型设定误差时,误差项表现出系统性的规律,而正确设定的模型其误差没有表现出系统性规律。实际上,具体的回归方程可概括如表 10-3。

表 10-3 产出—成本模型的四种设定结果

解释变量	真实模型	模型 2(缺平方项)	模型 3(缺立方项)	模型 4(缺高次项)
Intercept	140.96	464.78	1 680.4	−3 402.8
Cost	63.6	−106.3	−487.6	465.5
平方项	−13		30.74	

---

① 成本是按虚拟模型生成的数据,这使得我们可以以真实模型为参照。

续表

解释变量	真实模型	模型2(缺平方项)	模型3(缺立方项)	模型4(缺高次项)
立方项	0.94	0.668		
$\bar{R}^2$	1	0.999	0.988	0.777
DW	2.008	0.154 8	0.154 9	0.065

由 DW 统计值也可以看出，漏掉变量导致了明显的序列相关问题。

▶ 2. RESET 检验(Regression specification error test，设定误差检验)

拉姆齐方法的原理很简单。如果模型

$$Y = \beta_1 + \beta_2 X_2 + \beta_3 X_3 + \cdots + \beta_k X_k + u \tag{10.2}$$

设定正确，那么在该方程中添加解释变量的非线性关系应该是不显著的。但直接添加解释变量的非线性表达式效率很低，替代的办法是添加回归方程(10.2)的拟合值的平方项和立方项，很多研究表明这是很有用的办法。①

设 $\hat{Y}$ 是式(10.2)的拟合值，考虑

$$Y = \beta_1 + \beta_2 X_2 + \beta_3 X_3 + \cdots + \beta_k X_k + \delta_1 \hat{Y}^2 + \delta_2 \hat{Y}^3 + u \tag{10.3}$$

检验 $H_0: \delta_1 = \delta_2 = 0$，如果联合显著，则表明函数形式存在某种误设。我们关心的并非是式(10.3)中的估计参数，而是想通过所增加的两项的联合显著性检验式(10.2)是否漏掉了非线性关系。如果存在模型误设，RESET 不能告诉我们改进的方向，这是拉姆齐方法的缺陷。

我们仍以产出—成本函数(10.1)为例来说明具体步骤。利用数据文件 Table10-1 估计下述方程（漏掉了 X^3）：

$$Y = \beta_1 + \beta_2 X + \beta_3 X^2 + u$$

得到的拟合值记为 $\hat{Y}$，再拟合以下方程：

$$Y = \beta_1 + \beta_2 X + \beta_3 X^2 + \delta_1 \hat{Y}^2 + \delta_2 \hat{Y}^3 + u$$

得到

$$Y = 388.95 - 105.4X - 11.13X^2 + 0.000\ 059\ 8\hat{Y}^2 - (1.42\text{E}-09)\hat{Y}^3 + \hat{u}$$
$$t = \qquad (-7.06) \quad (14.27) \quad (14.43) \qquad (-7.12)$$

显然，拟合值的平方项与立方项是联合显著的，由此判断函数形式有误。

如果对真实模型(10.1)操作，拟合得到

$$Y = 140.96 + 63.6X - 12.99X^2 + 0.940\ 5X^3 + \hat{u}, \quad \text{RSS} = 253.924\ 8$$

仍然用 $\hat{Y}$ 表示成本的拟合值，再把 $\hat{Y}^2, \hat{Y}^3$ 添加到式(10.1)，拟合得到

$$Y = 142.9 + 62.6X - 12.87X^2 + 0.936\ 8X^3 + (1.21\text{E}-07)\hat{Y}^2 - (1.30\text{E}-12)\hat{Y}^3 + \hat{u}$$
$$\text{RSS} = 242.947\ 5$$

---

① 加入多少高次项并没有标准做法，实践中经常采用的是加入拟合值的二次项和三次项。Eviews6.0 与 Stata 均可自动进行 Ramsey Reset 检验，前者可选滞后阶数(选 2 就意味着加入二次项和立方项)，后者默认选项是加入平方项、立方项和四次方(命令是 estat ovtest)。

假设最后两项系数为零,由式(4.16)计算[1]:

$$F=\frac{(\text{RSS}_R-\text{RSS}_U)/2}{\text{RSS}_U/(30-6)}=\frac{(253.9248-242.9475)/2}{242.9475/(30-6)}=0.54$$

对应的显著性水平 $p=0.59$,联合不显著,没有发现函数形式误设。

10.4　嵌套模型与非嵌套模型

在第 4 章讨论瓦尔德检验时,讨论了如下两个模型($k>m$):
U:$Y=\beta_1+\beta_2 X_2+\cdots+\beta_m X_m+\beta_{m+1}X_{m+1}+\cdots+\beta_k X_k+u$
R:$Y=\beta_1+\beta_2 X_2+\beta_3 X_3+\cdots+\beta_m X_m+u$

分别称它们为非受限模型和受限模型。从另一个角度来说,模型 R 是模型 U 的特殊情况,当模型 U 中后面的($k-m$)个系数全为零时,它就变成了模型 R,称模型 R 被嵌套在模型 U 中(或 R 嵌套于 U)。以前涉及的显著性检验或联合检验都是嵌套假设检验,旨在核实一般模型能否化为特殊模型,也就是说,真实的模型被一般模型所包容。

如果两个模型不能互相包容,即任何一个都不是另一个的特殊情形,便称这两个模型是非嵌套的模型,如

A:$Y=\beta_1+\beta_2 X_2+\beta_3 W_3+\beta_4 W_4+u$
B:$Y=\alpha_1+\alpha_2 X_2+\alpha_3 Z_3+\alpha_4 Z_4+v$

就是非嵌套的,其中 W 和 Z 是不同的变量。现实中,这种情况并不少见,看问题的视角不同,或者研究问题的出发点不同,都会导致同一个现象的不同解释。例如,货币学派强调货币对 GDP 的作用,而凯恩斯学派则用政府支出解释 GDP 的变动。即使变量相同,两个模型也可能是非嵌套的,如

C:$Y=\beta_1+\beta_2\ln X_2+\beta_3\ln W_3+\beta_4\ln W_4+w$

它与 A 有相同的变量,但 A 和 C 仍然是非嵌套模型,任何一个都不是另一个的特例。

对嵌套模型的检验已有充分的讨论(t 检验和 F 检验),以下重点讨论非嵌套检验。

10.5　非嵌套模型的选择

如果两个模型的被解释变量相同,即使是两个非嵌套模型,拟合优度或校正拟合优度仍可作为模型比较的重要依据。除此之外,还可利用通用性较好的 AIC 准则(Akaike's information criterion)、SIC 准则(Schwarz's information criterion)和 HQ 准则(Hannnan-Qinn criterion),但这些准则并非绝对的标准。

---

[1] 残差平方和由 Eviews 6.0 计算得到。没有使用拟合优度计算是因为非受限模型的拟合优度 Eviews 报告结果等于 1。

10.5.1 戴维森—麦金龙 J 检验

两个模型的表现难分优劣时,可以用戴维森—麦金龙 J 检验[①]。我们以 10.4 节中的模型 A、B 为例来说明。

(1) 首先估计模型 A 得到 Y 的估计值 $\hat{Y}_A$。
(2) 将上述估计值作为回归元加入到模型 B 中,并估计如下方程:

$$Y = \alpha_1 + \alpha_2 X_2 + \alpha_3 Z_3 + \alpha_4 Z_4 + \hat{\beta}\hat{Y}_A + v$$

(3) 检验 $\beta = 0$(t 检验)。

如果接受 $\beta = 0$[②],则接受模型 B。理由是,$\hat{Y}_A$ 没有增加模型 B 的解释能力,或者说,模型 A 不包含能改善模型 B 的任何信息,故模型 B 兼容模型 A。如果拒绝 $\beta = 0$,则拒绝模型 B(若模型 B 为真,则 $\beta = 0$)。

(4) 把模型 A 和模型 B 的位置倒过来重复上述做法:估计模型 B,得到 Y 的估计值 $\hat{Y}_B$,将该估计值作为模型 A 的新回归元,并估计如下模型

$$Y = \beta_1 + \beta_2 X_2 + \beta_3 W_3 + \beta_4 W_4 + \alpha\hat{Y}_B + u$$

检验 $\alpha = 0$,若接受 $\alpha = 0$,则接受模型 A。若拒绝 $\alpha = 0$,则拒绝模型 A,因为模型 A 不是真实模型。

需要说明的是,以上方法可能不能给出答案,因为 J 检验可能同时接受或同时拒绝两个模型。如果同时接受两个模型,说明两个模型难分优劣。这种情形下,竞争性模型没有提供更多有用的信息,或许可以说两者的表现"同样优异"。当然问题的本质是目前的样本数据不足以区分两个模型。如果同时拒绝两个模型,表明它们均有"瑕疵",也表明样本数据的区分度不够。

需要用比较复杂的方法进行比较时,两个模型一般都在可接受的范围。如果一定要二选一,可以参考其他方法,如信息指标 AIC、施瓦兹 SIC 等,这些往往是统计软件的默认输出。即使两个模型同时被拒绝或同时被接受,我们也有可能从相应的显著性水平看出"端倪",有时的"接受"是极其勉强的(拒绝的边缘),有时的"接受"是"真心实意"的(p 值较大)。拒绝的坚决程度不会像"接受"那样有很大的差异,但仍然可以做出区分。正如有人所建议的,对于小样本而言,显著性水平的标准可以放宽到 20%。20% 的显著性水平下的拒绝与 5% 的显著性水平下的拒绝显然是有差别的。

【例 10.3】 弹性不变还是(收入的)边际贡献不变

数据文件 Data10-3 是美国 1959—2006 年进口商品支出 Y 与个人可支配收入 X 的数据。利用这些数据可得到如下回归结果(year 是时间趋势变量):

$$\hat{Y} = 36\,295.32 + 0.297\,5X - 18.525\,3\text{year}$$
$$t = (6.38) \quad (20.52) \quad (-6.40) \tag{10.4}$$
$$R^2 = 0.983\,9 \quad \bar{R}^2 = 0.983\,2$$
$$\text{AIC} = 11.575\,4 \quad \text{SIC} = 11.692\,3 \quad \text{HQ} = 11.619\,6$$

---

① 表现有较大差异时,更简单的方法或许就能解决问题,如校正拟合优度有比较大的差异。
② "接受"一词通常表示"不能拒绝",但这里应排除变量处于显著性边界的情形。

$$\widehat{\ln Y} = 10.9327 + 1.4857\ln X - 0.0085 \text{year}$$
$$t = (0.70) \quad (13.65) \quad (-1.02) \tag{10.5}$$
$$R^2 = 0.9959 \quad \bar{R}^2 = 0.9957$$
$$\text{AIC} = -1.7798 \quad \text{SIC} = -1.6692 \quad \text{HQ} = -1.7356$$

两个模型的校正拟合优度都很高，它们的差别不能用来评判两个模型，因为它们的被解释变量不同。我们也不能因为方程(10.5)中 year 的系数不甚显著而否定该模型，更没有必要把时间趋势从模型中去掉。一方面它对应的 t 统计量的绝对值大于1；另一方面从单侧检验的角度来讲，我们仍然倾向于相信时间趋势的影响是统计显著的(拒绝零假设犯错误的概率不超过16%)[①]。

如果承认第一个模型，就意味着收入对进口商品支出的边际贡献基本不变；如果承认第二个模型，则意味着进口商品支出关于收入的弹性不变。如果知道实际情形(经验支持)，便可据此选择模型，但我们没有更多的证据。另外一个差异是第一个模型中时间的实际经济影响更大，有关实际情形的证据亦可以帮助我们辨别模型，但我们同样没有证据支持。

我们利用戴维森—麦金龙 J 检验方法进行比较。

把模型(10.5)的拟合值 $\hat{Y}_2 = Yf2$ 加入模型(10.4)得到表10-4。

表10-4 检验线性模型的结果(被解释变量 Y：进口商品支出)

变量	系数	标准差	t 统计量	P 值
C	-24 147.97	8 174.969	-2.953 892	0.005 0
X	-0.317 273	0.075 171	-4.220 699	0.000 1
year	12.353 50	4.172 593	2.960 629	0.004 9
$Yf2$	2.279 970	0.276 703	8.239 759	0.000 0
拟合优度	0.993 677	校正拟合优度		0.993 246

把模型(10.4)的拟合值 $\hat{Y}_1 = Yf1$ 引入模型(10.5)得到如表10-5 所示的输出结果[②]。

表10-5 检验对数模型的结果(被解释变量 $\log Y$：进口商品支出)

变量	系数	标准差	t 统计量	P 值
C	-27.529 52	30.202 50	-0.911 498	0.367 0
$\log X$	1.290 646	0.170 048	7.589 904	0.000 0
year	0.011 736	0.015 904	0.737 914	0.464 5
$Yf1$	-0.000 142	9.58E-05	-1.479 838	0.146 0
拟合优度	0.996 063	校正拟合优度		0.995 795

---

① 从经济显著性的角度来讲，把时间趋势去掉似乎更加合理，但这不会影响两个模型的比较。在真实的世界，我们可能不知道时间的影响究竟是大(如模型(10.8)所断言)还是小(如模型(10.5)所断言)。

② 也可以尝试把拟合值取对数后加入模型(10.5)。

表10-4显示，模型(10.4)接受模型(10.5)的信息，故拒绝模型(10.4)。而表10-5给出的结论是接受对数模型(10.5)。从模型选择指标来判断，对数模型(10.5)也更好一些，因为AIC、SIC和HQ都更小。

10.5.2　非嵌套F检验或包容F检验

在两个非嵌套模型之间选择时，我们自然会想到借用嵌套检验的方法。在有些情况下，可以构造一个嵌套或糅合模型，使它"包容"两个待比较模型。以A、B为例，我们构造如下嵌套模型：

$$D: Y = \lambda_1 + \lambda_2 X_2 + \lambda_3 W_3 + \lambda_4 W_4 + \lambda_5 Z_3 + \lambda_6 Z_4 + u$$

尽管A、B不互相包含，但它们都嵌套于模型D，即D包含模型A和模型B作为特殊情形，"包容F检验"因此得名。

如果模型A正确，则$\lambda_5 = \lambda_6 = 0$，而如果模型B正确，则$\lambda_3 = \lambda_4 = 0$。如果拒绝$\lambda_5 = \lambda_6 = 0$，则说明模型B的信息有助于增加A的解释力，故认为A有缺陷，或认为B是正确模型。通常的F检验就可以做这个检验，如果只涉及一个变量，则只需使用t检验，"非嵌套F检验"因此得名。关键的问题是，我们不仅要以模型A为原假设进行检验（$\lambda_5 = \lambda_6 = 0$），还要以B为原假设进行检验（$\lambda_3 = \lambda_4 = 0$）。理由很简单，说模型A正确是因为模型B不能提供进一步的信息，或者说A包含了B所有的信息，但B也有可能包含了A所含有的信息；如果说模型A"有缺陷"，仅仅表明A漏掉了一部分B的信息，这并不意味着B包含了A的全部信息，即B也可能同样有缺陷。此处的评论适用于前面讨论的戴维森—麦金龙J检验，某种意义上也适用作模型比较时的拉姆齐RESET方法①。

以上分析表明，包容F检验可能不能给出结论。作为竞争性或候选模型的A和B单个地看，系数都可能是显著的，②但把竞争性模型所含但自身没有的新变量引入后，新变量可能都是联合不显著的。也就是说，以模型A为原假设对D进行检验时（即原假设是$H_0: \lambda_5 = \lambda_6 = 0$），不能拒绝$\lambda_5 = \lambda_6 = 0$，从而接受模型A；但以B为原假设对D进行检验时，也不能拒绝$\lambda_3 = \lambda_4 = 0$，从而接受模型B。从好的方面想，或许两个模型表现同样出色，难分伯仲，因为每个模型都不需要对方的信息。但另一种可能是，两个模型都漏掉了同样的信息，"A不需要B的信息"不是因为A完美，而是因为B的表现亦有缺陷。也就是说，就现有的样本信息难以评价两个模型的优劣（至少对目前的方法来说），毕竟，从理论上说，真实的模型只能有一个。

第二种情况完全相反，模型A和模型B均被拒绝。这或许提示我们，两个模型均有"瑕疵"，因为竞争模型提供的信息都能增加自身的解释力。总之没有结论，不能分出高低。有时候，可能无法构造糅合模型使其包容两个待比较的模型。还有一个问题是，人为嵌套模型可能没有经济意义，这多少会影响结论的说服力。

【例10.4】　在例10.3中，利用戴维森—麦金龙检验得出了双对数模型(5)优于线性模型(4)的判断。实际上，另一种可能的选择是对数—线性模型：

---

① 如果一个模型存在函数形式的误设，我们不能马上判定其竞争模型为真，因为竞争模型也可能存在误设。

② 明显不当的模型在开始就会被排除。

$$\widehat{\ln Y} = -279.22 - 0.000\,21X + 0.144\text{year}$$
$$t = (-26.28)(-7.75) \quad\quad (-26.65)$$
$$R^2 = 0.990\,9 \quad \bar{R}^2 = 0.990\,5$$
$$\text{AIC} = -0.991\,5 \quad \text{SIC} = -0.874\,5 \quad \text{HQ} = -0.947\,2$$

(10.6)

我们可以利用包容 F 检验比较式(10.5)和式(10.6)，其方法是构造包含式(10.5)和式(10.6)作为特殊情形的模型：

$$\widehat{\ln Y} = -32.68 - 0.000\,042\,2X + 1.290\,6\ln X + 0.014\,4\text{year}$$
$$p = \quad\quad (0.146) \quad\quad (0.000\,0) \quad\quad (0.414\,9)$$

从 p 值可以看出，我们应当拒绝 $\ln X$ 的系数为零的假设，接受 X 的系数为零的假设。故式(10.5)优于式(10.6)。AIC、SIC 和 HQ 指标也支持这一结论。

10.6 综合应用

【例 10.5】 鸡肉需求的影响因素

数据文件 Table10-4 给出了美国 1960—1982 年鸡肉需求、价格及其部分替代品的价格数据。其变量分别是：year＝年份；Y＝鸡肉人均消费(磅)；X_2＝实际可支配收入(美元)；X_3＝鸡肉的实际零售价格每磅(美分)；X_4＝猪肉实际零售价格每磅(美分)；X_5＝牛肉实际零售价格每磅(美分)；X_6＝鸡肉替代品综合价格指数每磅(美分)。

从理论或直观上看，X_2、X_3、X_4、X_5、X_6 对鸡肉需求均有重要影响，但由于 X_6 是鸡肉替代品的综合价格指数，包含了 X_4 和 X_5 的部分信息，把它们都包含在模型中，极可能引起多重共线性问题。替代品的影响既可用 X_4 和 X_5 来体现，也可以用 X_6 来体现。先用第一种方法建立模型，估计得到：

$$\hat{Y} = 37.232\,3 + 0.005X_2 - 0.611\,2X_3 + 0.198\,4X_4 + 0.069\,5X_5$$
$$t = \quad\quad (10.2) \quad (-3.75) \quad (3.11) \quad (1.36)$$

(10.7)

$$R^2 = 0.942\,580 \quad \bar{R}^2 = 0.93 \quad \text{AIC} = 4.366\,5 \quad \text{SIC} = 4.613\,3 \quad \text{HQ} = 4.428\,6$$

所有系数的符号均符合预期。用第二种方法建立模型，估计得到(去掉 X_4 和 X_5，引入 X_6)：

$$\hat{Y} = 32.586\,9 + 0.009\,6X_2 - 0.296\,5X_3 + 0.105\,6X_6$$
$$t = \quad\quad (2.28) \quad (-2.26) \quad (1.47)$$

(10.8)

$$R^2 = 0.919\,881 \quad \bar{R}^2 = 0.907 \quad \text{AIC} = 4.612\,6 \quad \text{SIC} = 4.810\,1 \quad \text{HQ} = 4.662\,3$$

校正拟合优度有所下降，且模型评价指标 AIC、SIC 和 HQ 均有所上升。故将式(10.7)作为候选模型。

另外一种可能是，所有变量(解释变量和被解释变量)都取对数，考虑对数模型。同样的步骤表明，以下对数模型也是一个可能的选择[1]：

---

[1] 如果把 $\ln X_5$ 去掉，校正拟合优度上升，AIC、SIC 和 HQ 指标下降。但我们认为牛肉价格仍然是重要的影响因素，单边检验的 p 值在 0.20 以下。故仍然保留 $\ln X_5$。做单边检验时，t 统计值应做适当调整。

$$\ln(Y) = 2.189\ 8 + 0.342\ 6\ln X_2 - 0.504\ 6\ln X_3 + 0.148\ 5\ln X_4 + 0.091\ 1\ln X_5$$
$$t = \qquad (4.11) \quad (-4.55) \quad (1.49) \quad (0.90) \qquad (10.9)$$
$$R^2 = 0.982\ 313 \quad \overline{R}^2 = 0.978$$

按照10%的显著性水平，X_4 和 X_5 的系数均不显著，那么是否应该把它们去掉呢？的确，瓦尔德检验表明 X_4 和 X_5 是联合不显著的。实际上，我们有如下结果：

$$\widehat{\ln(Y)} = 2.032\ 8 + 0.451\ 5\ln X_2 - 0.377\ 2\ln X_3$$
$$t = \qquad (18.28) \quad (-5.86) \qquad (10.10)$$
$$R^2 = 0.980\ 074 \quad \overline{R}^2 = 0.978\ 1$$

把式(10.9)作为非受限方程，式(10.10)作为受限方程，由式(4.16)计算可得 F 统计量：

$$F_c = \frac{(R_U^2 - R_R^2)/2}{(1 - R_U^2)/(23 - 5)} = \frac{(0.982\ 313 - 0.980\ 074)/2}{(1 - 0.982\ 313)/18} = 1.139\ 3$$

查表可知，$F_{0.10}(2, 18) = 2.62$，故在10%的显著性水平上，X_4 和 X_5 是联合不显著的。① 去掉 X_4 和 X_5 似乎有很充分的理由，但如果对它们逐个考察，结论正好相反。先看 X_4，由于猪肉是替代品，$\ln X_4$ 的预期系数非负，对其显著性可做单边检验。Excel 计算表明 Pr.$(t_{18} \geq 1.49) = 0.077$，故 $\ln X_4$ 的显著性水平为7.7%，保留它是更合理的选择。再看 X_5，如果把 $\ln X_5$ 去掉，校正拟合优度上升，AIC、SIC 和 HQ 指标下降。但从理论或常识上来说，牛肉价格也是比较重要的影响因素，且单边检验的显著性水平为19%，虽然不是高度显著，但它或许恰当地反映了牛肉价格对鸡肉需求的影响，我们更加倾向于相信牛肉价格对鸡肉需求的影响是客观存在的，故保留 $\ln X_5$ 也是合理的。应当指出，做单边检验时，我们利用了数据以外的信息，而统计软件的报告结果则漏掉了这些信息。这也说明，模型选择不仅仅是数据拟合问题，需要有经济理论做支撑②。

综上所述，尽管 $\ln X_4$ 和 $\ln X_5$ 是联合不显著的，但仍然应该保留在模型中。

为了比较式(10.7)和式(10.9)，把式(10.9)的拟合值 $\hat{Y}_9$（Y 的拟合值）加入模型(10.7)，如表10-6所示。

表10-6 线性模型检验（被解释变量 Y：鸡肉需求）

变量	系数	标准差	t 统计量	概率
C	$-10.404\ 61$	8.162 992	$-1.274\ 607$	0.219 6
X_2	$-0.002\ 855$	0.003 119	$-0.915\ 272$	0.372 8
X_3	0.209 113	0.165 187	1.265 914	0.222 6
X_4	$-0.063\ 709$	0.056 924	$-1.119\ 195$	0.278 6
X_5	0.002 286	0.031 565	0.072 413	0.943 1
$\hat{Y}_9$	1.222 053	0.201 985	6.050 223	0.000 0
拟合优度	0.981 790	校正拟合优度	0.976 435	

---

① 实际上，利用 Excel 计算可得 Pr.$(F > 1.139\ 3) = 34.2\%$。
② 逐个考察得出的结论与瓦尔德检验的结论并不矛盾：其一，瓦尔德检验没有证实但并未否认牛肉价格和猪肉价格影响的存在性；其二，瓦尔德检验未能利用数据以外的信息。

$\hat{Y}_9$ 的系数显著,拒绝线性模型(10.7),接受对数模型(10.9),因为后者提供了新的信息。
把模型(10.7)的拟合值 $\hat{Y}_7$ 引入模型(10.9),估计得到如表 10-7 所示的结果。

表 10-7 对数模型检验(被解释变量:LOGY)

变量	系数	标准差	t 统计量	概率
C	2.046 118	0.186 990	10.942 41	0.000 0
$LOGX_2$	0.365 891	0.083 426	4.385 810	0.000 4
$LOGX_3$	−0.597 195	0.129 072	−4.626 848	0.000 2
$LOGX_4$	0.185 679	0.101 549	1.828 467	0.085 1
$LOGX_5$	0.176 516	0.117 760	1.498 942	0.152 2
$\hat{Y}_7$	−0.005 768	0.004 344	−1.327 998	0.201 7
拟合优度	0.983 976	校正拟合优度		0.979 263

$\hat{Y}_7$ 的系数不显著,故接受对数模型(10.9),因为竞争模型不能提供更多的信息。

两次检验均接受对数模型而拒绝线性模型,戴维森—麦金龙检验的结论是对数模型(10.9)更优。

拉姆齐检验可以进一步证实上述结论。

把 $\hat{Y}_7$ 的平方和立方加入到式(10.7),得到如表 10-8 所示的结果。

表 10-8 拉姆齐 RESET 检验(线性模型检验)

变量	系数	标准差	t 统计量	概率
C	252.334 2	103.051 5	2.448 623	0.026 2
X_2	0.060 917	0.022 181	2.746 392	0.014 3
X_3	−6.411 158	2.656 206	−2.413 652	0.028 1
X_4	2.006 358	0.859 760	2.333 627	0.033 0
X_5	0.782 957	0.322 723	2.426 095	0.027 5
$(\hat{Y}_7)\char`\^2$	−0.210 030	0.105 998	−1.981 448	0.065 0
$(\hat{Y}_7)\char`\^3$	0.001 373	0.000 819	1.674 966	0.113 4
R^2	0.983 480	Adjusted R^2		0.977 285

检验平方项和立方项的显著性:在系数同为零(最后两项)的假设下,

$$F=\frac{(R_U^2-R_R^2)/2}{(1-R_U^2)/(23-7)}=\frac{(0.983\ 480-0.942\ 580)/2}{(1-0.983\ 480)/16}=19.81$$

Pr.$(F_{2,16}>19.81)=4.69E_{-5}$。联合显著,拒绝线性模型(10.7)。

把 $\hat{Y}_9$ 的平方和立方加入模型(10.9),得到如表 10-8 所示的输出(被解释变量 Y)。

表 10-9 拉姆齐 RESET 检验（对数模型检验）

变量	系数	标准差	t 统计量	概率
C	0.454 490	1.188 243	0.382 489	0.707 1
$LOGX_2$	0.988 365	0.515 785	1.916 237	0.073 4
$LOGX_3$	−1.322 066	0.695 781	−1.900 120	0.075 6
$LOGX_4$	0.298 404	0.201 445	1.481 318	0.157 9
$LOGX_5$	0.366 574	0.201 601	1.818 314	0.087 8
$(\hat{Y}_9)^2$	−0.001 529	0.001 354	−1.128 948	0.275 6
$(\hat{Y}_9)^3$	1.47^{E-05}	1.42^{E-05}	1.034 808	0.316 1
R^2	0.985 527	Adjusted R^2		0.980 100

在平方项和立方项同为零的假设下，得到：

$$F=\frac{(R_U^2-R_R^2)/2}{(1-R_U^2)/(23-7)}=\frac{(0.985\,527-0.982\,313)/2}{(1-0.985\,527)/16}=1.776\,5$$

Excel 计算得到：$\Pr.(F_{2,16}>1.776\,5)=20.1\%$。这表明平方项和立方项是联合不显著的，接受对数模型(10.9)。

拉姆齐检验也表明，对数模型更优。

根据模型(10.9)得出的结论是，鸡肉需求关于收入的弹性基本不变，关于鸡肉本身的价格弹性也近似为常数（负），关于猪肉、牛肉两种重要替代品的价格弹性也基本不变，且猪肉价格比牛肉价格对鸡肉需求的影响更大。一种可能的解释是，鸡肉消费量较大的家庭收入相对较低，他们对猪肉的价格比较敏感，而牛肉消费主要来自较高收入家庭，对价格不太敏感，同时他们对鸡肉的消费较少。

本章小结

本章讨论模型的评价标准与模型构建问题，是回归模型的理论与方法的综合应用。首先讨论了模型构建的一般原则和评价指标，包括拟合优度、校正拟合优度、AIC、SIC 等评价指标。模型的构建是一个探索的过程，我们要寻找的是有理论支撑的前提下与数据"最吻合"的数据生成过程，因此我们首先要利用经济理论确定模型的选择范围，然后做进一步的比较和甄别。本章重点介绍了模型设定误差诊断与模型比较中常用的方法，包括残差分析、拉姆齐检验、F 包容检验、戴维森—麦金龙 J 检验等。

思考与练习

10.1 模型设定误差有哪些类型？如何诊断？

10.2 模型遗漏相关变量的后果是什么？

10.3 模型包含不相关变量的后果是什么？

10.4 什么是嵌套模型？什么是非嵌套模型？

10.5 非嵌套模型之间的比较有哪些方法?

10.6 对于给定的两个非嵌套模型,是否一定可以构造一个糅合模型使其包含两个非嵌套模型作为特殊情形?如果回答是否定的,请举例说明。

10.7 表 10-10 为有关心脏病致死的若干模型的估计结果(34 个观察值)。

表 10-10 有关心脏病致死的若干模型的计量结果

变量	模型 A	模型 B	模型 C
CONSTANT	226.002 (1.54)	247.004 (1.94)	139.678 (1.79)
CAL	−69.983 (−0.89)	−77.762 (−1.06)	
CIG	10.116 (2.00)	10.640 (2.32)	10.706 (2.33)
UNEMP	−0.613 (−0.39)		
EDFAT	2.810 (1.88)	2.733 (2.40)	3.380 (3.50)
MEAT	0.112 (0.46)		
SPIRITS	21.716 (2.57)	23.650 (3.11)	26.749 (3.80)
BEER	−3.467 (−2.67)	−3.849 (−4.27)	−4.132 (−4.79)
WINE	−4.562 (−0.28)		
$\bar{R}^2$	0.645	0.674	0.672
F	8.508	14.633	17.932
ESS	1980	2 040	2 122
SGMASQ	79.212	72.868	73.184
AIC	98.895	85.407	83.766
FPF	100.180	85.727	83.946
HG	113.504	93.624	90.480
SCHWARZ	148.130	111.809	104.846
SHIBATA	89.079	81.188	80.780
GCV	107.728	88.482	85.801
RICE	123.769	92.741	88.430

注:括号内为 t 统计值。

表 10-10 中，变量的定义如下：

Cal：人均每天钙的摄入量，单位克(范围 0.9~1.06)。

unemp：16 岁及 16 岁以上民用劳动力失业百分比(范围 2.9~8.5)。

cig：18 岁及 18 岁以上人均香烟消费量，以烟草量度量，单位磅，每磅烟草近似 339 支烟(范围 6.75~10.46)。

edfat：人均食用脂肪摄入量，单位磅，包括猪油、黄油和人造黄油(范围 42~56.5)。

meat：人均肉类摄入量，单位磅，包括牛肉、猪肉、羔羊肉和羊肉(范围 138~194.8)。

spirits：18 岁及 18 岁以上人均精馏酒精消费量，单位加仑(范围 1~2.9)。

beer：18 岁及 18 岁以上人均大麦酒消费量(范围 15.04~34.9)。

wine：18 岁及 18 岁以上人均葡萄酒消费量(范围 0.77~2.65)。

(1) 解释每个自变量影响冠心病死亡率的原因。你认为每个回归系数的符号是什么？实际符号与你的直觉相符吗？如果不相符，你又如何解释这种情况呢？

(2) 你认为拟合优度好吗？表 10-10 中的 F 值指什么？对相关假设进行检验。说明零假设和备择假设、F 统计量的自由度、拒绝或接受零假设的标准。你的结论是什么？

(3) 自选显著水平检验每一个回归系数的统计显著性。根据检验结果，你认为应该去除哪些变量？

(4) 对排除的变量执行相关瓦尔德 F 检验，说明零假设和备择假设及自由度。你的结论是什么？

(5) 哪个模型是"最优的"？说明你的理由。

(6) 确认不应被省略的变量。

10.8** 对数线性模型在人力资源文献中有比较广泛的应用，其理论建议把工资或收入的对数作为被解释变量。如果教育投资收益率为 r，则接受一年教育的工资为 $w_1 = (1+r)w_0$，w_0 是基准工资(未接受教育)。如果接受教育的年限为 s，则工资为 $w_t = (1+r)^t w_0$，取对数 $\ln w_t = \ln w_0 + t\ln(1+r) = \beta_1 + \beta_2 t$。工龄可能有类似的影响，但年龄的影响可能有差异，直观上看，往往呈现"低—高—低"的特征，于是可用二次关系检验(看是否有峰形关系)。对于教育年限和工龄或许也有二次效应，因此，一般模型构建如下：

$$\ln(\text{wage}) = \beta_1 + \beta_2 \text{EDUC} + \beta_3 \text{EXPER} + \beta_4 \text{AGE} + \beta_5 \text{EDUC}^2 + \beta_6 \text{EXPER}^2 + \beta_7 \text{AGE}^2 + u$$

请你利用数据文件 Table10-5 中的数据尝试估计出最恰当的模型，可以得出什么结论？

10.9** 根据数据文件 Table4-6 中的数据，利用拉姆齐的 RESET 方法比较下面的两个模型：

$$\text{price} = \beta_1 + \beta_1 \text{lotsize} + \beta_2 \text{sqrft} + \beta_3 \text{bedrms} + u$$

$$\ln(\text{price}) = \beta_1 + \beta_2 \ln(\text{lotsize}) + \beta_3 \ln(\text{sqrft}) + \beta_4 \text{bedrms} + u$$

还有什么其他方法可用来比较这两个模型？

10.10** 如果对模型(10.4)做如下修正：

$$Y = \beta_1 + \beta_2 X + \beta_3 \text{year} + \beta_4 \text{year}^2 + u$$

(1) 估计这个模型。

(2) 如果 year^2 的系数是统计显著的，你如何评价回归方程(10.4)？

(3) year² 的系数为负,其直观含义是什么?

10.11** 再论公共汽车需求的影响:在例 4-2 中(数据文件 Table4-2),把所有变量都取对数,构建合适的对数模型。将你得到的对数模型与例 4-2 中的模型进行比较(用你能想到的所有方法),能用 F 包容检验方法吗?

10.12** 数据文件 Table10-6 给出了美国 50 个州以及哥伦比亚特区制造业数据。被解释变量是产出(用增量值度量,单位:千美元),解释变量是工作小时及资本支出。

(1) 利用标准的线性模型预测产出。

(2) 建立对数线性模型。

(3) 利用戴维森—麦金龙 J 检验方法比较上述两个模型。

10.13** 考虑美国 1980—1998 年的货币需求函数:

$$M_t = \beta_1 Y_t^{\beta_2} r_t^{\beta_3} e^{u_t}$$

式中,M 表示实际货币需求,利用货币的 M_2 定义;Y 是实际 GDP;r 表示利率。利用数据文件 Table10-7 的数据,估计上述货币需求函数。

(1) 估计货币需求对收入和利率的弹性。

(2) 如果对替代模型 $(M/Y)_t = \alpha_1 r_t^{\alpha_2} e^{u_t}$ 进行拟合,你怎样解释所得结果?

(3) 哪个模型更好?

提示:为了将名义变量变为实际变量,将 M 和 GDP 除以 CPI,利率变量则不需要除以 CPI。数据中给出了两个利率:3 月期国债短期利率和 30 年期国债长期利率。

附 录

附录 1 主要例题的 Stata 操作[①]

计量经济分析是经验研究的主要方法，我们学习理论知识的同时，必然需要对现实的经济数据进行分析，这就要求我们具备一定的数据处理能力。Stata 是计量分析的主流软件之一，我们以此为工具，再现书中示例的实现过程，以期提升学习者的实证分析能力。

我们没有对 Stata 进行系统的讲述，因为它的相关知识与命令可以通过 Stata 手册、在线帮助文件等途径获得详细描述。这里，我们希望通过众多简洁的示例，掌握 Stata 在计量经济分析上的入门使用。

Stata 命令的执行可以通过菜单方式实现，也可以将多个命令集合到一个文本文件(do 文件)中再执行该文件[②]。本书中，我们主要通过在命令(Command)窗口直接输入命令[③]来完成，这是一种比较适合初学者的交互式操作，与使用下拉菜单相比更有效率。

Stata 在做数据分析之前，内存中要调入一个数据文件。如果我们已经有 Stata 格式（后缀为 .dta）的数据文件，就直接使用 use 命令打开该文件（文件名为 filename）。注意：在引入新数据集前，Stata 必须先清空内存。

. use filename,clear

其中，filename 要包含文件存储路径。如果数据文件是 Excel 文件，最简单的方式是从 Excel 文件中将数据复制粘贴到 Stata 的数据表。首先要清空内存、打开数据编辑器：

. clear

. edit

此时，就可以在打开的表格中粘贴数据，形成一个数据文件。在第 3 章的示例中，讲述了如何在 Stata 中导入 Excel 数据文件。

[①] 本书使用 Stata 11.0 以上版本。
[②] 第 10 章的示例将命令与注释集合为一个 do 文件进行批量处理。
[③] 文中用户键入的可执行的 Stata 命令加有前缀".", 与 Stata 结果窗口和输出文件中的体例相同。

▶ 1. 演示性例子

接下来我们使用一个演示性数据集作为例子,来学习数据分析时某些常用 Stata 命令的使用。

数据文件 nlsw88.dta(美国年轻妇女研究数据)是 Stata 的内置数据集,我们使用 sysuse 命令(用来获取内置数据文件的命令)将这个数据集读入内存:

. sysuse nlsw88,clear

打开数据文件后,通常会做一个常规的操作——查看数据集及变量的属性:

. describe

我们还可以浏览数据表:

. browse

我们必须要了解所分析变量的分布特征。计算 wage、age 的概述性统计量:

. summarize wage age

计算更详细的概述统计量:

. sum wage,detail

按照分类变量 race 列出分类统计结果:

. tabulate race

对模型中的变量做相关性分析。计算变量 wage、age 和 tenure 的相关系数:

. correlate wage age tenure

图形观察,画 wage 对 tenure 的散点图:

. twoway scatter wage tenure

对观测值按 wage 进行排序(升序):

. sort wage

按 wage 降序排序:

. gsort -wage

生成新的变量(注意:新变量名不能与数据文件中原有变量重名)。对 wage 取对数并记为 lwage:

. gen lwage=ln(wage)

修改观测值,wage 取值如果超过 40 都记录为 40:

. replace wage = 40 if (wage>40)

列示样本第 1 个观测的 wage 取值:

. list wage in 1

计算或展示,计算 1+1:

. display 1+1

▶ 2. 有关 .dta 数据文件的存放与打开

为方便起见,我们将 Stata 格式的数据文件存放于 d 盘的子目录 xtudata 之下,我们若要打开数据文件 Table1-1.dta,输入:

. use d:\xtudata\Table1-1,clear

也可以先改变 Stata 的默认路径,再打开 Stata 数据文件:

. cd d:\xtudata

. use Table1-1,clear

后文中，我们假定已改变 Stata 的默认路径为 d:\xtudata。

▶ 3. 第 3 章一元回归模型的 Stata 操作

【例 3.1】 收入增长与失业率

(1) 建立包含收入增长率 Y 与失业率 X 的 Stata 文件，相关数据在文件 Table3-1 中。

打开 Stata，File-Import-Excel Spreadsheet[①]。找到 Excel 文件的存储位置，双击 Browse-Table3-1.xls 文件，在 Cell range 栏确定数据的起止行和列（包括变量名称所在的行），此处是 A3:C15（第 3 行是变量名称，第 15 行是最后一行数据，3 个变量分别在 A、B、C 列）。勾选"Import first row as variable names"前面的方框（变量名称必须是英文字符）。保存文件，确定文件存储位置和文件名，如 d:\xtudata\Table3-1.dta，在左边栏的 Command(history command)可以看到对应的命令：

save "d:\xtudata\Table3-1.dta".

(2) 回归方程估计（区分大小写字母）：

. regress Y X

得到的输出结果如下：

Source	SS	df	MS			Number of obs	=	12
						F(1,10)	=	10.63
Model	9.16522139	1	9.16522139			Prob > F	=	0.0086
Residual	8.62144528	10	.862144528			R-squared	=	0.5153
						Adj R-squared	=	0.4668
Total	17.7866667	11	1.6169697			Root MSE	=	.92852

Y	Coef.	Std. Err.	t	P>|t|	[95% Conf. Interval]
X	-.7882931	.2417722	-3.26	0.009	-1.326995 -.2495912
_cons	8.014701	1.240188	6.46	0.000	5.251391 10.77801

(3) 残差检验（检验残差是否来源于服从正态分布的随机变量）。

由 OLS 回归计算残差，残差序列命名为 res：

. predict res,residual

图形观察，做 res 的直方图，如附录图 1-1 所示。

. hist res

画带正态分布线的直方图，如附录图 1-2 所示。

. hist res,norm

画正态概率图——QQ 图，如附录图 1-3 所示。

. qnorm res

对于小样本，图形检验效果并不太好，我们可以进行统计检验：

---

① Stata 12.0 以上版本。

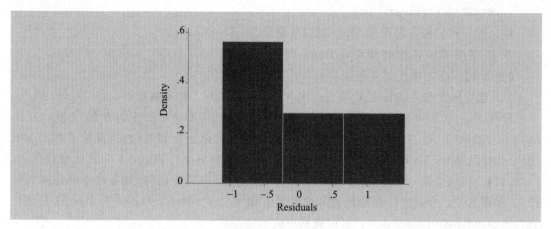

附录图 1-1　直方图

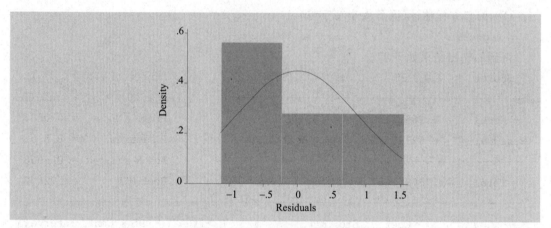

附录图 1-2　带正态分布线的直方图

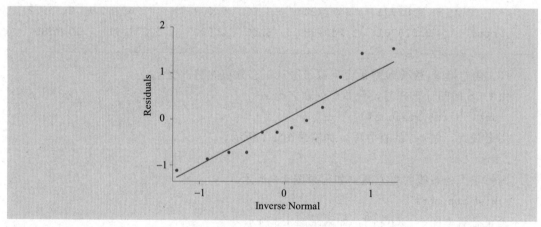

附录图 1-3　正态概率图

① 正态性的偏度、峰度检验

. sktest res

Skewness/Kurtosis tests for Normality

```
                                                -------joint------
    Variable |    Obs   Pr(Skewness)  Pr(Kurtosis)  adj chi2(2)   Prob>chi2
-------------+---------------------------------------------------------------
         res |     12      0.2367        0.7233         1.76         0.4152
```

不能拒绝正态分布假设。

② 雅克—贝拉检验，可以使用 jb 命令，但它不是 Stata 自带的官方命令，需要下载这个外部命令：

. ssc install jb

安装之后，就可以使用 jb 命令来做雅克—贝拉检验：

. jb res

检验结果：

Jarque-Bera normality test： 1.16 Chi(2) .5598

Jarque-Bera test for Ho：normality：

原假设是 res 服从正态分布，检验统计量服从自由度为 2 的卡方分布，$\chi^2=1.16$，p 值等于 0.5598，不能拒绝正态分布假设。

【3.9 节实例】 均值预测

打开数据文件 Table2-1，估计消费方程：

. use Table2-1,clear

. reg consumption salary

对样本外的点 salary=100 000 做预测，可在原样本上增加第 27 个样本点，输入此值：

. set obs 27

. replace salary = 100 000 in 27

计算因变量的预测值和均值预测的置信区间：

. predictnl yhat = predict(xb),se(stdp) ci(lower upper) level(95)

此命令生成了 4 个新变量：因变量的预测值 yhat，均值预测的标准误 stdp，均值预测的 95% 置信区间之下限 lower，上限 upper。

查看数据集可见，salary=100 000 时，家庭消费的点估计值 yhat=75 661.84，家庭消费均值预测的标准误 stdp=4 932.298，置信区间为 [65 482.09，858 41.61][①]。

使用 margins 命令亦可计算因变量的预测值和均值预测的置信区间，但它采用 z 统计量构造置信区间：

```
. margins,at(salary = 100000)
   Adjusted predictions                     Number of obs   =         26
   Model VCE    : OLS

Expression   : Linear prediction,predict()
at           : salary          =      100000

------------------------------------------------------------
             |           Delta-method
```

---

① 与 3.9 节中的结果稍有差异，这是因为统计软件计算的精度更高。

	Margin	Std. Err.	z	P>|z|	[95 % Conf. Interval]
_cons	75661.85	4932.298	15.34	0.000	65994.72 85328.97

我们还可以作图以观察全部样本点的预测置信区间。均值预测的 95% 置信区间如附录图 1-4 所示。

. twoway lfitci consumption salary,stdp level(95)

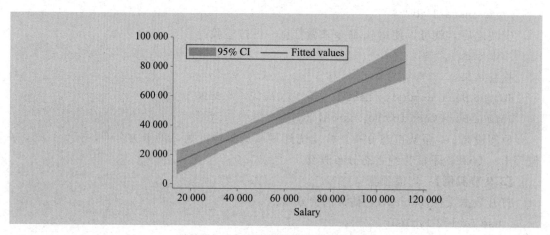

附录图 1-4　均值预测的 95% 置信区间

个值预测的 95% 置信区间如附录图 1-5 所示。

. twoway lfitci consumption salary,stdf level(95)

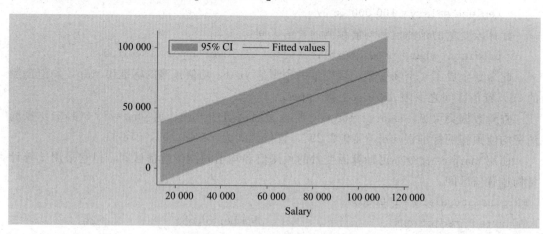

附录图 1-5　个值预测的 95% 置信区间

附录图 1-4 和 1-5 比较，个值预测的置信区间明显比均值预测的置信区间宽，这也就意味着个值预测的精度相对较低。

▶ 4. 第 4 章多元回归模型的 Stata 操作

【例 4.1】 房屋价格的影响因素

首先，按照第 3 章例 3.12 中的步骤建立 Stata 文件 Table4-1.dta。

1) 打开数据文件 Table4-1.dta：

```
. use Table4-1,clear
```
2) 估计回归模型:
```
. reg price sqft bedrms baths
      Source |       SS       df       MS              Number of obs =      14
-------------+------------------------------           F(3,10)       =   16.99
       Model |  85114.942        3   28371.6473        Prob > F      =  0.0003
    Residual |  16700.0687     10   1670.00687         R-squared     =  0.8360
-------------+------------------------------           Adj R-squared =  0.7868
       Total | 101815.011     13    7831.9239          Root MSE      =  40.866

-----------------------------------------------------------------------------
       price |      Coef.   Std. Err.      t    P>|t|     [95% Conf. Interval]
-------------+---------------------------------------------------------------
        sqft |   .1547999   .0319404     4.85   0.001     .0836321    .2259676
      bedrms |  -21.58752   27.02933    -0.80   0.443    -81.81261    38.63758
       baths |  -12.19276      43.25    -0.28   0.784    -108.5598    84.17425
       _cons |   129.0616   88.30326     1.46   0.175     -67.6903    325.8136
```

结果显示卧室数量与浴室数量的系数均不显著,我们对这两个变量做联合显著性检验。

(3) 检验零假设 $H_0: \beta_{bedrms} = \beta_{baths} = 0$。

```
. test bedrms baths

 (1)  bedrms = 0
 (2)  baths = 0

       F(2,10) =    0.47
         Prob>F =    0.6375
```

结果显示,检验统计量 $F=0.47$,其 p 值 $=0.6375>0.10$,故在 10% 或者更大的显著性水平下,我们不能拒绝原假设,卧室数量与浴室数量的系数联合不显著。

【例 4.4】 国内主要城市出租车需求的决定因素

打开 Stata 数据文件 Table4-4.dta。全样本回归的结果并不理想,且系数符号与预期的相反。通过散点图的分析,这是由重庆的特殊性引起的,也就是在数据采集期,相对于面积和人口,重庆的出租汽车数量极少。因此,需要把"重庆"这个奇异点去掉。去掉"奇异点"的回归方程估计:

```
. use Table4-4
. reg taxi gdp area if city!="重庆"
```

输出结果如下:
```
      Source |       SS       df       MS              Number of obs =      14
-------------+------------------------------           F(2,11)       =   66.11
       Model |  3.3891e+09      2   1.6946e+09         Prob > F      =  0.0000
    Residual |   281941756    11   25631068.7          R-squared     =  0.9232
```

```
-------------+------------------------------------          Adj R-squared =  0.9092
       Total |  3.6711e+09    13   282390247              Root MSE      =  5062.7
-------------+------------------------------------
        TAXI |    Coef.   Std. Err.      t    P>|t|     [95% Conf. Interval]
-------------+------------------------------------
         GDP |  5.274964   1.342124    3.93   0.002     2.32097    8.228958
        AREA |  2.616971   .3546951    7.38   0.000     1.836293   3.39765
       _cons | -2879.261   2662.841   -1.08   0.303    -8740.134   2981.612
```

5. 第 6 章回归模型函数形式的 Stata 操作

【例 6.1】 柯布—道格拉斯生产函数

(1) 打开数据文件 Table6-1.dta：

. use Table6-1,clear

(2) 柯布—道格拉斯生产函数应用双对数模型估计，需要将因变量 Y、自变量 X_1 和 X_2 对数化：

. gen lny = log(y)

. gen lnx1 = log(x1)

. gen lnx2 = log(x2)

(3) 估计双对数模型：

. reg lny lnx1 lnx2

```
      Source |       SS       df       MS              Number of obs =      30
-------------+------------------------------          F(2,27)       =  469.06
       Model |  28.2752379    2   14.137619           Prob > F      =  0.0000
    Residual |  .813789377   27   .030140347          R-squared     =  0.9720
-------------+------------------------------          Adj R-squared =  0.9700
       Total |  29.0890273   29   1.00306991          Root MSE      =  .17361

-------------+------------------------------------
         lny |    Coef.   Std. Err.      t    P>|t|     [95% Conf. Interval]
-------------+------------------------------------
        lnx1 |  .7485443   .0857391    8.73   0.000    .5726223    .9244663
        lnx2 |  .3404712   .0789646    4.31   0.000    .1784493    .5024931
       _cons |  1.431592   .2986959    4.79   0.000    .8187183    2.044465
```

得到了生产函数 $y = A x_1^{\alpha} x_2^{\beta} e^{u}$ 中产出的劳动弹性 α 的估计值为 0.749；产出的资本弹性 β 的估计值为 0.340。

(4) 此时是否为规模报酬递增呢？我们提出原假设 $H_0: \alpha + \beta = 1$，备择假设 $H_1: \alpha + \beta \neq 1$。

. test lnx1 + lnx2 = 1

(1)   lnx1 + lnx2 = 1

```
       F(1,27) =    6.19
       Prob > F =   0.0193
```

结果显示，检验统计量的 p 值＝0.0193＜0.05，故在5％的显著性水平下，我们拒绝原假设，表明为规模报酬递增。

【例6.4】 中国的一次能源消费量的增长

```
. use Table6-4,clear
```

(1) 绘制图形：中国一次能源消费量的增长并附加拟合曲线如附录图1-6所示。

```
. twoway (sc y year)(lowess y year)
```

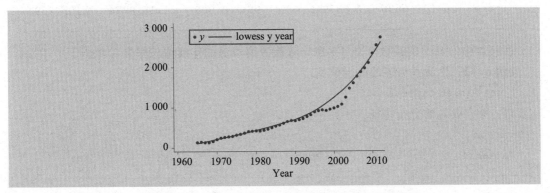

附录图 1-6　中国一次能源消费量的增长并附加拟合曲线

(2) 绘制图形：中国一次能源消费量对数化的增长并附加拟合直线如附录图1-7所示。

```
. gen lny=log(y)
. twoway (sc lny year)(lfit lny year)
```

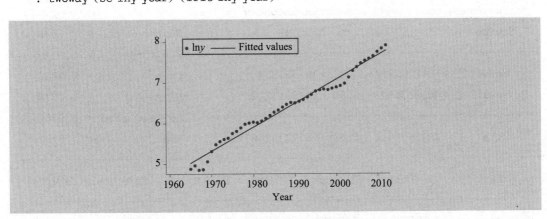

附录图 1-7　中国一次能源消费量对数化的增长并附加拟合直线

图形表现出能源消费量成指数式快速增长的趋势，即 $y=ke^{\beta t}\cdot u$，故我们将能源消费量对数化后再对时间变量回归。

(3) 估计增长模型：

```
. reg lny year
     Source |       SS       df       MS              Number of obs =      48
------------+------------------------------           F(1,46)       = 1969.84
```

```
      Model  |  31.9326806      1    31.9326806           Prob > F       =  0.0000
   Residual  |  .745694908     46    .016210759           R-squared      =  0.9772
-------------+------------------------------------        Adj R-squared  =  0.9767
      Total  |  32.6783755     47    .695284585           Root MSE       =  .12732

-------------+------------------------------------------------------------------
         lny |      Coef.   Std. Err.      t    P>|t|     [95% Conf. Interval]
-------------+------------------------------------------------------------------
        year |   .0588763   .0013266    44.38   0.000     .0562061    .0615465
       _cons |  -110.6696   2.637915   -41.95   0.000    -115.9794   -105.3597
-------------------------------------------------------------------------------
```

回归表中，year 的系数 0.058 9 意味着能源消费量的年度增长率是 5.89%。

【例 6.7】 生活幸福感的决定模型

. use Table6-6,clear

（1）考察收入的分布特征：

. sum income

```
    Variable |     Obs        Mean     Std. Dev.       Min         Max
-------------+---------------------------------------------------------
      income |    6570    3.117092    3.958968         .5         100
```

（2）计算收入的平方项：

. gen incomesq = income^2

（3）估计回归方程：

. reg happiness educ health age income incomesq

```
      Source |     SS          df       MS               Number of obs  =   6570
-------------+------------------------------------        F(5,6564)      =   79.87
       Model |  247.60977      5    49.521954            Prob > F       =  0.0000
    Residual |  4069.76679  6564    .620013222           R-squared      =  0.0574
-------------+------------------------------------        Adj R-squared  =  0.0566
       Total |  4317.37656  6569    .657234976           Root MSE       =  .78741

-------------------------------------------------------------------------------
   happiness |      Coef.   Std. Err.      t    P>|t|     [95% Conf. Interval]
-------------+-----------------------------------------------------------------
        educ |   .0060922   .0039258     1.55   0.121    -.0016036    .013788
      health |   .1906139   .0102953    18.51   0.000     .1704317    .210796
         age |   .0081183   .0007975    10.18   0.000     .0065549    .0096818
      income |   .0155376   .0045457     3.42   0.001     .0066265    .0244486
    incomesq |  -.0001799   .0000871    -2.07   0.039    -.0003506   -9.16e-06
       _cons |   2.577033   .0689966    37.35   0.000     2.441777    2.712289
-------------------------------------------------------------------------------
```

(4) 计算偏效应为零时的收入水平：

. di -_b[income]/(2*_b[incomesq])

   43.189432

收入＝43.19 是二次方程的转折点，此时收入的增加对幸福感的影响为零。在收入低于 43.19 时，收入的增加对幸福感的影响为正，而在此点之后，收入的增加对幸福感的影响为负。

也可以不计算平方项，直接使用 c.income##c.income，这将产生两个变量：income 和 income^2。

. reg happiness educ health age c.income##c.income

Source	SS	df	MS			
Model	247.60977	5	49.521954	Number of obs	=	6570
Residual	4069.76679	6564	.620013222	F(5,6564)	=	79.87
				Prob > F	=	0.0000
				R-squared	=	0.0574
				Adj R-squared	=	0.0566
Total	4317.37656	6569	.657234976	Root MSE	=	.78741

happiness	Coef.	Std. Err.	t	P>|t|	[95% Conf. Interval]	
educ	.0060922	.0039258	1.55	0.121	-.0016036	.013788
health	.1906139	.0102953	18.51	0.000	.1704317	.210796
age	.0081183	.0007975	10.18	0.000	.0065549	.0096818
income	.0155376	.0045457	3.42	0.001	.0066265	.0244486
c.income#						
c.income	-.0001799	.0000871	-2.07	0.039	-.0003506	-9.16e-06
_cons	2.577033	.0689966	37.35	0.000	2.441777	2.712289

其中的 c.income#c.income 对应于 income×income。

(5) 重新设定回归方程，使得我们可以通过 income 一次项的系数得到均值处的偏效应。先将二次项中的 income 变换为(income－均值)：

. gen income_msq=(income-3.117)^2

估计新的方程：

. reg happiness educ health age income income_msq

Source	SS	df	MS			
Model	247.60977	5	49.521954	Number of obs	=	6570
Residual	4069.76679	6564	.620013222	F(5,6564)	=	79.87
				Prob > F	=	0.0000
				R-squared	=	0.0574
				Adj R-squared	=	0.0566
Total	4317.37656	6569	.657234976	Root MSE	=	.78741

```
  happiness |      Coef.   Std. Err.       t    P>|t|     [95% Conf. Interval]
------------+----------------------------------------------------------------
       educ |   .0060922   .0039258     1.55    0.121    -.0016036    .013788
     health |   .1906139   .0102953    18.51    0.000     .1704317    .210796
        age |   .0081183   .0007975    10.18    0.000     .0065549    .0096818
     income |   .0144162   .0041171     3.50    0.000     .0063453    .0224871
  income_msq|  -.0001799   .0000871    -2.07    0.039    -.0003506   -9.16e-06
      _cons |    2.57878   .0689615    37.39    0.000     2.443593    2.713968
```

income 的系数 0.0144 即二次项变量(income－3.117)＝0 时，income 对 happiness 的偏效应。

【例 6.8】 房屋价格模型的标准化系数

(1) 打开数据集，估计模型的标准化系数：

```
. use Table4-1,clear
. reg price sqft bedrms,beta

     Source |       SS       df       MS              Number of obs =      14
------------+------------------------------            F(2,11)       =   27.77
      Model |  84982.2179     2   42491.109            Prob > F      =  0.0001
   Residual |  16832.7928    11  1530.25389            R-squared     =  0.8347
------------+------------------------------            Adj R-squared =  0.8046
      Total | 101815.011    13   7831.9239             Root MSE      =  39.118

      price |      Coef.   Std. Err.       t    P>|t|                     Beta
------------+----------------------------------------------------------------
       sqft |   .1483138    .021208     6.99    0.000                .9682616
     bedrms |  -23.91061   24.64191    -0.97    0.353               -.1343467
      _cons |   121.1787   80.17782     1.51    0.159                        .
```

估计结果的最后一列给出了回归方程标准化系数的估计，其中截距项没有对应的标准化系数。

(2) 计算变量的标准差：

```
. su sqft bedrms

    Variable |     Obs        Mean    Std. Dev.       Min        Max
-------------+--------------------------------------------------------
        sqft |      14    1910.929    577.7571       1065       3000
      bedrms |      14    3.642857    .4972452          3          4
```

标准差描述了一种现象的波动程度。样本结果表明，房屋面积 sqft(相对均值)的平均波动为 577.8 单位，而房间数 bedrms(相对均值)的平均波动为 3.64 单位。故样本中的个体平均来说在面积上发生了更大的变化，这种变化(1 倍标准差的变化)导致销售价格变化

85.5 单位(sqft 的回归系数乘以 sqft 的标准差);而个体平均来说在房间数上变化较小,这种平均波动仅使得销售价格改变 11.9 单位(bedrms 的回归系数乘以 bedrms 的标准差)。

▶ 6. 第 7 章虚拟变量的 Stata 操作

相比一般线性回归模型,虚拟变量模型的特别之处就是包含了反映属性特征的一组二值虚拟变量,或是这些虚拟变量与其他变量的交乘项。我们使用已掌握的 Stata 命令都可以实现相关操作:生成所需要的虚拟变量或变量的乘积,按模型设定代入这些变量即可。

不过,我们有更简洁的方法来生成二值虚拟变量以及交乘项。在 Stata 中,引入了因子变量的运算,通过它来创建一系列与属性因素相关的变量。属性变量[①]加前缀运算符"i.",就可以创建相应的若干二值虚拟变量,连续变量加前缀运算符"c.",就可以通过运算符"#"创建连续变量与二值虚拟变量的交乘项。

例如"i."算子。如果属性变量 D 有 3 个取值:1、2、3,对应的因子变量[②]"i.D"就创建 2 个二值变量:"2.D"和"3.D"(会省略基准类变量"1.D")[③]。创建的两个二值变量是这样定义的:

$$2.D = \begin{cases} 1, & \text{当 } D=2 \text{ 时} \\ 0, & \text{当 } D \neq 2 \text{ 时} \end{cases}$$

$$3.D = \begin{cases} 1, & \text{当 } D=3 \text{ 时} \\ 0, & \text{当 } D \neq 3 \text{ 时} \end{cases}$$

因子变量运算中的"#"类似于乘号。例如,因子变量"i.D#c.x",它创建了 2 个交互变量:"2.D·x"和"3.D·x"。而包含双"#"运算符的因子变量"i.D##c.x"对应 3 个因子变量:"i.D""c.x"和"i.D#c.x",所以它创建了五个变量:"2.D""3.D""x""2.D·x"和"3.D·x"。

【例 7.2】和【例 7.3】 城市农民工工资的性别影响

. use Table7-1,clear

(1)估计子样本间只有截距系数不同的方程。

. quietly reg wage exper female

命令前加 quietly,将不显示运行结果。

(2)估计子样本间只有斜率系数不同的方程。

方程的估计需要加入性别虚拟变量 femae 与 exper 的交乘项。我们可以用 generate 命令生成一个新变量来对应交互项,也可以在回归命令中引入因子变量"i.female#c.exper",用它来创建 female 与 exper 的交乘项,特别注意在连续变量前加"c."。

. reg wage exper i.female#c.exper

```
   Source  |       SS           df       MS              Number of obs =    1264
-----------+----------------------------------           (2,1261)      =   44.26
    Model  |   54798255.8         2   27399127.9         Prob > F      =  0.0000
 Residual  |   780675716       1261   619092.559         R-squared     =  0.0656
-----------+----------------------------------           Adj R-squared =  0.0641
```

[①] 属性变量的取值要求非负且为整数。
[②] 因子变量就是属性变量,这里我们将因子变量的运算表达式也称为因子变量。
[③] 因子变量 ibn.D 创建全部的 3 个二值虚拟变量。

```
     Total |  835473972   1263   661499.582           Root MSE      =  786.82
-----------+----------------------------------------------------------------
      wage |    Coef.    Std. Err.      t     P>|t|    [95% Conf. Interval]
-----------+----------------------------------------------------------------
     exper |   64.09425   6.918766    9.26   0.000     50.52069    77.66781
   female# |
   c.exper |
         1 |  -26.31408   9.638667   -2.73   0.006    -45.22367   -7.404487
     _cons |   1390.71    29.87847   46.55   0.000     1332.093    1449.327
----------------------------------------------------------------------------
```

估计结果显示,工作经验对工资的影响(多工作1年使得工资的增加),男性是64.09,女性是(64.09−26.31)。

我们检验该差别是否显著——$H_0: \beta_{female \cdot exper} = 0$。

. test 1.female#c.exper

(1) 1.female#c.exper = 0

  F(1,1261) =   7.45

  Prob>F =   0.0064

结果显示,男性与女性,工作经验对工资的边际影响有差别,并具有统计显著性。

(3) 估计子样本间截距系数与斜率系数均不相同的方程。

回归命令中引入因子变量"i.female##c.exper",它创建了三个变量:"female""exper"和"female·exper"。

. reg wage i.female##c.exper

```
    Source |    SS          df       MS              Number of obs =    1264
-----------+----------------------------------      F(3,1260)     =   34.69
     Model |  63733685.3     3    21244561.8        Prob > F      =  0.0000
  Residual |  771740287    1260   612492.291        R-squared     =  0.0763
-----------+----------------------------------      Adj R-squared =  0.0741
     Total |  835473972   1263   661499.582        Root MSE      =  782.62
----------------------------------------------------------------------------
      wage |    Coef.    Std. Err.      t     P>|t|    [95% Conf. Interval]
-----------+----------------------------------------------------------------
  1.female |  -232.0262   60.74768   -3.82   0.000    -351.204   -112.8485
     exper |   51.77744   7.599851    6.81   0.000     36.86768    66.68719
   female# |
   c.exper |
         1 |   6.718712   12.91158    0.52   0.603    -18.61186    32.04928
     _cons |   1482.759   38.26226   38.75   0.000     1407.694    1557.824
----------------------------------------------------------------------------
```

估计结果显示,女性组相比男性组的工资方程,在截距系数上的差别是−232,工作经验回归系数的差别是 6.72。

我们检验女性与男性的工资方程是否真的存在差别，$H_0: \beta_{female} = \beta_{female \cdot exper} = 0$，做两变量的联合显著性检验：

. test 1.female 1.female#c.exper

(1) 1.female = 0
(2) 1.female#c.exper = 0

   $F(2,1260) = 11.06$
   $Prob > F = 0.0000$

结果显示，女性与男性的工资方程存在显著性差别。

【例 7.4】 家务劳动时间的影响因素
. use Table7-2,clear

(1) 估计带交互项的模型(7.11)。在回归命令中使用因子变量"i.female##i.married"来代表三个变量："female" "married"和两者的交互项"female·married"。
. gen lwage = log(wage)
. reg household lwage i.female##i.married

Source	SS	df	MS			
Model	3224490.94	4	806122.736			
Residual	8403596.7	1961	4285.36293			
Total	11628087.6	1965	5917.60186			

Number of obs = 1966
F(4,1961) = 188.11
Prob > F = 0.0000
R-squared = 0.2773
Adj R-squared = 0.2758
Root MSE = 65.463

household	Coef.	Std. Err.	t	P>|t|	[95% Conf. Interval]	
lwage	−5.480269	2.366208	−2.32	0.021	−10.12082	−.8397222
1.female	55.26164	8.196097	6.74	0.000	39.18766	71.33561
1.married	12.64111	5.72151	2.21	0.027	1.420228	23.86199
female# married						
1 1	27.97168	8.845397	3.16	0.002	10.62431	45.31904
_cons	58.62592	16.9111	3.47	0.001	25.4603	91.79155

(2) 估计包含三个分组虚拟变量的模型(7.12)。

样本按 female 与 married 的取值组合分为四组，我们可以另外定义 3 个虚拟变量 D1、D2、D3，代入回归方程。更有效的方法是在回归命令中使用因子变量"i.female#i.married"，它会创建三个组别的虚拟变量：①已婚男性组(0,1)；②未婚女性组(1,0)；③已婚女性组(1,1)。未出现在模型中的参照组是未婚男性组(0,0)。
. reg household lwage i.female#i.married

```
      Source |       SS         df        MS              Number of obs =    1966
-------------+------------------------------              F(4,1961)     =  188.11
       Model | 3224490.94       4    806122.736           Prob > F      =  0.0000
    Residual | 8403596.7     1961    4285.36293           R-squared     =  0.2773
-------------+------------------------------              Adj R-squared =  0.2758
       Total | 11628087.6    1965    5917.60186           Root MSE      =  65.463
-------------------------------------------------------------------------------------
   household |    Coef.    Std. Err.      t     P>|t|    [95% Conf. Interval]
-------------+-----------------------------------------------------------------------
       lwage | -5.480269   2.366208    -2.32   0.021    -10.12082   -.8397222
    female # |
     married |
         0 1 | 12.64111    5.72151      2.21   0.027     1.420228    23.86199
         1 0 | 55.26164    8.196097     6.74   0.000    39.18766    71.33561
         1 1 | 95.87442    5.936435    16.15   0.000    84.23204    107.5168
       _cons | 58.62592   16.9111       3.47   0.001    25.4603     91.79155
-------------------------------------------------------------------------------------
```

其中的系数 12.64、55.26、95.87 分别估计了对应的各组(已婚男性组、未婚女性组、已婚女性组)与参照组(未婚男性)在家务时间上的差别。

(3) 检验未婚女性与参照组(未婚男性)的工资是否有差别,$H_0: \beta_{female=1, married=0} = 0$。

. test 1.female#0.married

(1) 1.female#0b.married = 0

        F(1,1961) = 45.46
          Prob > F =   0.0000

(4) 检验已婚女性与已婚男性的工资是否有差别,$H_0: \beta_{female=1, married=1} = \beta_{female=0, married=1}$

. test 1.female#1.married = 0.female#1.married

(1) - 0b.female#1.married + 1.female#1.married = 0

    F(1,1961) = 626.64
      Prob>F = 0.0000

【例 7.5】 滑雪器具的销售量与季节性

. use Table7-3,clear

(1) 估计销售—收入模型:

. quietly reg sales income

(2) 计算销售量的样本拟合值:

. predict sales_hat1

(option xb assumed; fitted values)

(3) 绘制销售量的趋势图。趋势图的横轴为时间,先要生成时间变量,函数"_n"表示数据集中个体观测对应的序号。

. gen t = _n

. twoway connected sales t

（4）生成季节虚拟变量 d_1、d_2、d_3、d_4：

. gen season = substr(time,2,1)

我们先使用 substr 命令从时间属性变量 time 中提取第 2 个字符，从而生成了一个字符型变量 season(值 1、2、3、4 表示是哪一季度的数据)，再用 tab 命令即可产生四个季节虚拟变量。

. tab season, gen(d)

（5）估计包含季节虚拟变量的模型：

. reg sales income d2 d3 d4

Source	SS	df	MS		Number of obs	=	40
					F(4,35)	=	312.98
Model	1689.92484	4	422.48121		Prob > F	=	0.0000
Residual	47.2448074	35	1.34985164		R-squared	=	0.9728
					Adj R-squared	=	0.9697
Total	1737.16965	39	44.5428115		Root MSE	=	1.1618

sales	Coef.	Std. Err.	t	P>|t|	[95% Conf. Interval]	
income	.1990439	.0061902	32.15	0.000	.1864772	.2116107
d_2	-5.636941	.5199641	-10.84	0.000	-6.692524	-4.581357
d_3	-5.64522	.5205077	-10.85	0.000	-6.701907	-4.588533
d_4	-.3531166	.5214947	-0.68	0.503	-1.411807	.705574
_cons	15.12513	1.008943	14.99	0.000	13.07687	17.1734

（6）检验销售量是否受季节因素的影响，原假设 $H_0: \beta_{d2} = \beta_{d3} = \beta_{d4} = 0$。

. test d2 d3 d4

(1) d2 = 0

(2) d3 = 0

(3) d4 = 0

F(3,35) = 73.88

Prob > F = 0.0000

上述结果显示，检验统计量的 p 值 = 0.0000，拒绝原假设，销售量的变动与季节因素相关。

（7）计算销量的样本拟合值 sales_hat2，绘制销售量的拟合图，比较引入季节虚拟变量前后，模型的预测性能，如附录图 1-8 所示。

. predict sales_hat2

(option xb assumed; fitted values)

. twoway (connected sales t, msymbol(O) legend(label(1 "实际销售量"))) ///

    (connected sales_hat1 t, msymbol(dh) legend(label(2 "销售量拟合值1"))) ///

(connected sales_hat2 t, msymbol(Th) legend(label(3 "销售量拟合值2")))

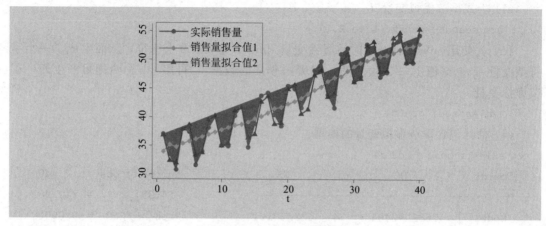

附录图 1-8 销售量拟合图

(8) 使用因子变量的回归命令与检验。我们在回归时无须生成季节虚拟变量，直接利用因子变量亦可。但要求相关属性变量为数值型的，故先用 destring 命令将字符型变量 season 转为数值型，回归时就可以用"i. season"来创建三个季节虚拟变量了。

```
. destring season,replace
season has all characters numeric; replaced as byte
. reg sales income i. season
```

Source	SS	df	MS			Number of obs	=	40
						F(4,35)	=	312.98
Model	1689.92484	4	422.48121			Prob > F	=	0.0000
Residual	47.2448074	35	1.34985164			R-squared	=	0.9728
						Adj R-squared	=	0.9697
Total	1737.16965	39	44.5428115			Root MSE	=	1.1618

sales	Coef.	Std. Err.	t	P>|t|	[95% Conf. Interval]	
income	.1990439	.0061902	32.15	0.000	.1864772	.2116107
quarter						
2	-5.636941	.5199641	-10.84	0.000	-6.692524	-4.581357
3	-5.64522	.5205077	-10.85	0.000	-6.701907	-4.588533
4	-.3531166	.5214947	-0.68	0.503	-1.411807	.705574
_cons	15.12513	1.008943	14.99	0.000	13.07687	17.1734

同前一个回归结果，系数 −5.637、−5.645、−0.353 分别估计了第二、三、四季度的销量与第一季度的差异。

季节因素的联合显著性检验：

```
. test 2. season 3. season 4. season
```

(1) 2. season = 0

(2) 3. season = 0

(3) 4. season = 0

F(3,35) = 73.88

Prob>F = 0.0000

(9) 销售量的季节调整。

① 销售量对季节虚拟变量回归：

. quietly reg sales d2 d3 d4

② 计算样本残差：

. predict e,re

③ 计算销量的样本均值：

. su sales

Variable	Obs	Mean	Std. Dev.	Min	Max
sales	40	43.1975	6.67404	30.8	54.3

④ 销量消除季节因素的残差加其样本均值，即为经季节调整的数据：

. gen salesadj = e + r(mean)

. twoway connected sales salesadj t

【例 7.6】 中国城镇家庭消费行为的结构性变化

. use Table7-4,clear

估计回归模型：

. reg consum pdi

Source	SS	df	MS		
Model	1.3547e+09	1	1.3547e+09		
Residual	2165249.7	35	61864.2771		
Total	1.3568e+09	36	37689584.4		

Number of obs = 37
F(1,35) = 21897.29
Prob > F = 0.0000
R-squared = 0.9984
Adj R-squared = 0.9984
Root MSE = 248.73

consum	Coef.	Std. Err.	t	P>|t|	[95% Conf. Interval]
pdi	.6841424	.0046233	147.98	0.000	.6747566 .6935281
_cons	381.2278	55.88498	6.82	0.000	267.7753 494.6804

以 1994 年为分界点，检验是否出现结构性变化。

(1) 生成时期虚拟变量 D：

. gen D = (year>1993)

(2) 估计模型，回归的 Stata 命令中，因子变量"c.pdi##i.D"创建了三个变量："pdi" "D"和"pdi"与"D"的交互项。

```
. reg consum c.pdi♯♯i.D
```

Source	SS	df	MS		
Model	1.3564e+09	3	452135383	Number of obs =	37
Residual	418891.356	33	12693.6774	F(3,33) =	35618.94
				Prob > F =	0.0000
				R-squared =	0.9997
				Adj R-squared =	0.9997
Total	1.3568e+09	36	37689584.4	Root MSE =	112.67

consum	Coef.	Std. Err.	t	P>|t|	[95% Conf. Interval]
pdi	.8121964	.0462073	17.58	0.000	.7181869 .9062059
1.D	739.7393	72.46832	10.21	0.000	592.3014 887.1772
D♯c.pdi					
1	-.1498703	.0462935	-3.24	0.003	-.2440551 -.0556855
_cons	55.98723	57.45632	0.97	0.337	-60.90853 172.883

(3) 计算 F 统计量，检验是否存在结构性变化，$H_0: \beta_D = \beta_{pdi \times D} = 0$。Stata 的检验命令中，"1.D"表示变量 D，"c.pdi♯1.D"表示变量 $pdi \times D$。

```
. test 1.D  c.pdi♯1.D
```

(1) 1.D = 0
(2) 1.D♯c.pdi = 0

      F(2,33) =   68.79
      Prob > F =   0.0000

检验统计量的 p 值 = 0.0000，拒绝原假设，中国城镇家庭消费行为在 1994 年前后出现了结构性变化。

▶ 7. 第 8 章异方差的 Stata 操作

【例 8.2】 检验家务劳动模型的异方性检验

(1) 打开数据集，估计模型(7.12)。

```
. use Table7-2,clear
. gen lwage = log(wage)
. quietly reg household lwage  female married
```

(2) 异方差性的 B-P 检验。

① 该 BP 检验命令报告的检验统计量 nR^2 假定误差项独立同分布。

```
. estat hettest,rhs iid
```

Breusch-Pagan / Cook-Weisberg test for heteroskedasticity
      Ho: Constant variance
      Variables: lwage female married

      chi2(3)   =   55.22
      Prob > chi2 =   0.0000

② 上面的检验中误差项方差方程包含了所有解释变量。如果我们有明确的信息，异方差与收入高低没有关系，那么检验时我们就指定方差方程只包含变量 female 和 married：

. estat hettest female married,iid

Breusch-Pagan / Cook-Weisberg test for heteroskedasticity

  Ho:Constant variance

  Variables:female married

  chi2(2)   = 53.67

  Prob > chi2 = 0.0000

③ 我们还可以报告 B-P 检验的 F 统计量：

. estat hettest,rhs fstat

Breusch-Pagan / Cook-Weisberg test for heteroskedasticity

  Ho:Constant variance

  Variables:lwage female married

  $F(3,1962)$ = 18.90

  Prob>F = 0.0000

④ B-P 异方差检验的特殊形式（误差方差表示为因变量拟合值的函数）：

. estat hettest,iid

Breusch-Pagan / Cook-Weisberg test for heteroskedasticity

  Ho:Constant variance

  Variables:fitted values of household

  chi2(1)   = 54.85

  Prob > chi2 = 0.0000

(3) 异方差性的怀特检验。

① 对方程做 OLS 回归后，再做相应的检验：

. estat imtest,white

White's test for Ho:homoskedasticity

  against Ha:unrestricted heteroskedasticity

  chi2(7)   = 57.96

  Prob > chi2 = 0.0000

Cameron & Trivedi's decomposition of IM-test

Source	chi2	df	p
Heteroskedasticity	57.96	7	0.0000
Skewness	50.21	3	0.0000
Kurtosis	12.15	1	0.0005
Total	120.32	11	0.0000

该命令计算联合 IM 检验,包含了异方差性、对称性、正态峰度的检验。

② 或者我们也可以使用怀特检验的外部命令 whitetest,如果未安装需要先下载安装:

. ssc install whitetest

对回归后的方程做异方差的怀特检验:

. whitetst

White's general test statistic: 57.96002   Chi-sq(7)   P-value = 3.9e-10

③ 怀特异方差检验的特殊形式(误差方差表示为因变量拟合值的函数):

. whitetst,fitted

White's special test statistic: 55.54621   Chi-sq(2)   P-value = 8.7e-13

【例 8.3】 戈德菲尔德—匡特检验

(1) 打开数据集,生成对数变量:

. use Table8-1,clear

. gen lwage = log(wage)

(2) 估计男性样本的收入方程:

. reg lwage exper age educ health if female == 0

Source	SS	df	MS			Number of obs	= 3295
						$F(4,3290)$	= 103.35
Model	161.489679	4	40.3724197			Prob > F	= 0.0000
Residual	1285.19546	3290	.390636919			R-squared	= 0.1116
						Adj R-squared	= 0.1105
Total	1446.68514	3294	.439187961			Root MSE	= .62501

lwage	Coef.	Std. Err.	t	P>|t|	[95% Conf. Interval]	
exper	.0108355	.0012258	8.84	0.000	.0084321	.0132389
age	-.0016409	.0013922	-1.18	0.239	-.0043705	.0010887
educ	.0628449	.0037115	16.93	0.000	.0555678	.070122
health	.4586418	.0816347	5.62	0.000	.298582	.6187017
_cons	6.350684	.1127954	56.30	0.000	6.129528	6.571841

保存残差平方和为标量 rss_1,保存残差平方和的自由度为标量 df_1:

. scalar rss_1 = e(rss)

. scalar df_1 = e(df_r)

(3) 估计女性样本的收入方程:

. reg lwage exper age educ health if female == 1

Source	SS	df	MS			Number of obs	= 2400
						$F(4,2395)$	= 107.96
Model	142.349193	4	35.5872983			Prob > F	= 0.0000
Residual	789.454444	2395	.329626073			R-squared	= 0.1528

```
------------+------------------------------         Adj R-squared =  0.1514
      Total |  931.803638    2399  .388413355       Root MSE      = .57413
------------+------------------------------------------------------------------
      lwage |     Coef.    Std. Err.      t    P>|t|    [95% Conf. Interval]
------------+------------------------------------------------------------------
      exper |   .0176291   .0015738    11.20   0.000    .0145428    .0207153
        age |  -.0088597   .0017728    -5.00   0.000   -.012336   -.0053834
       educ |   .0619626   .0040746    15.21   0.000    .0539725    .0699526
     health |    .201358   .0906897     2.22   0.026    .0235196    .3791964
      _cons |   6.556187   .1280579    51.20   0.000    6.305072    6.807303
------------------------------------------------------------------------------
```

保存残差平方和为标量 rss_2，保存残差平方和的自由度为标量 df_2：

. scalar rss_2 = e(rss)

. scalar df_2 = e(df_r)

计算并显示 G-Q 统计量及相应的 p 值：

. scalar GQ = (rss_1/df_1)/(rss_2/df_2)

. scalar pvalue = Ftail(df_1,df_2,GQ)

. scalar list GQ pvalue

　　GQ = 1.1850911

pvalue = 4.380e-06

【例 8.4】 加权最小二乘法

（1）打开数据，估计方程：

. use Table8-2,clear

. quietly reg hexp income

（2）残差图形检验——画残差与解释变量 income、因变量拟合值的散点图，如附录图 1-9 所示。

. rvpplot income

. rvfplot

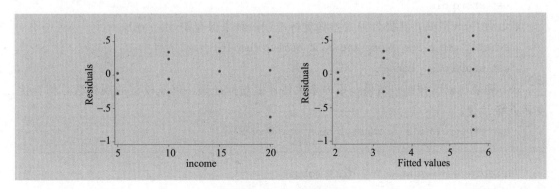

附录图 1-9　残差图

(3) 对模型异方差性的 B-P 检验：

. estat hettest,iid

Breusch-Pagan / Cook-Weisberg test for heteroskedasticity

    Ho:Constant variance

    Variables:fitted values of hexp

    chi2(1)   =   7.20

    Prob > chi2 =   0.0073

(4) 前面的检验显示了异方差性的存在，我们对模型做 WLS 估计（假定已知误差项的方差 $\mathrm{var}(u_i \mid \mathrm{income}_i) = \sigma^2 \mathrm{income}_i^2$）：

. reg hexp income[aw = 1/income^2]

(sum of wgt is 2.8472e-01)

```
  Source |       SS       df       MS              Number of obs =      20
---------+------------------------------            F(1,18)       =  452.89
   Model |  20.7948529     1   20.7948529          Prob > F      =  0.0000
Residual |  .826483718    18   .045915762          R-squared     =  0.9618
---------+------------------------------            Adj R-squared =  0.9597
   Total |  21.6213366    19   1.13796508          Root MSE      = .21428

-----------------------------------------------------------------------------
    hexp |      Coef.   Std. Err.      t    P>|t|     [95% Conf. Interval]
---------+-------------------------------------------------------------------
  income |   .2494872   .0117233    21.28   0.000     .2248574    .274117
   _cons |   .7529231   .0982552     7.66   0.000     .5464965    .9593496
-----------------------------------------------------------------------------
```

【例 8.5】 计算异方差的稳健标准误

(1) 打开数据集，估计方程，结果保存于 ols：

. use Table8-1,clear

. gen lwage = log(wage)

. quietly reg lwage exper age educ health female

. est store ols

(2) 做 OLS 回归，并报告异方差稳健标准误，结果保存于 ols_robust：

. quietly reg lwage exper age educ health female,r

. est store ols_robust

(3) 列表比较两种回归结果，报告系数估计值与标准误，以及模型的观测数、拟合优度和 F 统计量。

. est table ols ols_robust,b se stats(N r2 F)

```
-----------------------------------
  Variable |     ols      ols_robust
-----------+-----------------------
     exper |  .01322149    .01322149
```

```
             |    .00096367      .00097629
        age  |  -.00417634     -.00417634
             |    .00109236      .00112845
       educ  |    .06304863      .06304863
             |    .00274876      .00310441
     health  |    .35124239      .35124239
             |    .060873        .0651917
     female  |  -.26278554     -.26278554
             |    .01665467      .01662127
      _cons  |   6.5268411      6.5268411
             |    .08574005      .0925916
-------------+------------------------------
          N  |   5695           5695
         r2  |    .16599655      .16599655
          F  |   226.46294      209.46454
```

legend:b/se

▶8. 第 9 章自相关的 Stata 操作

【例 9.1】 自相关的检验

(1) 打开数据集，估计回归模型，计算 OLS 残差：

. use Table9-1,clear

. quietly reg y x

. predict e,re

(2) 自相关性的图形检验。

① 绘制残差的时序图：

. scatter e year

我们将数据集定义为时间序列数据(时间标识变量是 year)后，可以使用 tsline 命令做变量的时序图(线图)，如附录图 1-10 所示。

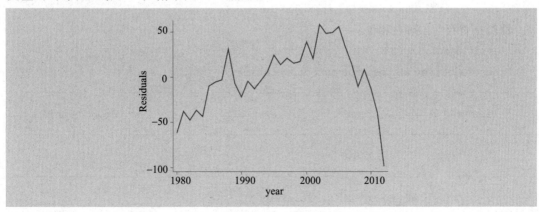

附录图 1-10 时序图

```
. tsset year
    time variable: year,1980 to 2012
           delta: 1 unit
. tsline e
```

② 绘制相邻两期残差的相关图。对定义为时间序列的数据集可以直接使用滞后运算符"l."作图：

```
. scatter e l.e
```

(2) DW 检验，计算 DW 统计量的命令要在方程回归之后使用。

```
. dwstat
Durbin-Watson d-statistic(2, 33) = .3647206
```

(3) B-G 检验，对回归之后的方程检验自相关性：

```
. estat bgodf,nomiss0
```

Breusch-Godfrey LM test for autocorrelation

lags(p)	chi2	df	Prob > chi2
1	22.403	1	0.0000

H0: no serial correlation

estat bgodf 命令加选项 nomiss0 时，使用的数据有缺失（滞后项产生的）。

estat bgodf 命令不加选项 nomiss0 时，填补缺失数据之后再进行检验。

```
. estat bgodf
```

Breusch-Godfrey LM test for autocorrelation

lags(p)	chi2	df	Prob > chi2
1	20.168	1	0.0000

H0: no serial correlation

检验是否存在二阶自相关：

```
. estat bgodf,lag(2)
```

Breusch-Godfrey LM test for autocorrelation

lags(p)	chi2	df	Prob > chi2
2	21.049	2	0.0000

H0: no serial correlation

【例 9.2】 可行的广义最小二乘法

(1) 利用 DW 统计量估计自相关系数以获得 FGLS 估计量。

. prais y x,rho(dw) corc two

Iteration 0: rho = 0.0000

Iteration 1: rho = 0.8176

Cochrane-Orcutt AR(1) regression-twostep estimates

Source	SS	df	MS			
Model	993683.307	1	993683.307			
Residual	11537.0015	30	384.566716			
Total	1005220.31	31	32426.4616			

Number of obs = 32
F(1,30) = 2583.90
Prob > F = 0.0000
R-squared = 0.9885
Adj R-squared = 0.9881
Root MSE = 19.61

y	Coef.	Std. Err.	t	P>|t|	[95% Conf. Interval]	
x	.6349468	.0124911	50.83	0.000	.6094366	.6604569
_cons	211.2562	32.25734	6.55	0.000	145.3779	277.1344
rho	.8176397					

Durbin-Watson statistic (original)   0.364721

Durbin-Watson statistic (transformed) 2.028119

(2) 使用 Cochrane-Orcutt 方法，用 OLS 残差估计自相关系数以获得 FGLS 估计量。

. prais y x,corc two

Iteration 0: rho = 0.0000

Iteration 1: rho = 0.8554

Cochrane-Orcutt AR(1) regression——twostep estimates

Source	SS	df	MS			
Model	733808.965	1	733808.965			
Residual	11327.0059	30	377.566862			
Total	745135.971	31	24036.6442			

Number of obs = 32
F(1,30) = 1943.52
Prob > F = 0.0000
R-squared = 0.9848
Adj R-squared = 0.9843
Root MSE = 19.431

y	Coef.	Std. Err.	t	P>|t|	[95% Conf. Interval]	
x	.6288737	.0142649	44.09	0.000	.5997409	.6580065
_cons	228.8195	40.01072	5.72	0.000	147.1067	310.5323

```
         rho  |   .8554375
```

```
Durbin-Watson statistic (original)       0.364721
Durbin-Watson statistic (transformed)   2.142393
```

(3) 使用 Cochrane-Orcutt 迭代方法获得 FGLS 估计量。

```
. prais y x,corc
Iteration 0: rho = 0.0000
Iteration 1: rho = 0.8554
…
Iteration 45: rho = 0.9126
Iteration 46: rho = 0.9126
Cochrane-Orcutt AR(1) regression—iterated estimates
```

Source	SS	df	MS			
Model	417258.78	1	417258.78	Number of obs	=	32
Residual	11199.0896	30	373.302986	F(1,30)	=	1117.75
				Prob > F	=	0.0000
				R-squared	=	0.9739
				Adj R-squared	=	0.9730
Total	428457.869	31	13821.2216	Root MSE	=	19.321

y	Coef.	Std. Err.	t	P>|t|	[95% Conf. Interval]	
x	.6154904	.0184098	33.43	0.000	.5778926	.6530883
_cons	281.623	64.57721	4.36	0.000	149.7387	413.5072

```
         rho  |   .9125546
```

```
Durbin-Watson statistic (original)       0.364721
Durbin-Watson statistic (transformed)   2.295701
```

(4) 计算尼威—韦斯特异方差—自相关稳健标准误(该命令需要指定自相关的阶数)。

```
. newey y x,lag(1)
Regression with Newey-West standard errors    Number of obs =     33
maximum lag:1                                 F(1,31)       = 4486.42
                                              Prob > F      =  0.0000
```

y	Newey-West Coef.	Std. Err.	t	P>|t|	[95% Conf. Interval]	
x	.6672096	.0099612	66.98	0.000	.6468936	.6875256
_cons	147.1399	14.62718	10.06	0.000	117.3075	176.9722

▶ 9. 第 10 章相关 Stata 操作

【例 10.3】 弹性不变还是(收入的)边际贡献不变

构建如下 do 文件(example10-3.do)：

* 例 10.3，文件开始。* 是注释符。

* 数据文件 Table10-3.dta 存放在 d：\ xtudata，被解释变量 ExponImports 更名为 Y，解释变量 PDI 更名为 X。

* 改变 Stata 的默认路径：

cd d：\ xtudata

* 输出结果保存为"d：\ xtudata \ example10-3.log"：

log using example10-3,tex replace

* 打开 Stata 文件，变量更名：

use Table10-3,clear

rename ExponImports Y

rename PDI X

* 变量对数化：

gen lnY = log(Y)

gen lnX = log(X)

* 线性回归方程估计：

reg Y X Year

* 上述回归方程的拟合值记为 $yf1$：

predict yf1

* 双对数模型估计：

reg lnY lnX Year

* 计算上述回归方程 lnY 的拟合值：

predict lyf2

* 计算 Y 的拟合值：

gen yf2 = exp(lyf2)

* 由双对数模型得到的 Y 的拟合值添加到线性方程，输出结果如附录图 1-11 所示。

reg Y X Year yf2

* 由线性方程得到的拟合值添加到双对数方程，输出结果如附录图 1-12 所示。

reg lnY lnX Year yf1

* 文件结束。

由附录图 1-11 的结果，拒绝线性模型；由附录图 1-12 的结果，接受双对数模型。因此，双对数模型优。

Source	SS	df	MS		
Model	16314446.3	3	5438148.77		
Residual	103812.212	44	2359.36847		
Total	16418258.5	47	349324.649		

Number of obs = 48
F(3,44) = 2304.92
Prob > F = 0.0000
R-squared = 0.9937
Adj R-squared = 0.9932
Root MSE = 48.573

Y	Coef.	Std. Err.	t	P>|t|	[95% Conf. Interval]	
X	-.3172743	.0751704	-4.22	0.000	-.4687703	-.1657783
Year	12.35355	4.172571	2.96	0.005	3.944288	20.76282
yf2	2.279973	.2767018	8.24	0.000	1.722317	2.837629
_cons	-24148.07	8174.926	-2.95	0.005	-40623.56	-7672.592

附录图 1-11　拟合值添加到线性方程输出结果

Source	SS	df	MS		
Model	100.823398	3	33.6077992		
Residual	.398492862	44	.009056656		
Total	101.221891	47	2.15365724		

Number of obs = 48
F(3,44) = 3710.84
Prob > F = 0.0000
R-squared = 0.9961
Adj R-squared = 0.9958
Root MSE = .09517

lnY	Coef.	Std. Err.	t	P>|t|	[95% Conf. Interval]	
lnX	1.290646	.1700476	7.59	0.000	.9479376	1.633355
Year	.0117359	.0159041	0.74	0.464	-.0203167	.0437885
yf1	-.0001418	.0000958	-1.48	0.146	-.000335	.0000513
_cons	-27.52959	30.20247	-0.91	0.367	-88.39868	33.33949

附录图 1-12　拟合值添加到双对数方程输出结果

附录 2 Stata 命令汇总表[①]

改变 Stata 当前目录为 d:\xtudata
cd d:\xtudata
建立文本类型的日志文件 chap01
log using chap01 [,text append replace]
清空 Stata 内存
clear
打开数据编辑器
edit
打开 Stata 格式的数据文件，之前清空内存
use filename,clear
打开内置数据文件 auto.dta
sysuse auto
描述数据集（或特定变量）的属性
describe [x1 x2]
浏览数据集（或特定变量）取值
browse [x1 x2]
按 x 的大小对数据集排序（升序）
sort x
按 x 的大小对数据集排序（降序）
gsort -x
列示样本前 5 个观测的 x 变量的值：
list x in 1/5
生成新的变量 x^2，变量名记为 xsq
generate xsq = x^2
修改变量 x 的值（如当取值超过 100 时，记为缺失值"."）
replace x = . if x>100
计算 x、y（详细的）概述性统计量
summarize x y [,detail]
计算 x 的概述统计量，并形成表格，统计量自选
tabstat x [,stat(count mean min max p50 sd skew kurt) col(stat)]
对变量 x 做分类统计
tabulate x
计算 x 与 y 的相关系数（或方差协方差）
correlate x y [,covariance]

[①] 许多 Stata 命令都可以简化为它们的前几个字母，该表命令中的下划线部分是命令的最简缩写，在命令全称与最简缩写之间的其他缩写均可使用，习惯上经常采用 2~3 个字母的缩写。方括号内是命令可选项。

计算 x 与 y 的相关系数(或给出相关性显著性检验的 p 值、标记)

pwcorr x y [,sig star(0.05)]

作 y 对 $x1$、$x2$ 的 OLS 回归(或不包含截距项)

regress y x1 x2 [,noconstant]

作 y 对 $x1$、$x2$ 的 OLS 回归,但不显示回归结果

quietly reg y x1 x2

回归方程之后,计算因变量 y 的拟合值(记为 yhat)

predict yhat

回归方程之后,计算残差(记为 e)

predict e,residual

报告模型的标准化系数

reg y x1 x2,beta

检验虚拟假设:$x1$、$x2$ 的系数联合不显著(F 检验)

test x1 x2

检验虚拟假设:$x1$、$x2$ 的系数之和为 1

test x1 + x2 = 1

异方差性的 B-P 检验

estat hettest [,rhs iid fstat]

异方差性的怀特检验(whitetst 是非官方命令)

estat imtest,white

whitetst [,fitted]

WLS 回归(误差方差函数是 f)

reg y x[aw = 1/f]

OLS 回归,计算异方差的稳健标准误

reg y x,robust

方程回归之后计算 DW 统计量

dwstat

方程回归之后,进行自相关性的 B-G 检验

estat bgodf [,nomiss0 lags(#)]

FGLS 估计

prais y x [,rho(dw) corc two]

OLS 回归,计算尼威—韦斯特异方差—自相关稳健标准误(需要指定自相关的阶数)

newey y x,lag(#)

方程回归之后,计算方差膨胀因子

vif

对变量 x 做正态性检验(其中 jb 是非官方命令)

sktest x

mvtest normality x

jb x

将数据集定义为时间序列数据(时间标识变量是 t)

```
tsset t
```
对时间序列变量 x 使用滞后运算符"l."作图
```
scatter l.x l2.x
```
创建标量 $a=1$
```
scalar a = 1
```
创建新变量(obs)对应于数据文件个体观测的排序号
```
gen obs = _n
```
计算统计量为 x 时的 p 值，自由度为 df
```
display ttail(df,x)
di Ftail(df1,df2,x)
di chi2tail(df,x)
```
已知 p 值计算统计量的值，自由度为 df
```
di invttail(df,p)
di invFtail(df1,df2,p)
di invchi2tail(df,p)
```
使用 substr 命令从字符型变量 s 的第 n_1 个字符起提取 n_2 个字符，记为 x
```
gen x = substr(s,n1,n2)
```
将字符型变量 x 转为数值型变量
```
destring x,replace
```
由属性变量 d 创建相应的虚拟变量（前缀为 d）。
```
tab d,gen(d)
```
画 y 对 x 的散点图
```
scatter y x
```
画 y 对 x 的连线图
```
twoway connected y x
```
画 y 对 x 的拟合直线
```
twoway lfit y x
```
画 x 的直方图
```
histogram x[,normal]
```
画 x 的正态概率图——QQ 图
```
qnorm x
pnorm x
```
画回归方程的残差图（残差对拟合值或解释变量 x 作图）
```
rvfplot
rvpplot x
```
下载非官方命令（如 whitetst）
```
ssc install whitetst
```
打开相关（如命令 regress）的帮助文件——功能最强大的 Stata 命令
```
help regress
```

附录 3 标准正态分布的累积概率

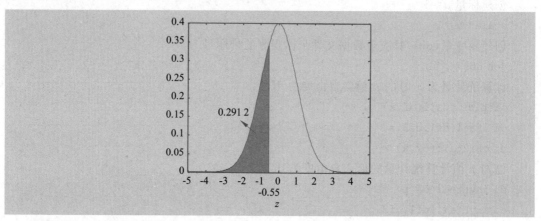

例如：Pr.($z<-0.55$)=0.291 2

z	0	1	2	3	4	5	6	7	8	9
-3.8	0.000 1	0.000 1	0.000 1	0.000 1	0.000 1	0.000 1	0.000 1	0.000 1	0.000 1	0.000 1
-3.7	0.000 1	0.000 1	0.000 1	0.000 1	0.000 1	0.000 1	0.000 1	0.000 1	0.000 1	0.000 1
-3.6	0.000 2	0.000 2	0.000 1	0.000 1	0.000 1	0.000 1	0.000 1	0.000 1	0.000 1	0.000 1
-3.5	0.000 2	0.000 2	0.000 2	0.000 2	0.000 2	0.000 2	0.000 2	0.000 2	0.000 2	0.000 2
-3.4	0.000 3	0.000 3	0.000 3	0.000 3	0.000 3	0.000 3	0.000 3	0.000 3	0.000 3	0.000 2
-3.3	0.000 5	0.000 5	0.000 5	0.000 4	0.000 4	0.000 4	0.000 4	0.000 4	0.000 4	0.000 3
-3.2	0.000 7	0.000 7	0.000 6	0.000 6	0.000 6	0.000 6	0.000 6	0.000 5	0.000 5	0.000 5
-3.1	0.001 0	0.000 9	0.000 9	0.000 9	0.000 8	0.000 8	0.000 8	0.000 8	0.000 7	0.000 7
-3.0	0.001 3	0.001 3	0.001 3	0.001 2	0.001 2	0.001 1	0.001 1	0.001 1	0.001 0	0.001 0
-2.9	0.001 9	0.001 8	0.001 8	0.001 7	0.001 6	0.001 6	0.001 5	0.001 5	0.001 4	0.001 4
-2.8	0.002 6	0.002 5	0.002 4	0.002 3	0.002 3	0.002 2	0.002 1	0.002 1	0.002 0	0.001 9
-2.7	0.003 5	0.003 4	0.003 3	0.003 2	0.003 1	0.003 0	0.002 9	0.002 8	0.002 7	0.002 6
-2.6	0.004 7	0.004 5	0.004 4	0.004 3	0.004 1	0.004 0	0.003 9	0.003 8	0.003 7	0.003 6
-2.5	0.006 2	0.006 0	0.005 9	0.005 7	0.005 5	0.005 4	0.005 2	0.005 1	0.004 9	0.004 8
-2.4	0.008 2	0.008 0	0.007 8	0.007 5	0.007 3	0.007 1	0.006 9	0.006 8	0.006 6	0.006 4
-2.3	0.010 7	0.010 4	0.010 2	0.009 9	0.009 6	0.009 4	0.009 1	0.008 9	0.008 7	0.008 4
-2.2	0.013 9	0.013 6	0.013 2	0.012 9	0.012 5	0.012 2	0.011 9	0.011 6	0.011 3	0.011 0
-2.1	0.017 9	0.017 4	0.017 0	0.016 6	0.016 2	0.015 8	0.015 4	0.015 0	0.014 6	0.014 3
-2.0	0.022 8	0.022 2	0.021 7	0.021 2	0.020 7	0.020 2	0.019 7	0.019 2	0.018 8	0.018 3
-1.9	0.028 7	0.028 1	0.027 4	0.026 8	0.026 2	0.025 6	0.025 0	0.024 4	0.023 9	0.023 3

续表

z	0	1	2	3	4	5	6	7	8	9
−1.8	0.035 9	0.035 1	0.034 4	0.033 6	0.032 9	0.032 2	0.031 4	0.030 7	0.030 1	0.029 4
−1.7	0.044 6	0.043 6	0.042 7	0.041 8	0.040 9	0.040 1	0.039 2	0.038 4	0.037 5	0.036 7
−1.6	0.054 8	0.053 7	0.052 6	0.051 6	0.050 5	0.049 5	0.048 5	0.047 5	0.046 5	0.045 5
−1.5	0.066 8	0.065 5	0.064 3	0.063 0	0.061 8	0.060 6	0.059 4	0.058 2	0.057 1	0.055 9
−1.4	0.080 8	0.079 3	0.077 8	0.076 4	0.074 9	0.073 5	0.072 1	0.070 8	0.069 4	0.068 1
−1.3	0.096 8	0.095 1	0.093 4	0.091 8	0.090 1	0.088 5	0.086 9	0.085 3	0.083 8	0.082 3
−1.2	0.115 1	0.113 1	0.111 2	0.109 3	0.107 5	0.105 6	0.103 8	0.102 0	0.100 3	0.098 5
−1.1	0.135 7	0.133 5	0.131 4	0.129 2	0.127 1	0.125 1	0.123 0	0.121 0	0.119 0	0.117 0
−1.0	0.158 7	0.156 2	0.153 9	0.151 5	0.149 2	0.146 9	0.144 6	0.142 3	0.140 1	0.137 9
−0.9	0.184 1	0.181 4	0.178 8	0.176 2	0.173 6	0.171 1	0.168 5	0.166 0	0.163 5	0.161 1
−0.8	0.211 9	0.209 0	0.206 1	0.203 3	0.200 5	0.197 7	0.194 9	0.192 2	0.189 4	0.186 7
−0.7	0.242 0	0.238 9	0.235 8	0.232 7	0.229 6	0.226 6	0.223 6	0.220 6	0.217 7	0.214 8
−0.6	0.274 3	0.270 9	0.267 6	0.264 3	0.261 1	0.257 8	0.254 6	0.251 4	0.248 3	0.245 1
−0.5	0.308 5	0.305 0	0.301 5	0.298 1	0.294 6	0.291 2	0.287 7	0.284 3	0.281 0	0.277 6
−0.4	0.344 6	0.340 9	0.337 2	0.333 6	0.330 0	0.326 4	0.322 8	0.319 2	0.315 6	0.312 1
−0.3	0.382 1	0.378 3	0.374 5	0.370 7	0.366 9	0.363 2	0.359 4	0.355 7	0.352 0	0.348 3
−0.2	0.420 7	0.416 8	0.412 9	0.409 0	0.405 2	0.401 3	0.397 4	0.393 6	0.389 7	0.385 9
−0.1	0.460 2	0.456 2	0.452 2	0.448 3	0.444 3	0.440 4	0.436 4	0.432 5	0.428 6	0.424 7
−0.0	0.500 0	0.496 0	0.492 0	0.488 0	0.484 0	0.480 1	0.476 1	0.472 1	0.468 1	0.464 1
0.0	0.500 0	0.504 0	0.508 0	0.512 0	0.516 0	0.519 9	0.523 9	0.527 9	0.531 9	0.535 9
0.1	0.539 8	0.543 8	0.547 8	0.551 7	0.555 7	0.559 6	0.563 6	0.567 5	0.571 4	0.575 3
0.2	0.579 3	0.583 2	0.587 1	0.591 0	0.594 8	0.598 7	0.602 6	0.606 4	0.610 3	0.614 1
0.3	0.617 9	0.621 7	0.625 5	0.629 3	0.633 1	0.636 8	0.640 6	0.644 3	0.648 0	0.651 7
0.4	0.655 4	0.659 1	0.662 8	0.666 4	0.670 0	0.673 6	0.677 2	0.680 8	0.684 4	0.687 9
0.5	0.691 5	0.695 0	0.698 5	0.701 9	0.705 4	0.708 8	0.712 3	0.715 7	0.719 0	0.722 4
0.6	0.725 7	0.729 1	0.732 4	0.735 7	0.738 9	0.742 2	0.745 4	0.748 6	0.751 7	0.754 9
0.7	0.758 0	0.761 1	0.764 2	0.767 3	0.770 4	0.773 4	0.776 4	0.779 4	0.782 3	0.785 2
0.8	0.788 1	0.791 0	0.793 9	0.796 7	0.799 5	0.802 3	0.805 1	0.807 8	0.810 6	0.813 3
0.9	0.815 9	0.818 6	0.821 2	0.823 8	0.826 4	0.828 9	0.831 5	0.834 0	0.836 5	0.838 9
1.0	0.841 3	0.843 8	0.846 1	0.848 5	0.850 8	0.853 1	0.855 4	0.857 7	0.859 9	0.862 1
1.1	0.864 3	0.866 5	0.868 6	0.870 8	0.872 9	0.874 9	0.877 0	0.879 0	0.881 0	0.883 0
1.2	0.884 9	0.886 9	0.888 8	0.890 7	0.892 5	0.894 4	0.896 2	0.898 0	0.899 7	0.901 5

续表

z	0	1	2	3	4	5	6	7	8	9
1.3	0.9032	0.9049	0.9066	0.9082	0.9099	0.9115	0.9131	0.9147	0.9162	0.9177
1.4	0.9192	0.9207	0.9222	0.9236	0.9251	0.9265	0.9279	0.9292	0.9306	0.9319
1.5	0.9332	0.9345	0.9357	0.9370	0.9382	0.9394	0.9406	0.9418	0.9429	0.9441
1.6	0.9452	0.9463	0.9474	0.9484	0.9495	0.9505	0.9515	0.9525	0.9535	0.9545
1.7	0.9554	0.9564	0.9573	0.9582	0.9591	0.9599	0.9608	0.9616	0.9625	0.9633
1.8	0.9641	0.9649	0.9656	0.9664	0.9671	0.9678	0.9686	0.9693	0.9699	0.9706
1.9	0.9713	0.9719	0.9726	0.9732	0.9738	0.9744	0.9750	0.9756	0.9761	0.9767
2.0	0.9772	0.9778	0.9783	0.9788	0.9793	0.9798	0.9803	0.9808	0.9812	0.9817
2.1	0.9821	0.9826	0.9830	0.9834	0.9838	0.9842	0.9846	0.9850	0.9854	0.9857
2.2	0.9861	0.9864	0.9868	0.9871	0.9875	0.9878	0.9881	0.9884	0.9887	0.9890
2.3	0.9893	0.9896	0.9898	0.9901	0.9904	0.9906	0.9909	0.9911	0.9913	0.9916
2.4	0.9918	0.9920	0.9922	0.9925	0.9927	0.9929	0.9931	0.9932	0.9934	0.9936
2.5	0.9938	0.9940	0.9941	0.9943	0.9945	0.9946	0.9948	0.9949	0.9951	0.9952
2.6	0.9953	0.9955	0.9956	0.9957	0.9959	0.9960	0.9961	0.9962	0.9963	0.9964
2.7	0.9965	0.9966	0.9967	0.9968	0.9969	0.9970	0.9971	0.9972	0.9973	0.9974
2.8	0.9974	0.9975	0.9976	0.9977	0.9977	0.9978	0.9979	0.9979	0.9980	0.9981
2.9	0.9981	0.9982	0.9982	0.9983	0.9984	0.9984	0.9985	0.9985	0.9986	0.9986
3.0	0.9987	0.9987	0.9987	0.9988	0.9988	0.9989	0.9989	0.9989	0.9990	0.9990
3.1	0.9990	0.9991	0.9991	0.9991	0.9992	0.9992	0.9992	0.9992	0.9993	0.9993
3.2	0.9993	0.9993	0.9994	0.9994	0.9994	0.9994	0.9994	0.9995	0.9995	0.9995
3.3	0.9995	0.9995	0.9995	0.9996	0.9996	0.9996	0.9996	0.9996	0.9996	0.9997
3.4	0.9997	0.9997	0.9997	0.9997	0.9997	0.9997	0.9997	0.9997	0.9997	0.9998
3.5	0.9998	0.9998	0.9998	0.9998	0.9998	0.9998	0.9998	0.9998	0.9998	0.9998
3.6	0.9998	0.9998	0.9999	0.9999	0.9999	0.9999	0.9999	0.9999	0.9999	0.9999
3.7	0.9999	0.9999	0.9999	0.9999	0.9999	0.9999	0.9999	0.9999	0.9999	0.9999
3.8	0.9999	0.9999	0.9999	0.9999	0.9999	0.9999	0.9999	0.9999	0.9999	0.9999

数据来源：由 Stata 的 function normprob 生成。

附录 4 t 分布的临界值

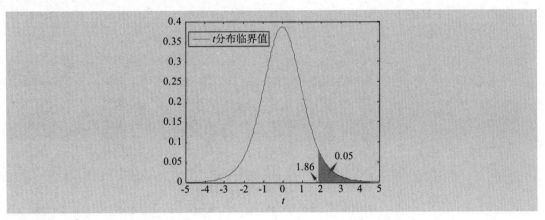

例如：Pr.$(t_8 > 1.86) = 0.05$
　　　Pr.$(|t_8| > 1.86) = 0.10$

自由度		显著性水平				
	单尾	0.10	0.05	0.025	0.01	0.005
	双尾	0.20	0.10	0.05	0.02	0.01
1		3.078	6.314	12.706	31.821	63.657
2		1.886	2.920	4.303	6.965	9.925
3		1.638	2.353	3.182	4.541	5.841
4		1.533	2.132	2.776	3.747	4.604
5		1.476	2.015	2.571	3.365	4.032
6		1.440	1.943	2.447	3.143	3.707
7		1.415	1.895	2.365	2.998	3.499
8		1.397	1.860	2.306	2.896	3.355
9		1.383	1.833	2.262	2.821	3.250
10		1.372	1.812	2.228	2.764	3.169
11		1.363	1.796	2.201	2.718	3.106
12		1.356	1.782	2.179	2.681	3.055
13		1.350	1.771	2.160	2.650	3.012
14		1.345	1.761	2.145	2.624	2.977
15		1.341	1.753	2.131	2.602	2.947
16		1.337	1.746	2.120	2.583	2.921
17		1.333	1.740	2.110	2.567	2.898

续表

自由度	显著性水平					
	单尾	0.10	0.05	0.025	0.01	0.005
	双尾	0.20	0.10	0.05	0.02	0.01
18		1.330	1.734	2.101	2.552	2.878
19		1.328	1.729	2.093	2.539	2.861
20		1.325	1.725	2.086	2.528	2.845
21		1.323	1.721	2.080	2.518	2.831
22		1.321	1.717	2.074	2.508	2.819
23		1.319	1.714	2.069	2.500	2.807
24		1.318	1.711	2.064	2.492	2.797
25		1.316	1.708	2.060	2.485	2.787
26		1.315	1.706	2.056	2.479	2.779
27		1.314	1.703	2.052	2.473	2.771
28		1.313	1.701	2.048	2.467	2.763
29		1.311	1.699	2.045	2.462	2.756
30		1.310	1.697	2.042	2.457	2.750
31		1.309	1.696	2.040	2.453	2.744
32		1.309	1.694	2.037	2.449	2.738
33		1.308	1.692	2.035	2.445	2.733
34		1.307	1.691	2.032	2.441	2.728
35		1.306	1.690	2.030	2.438	2.724
36		1.306	1.688	2.028	2.434	2.719
37		1.305	1.687	2.026	2.431	2.715
38		1.304	1.686	2.024	2.429	2.712
39		1.304	1.685	2.023	2.426	2.708
40		1.303	1.684	2.021	2.423	2.704
50		1.299	1.676	2.009	2.403	2.678
60		1.296	1.671	2.000	2.390	2.660
70		1.294	1.667	1.994	2.381	2.648
80		1.292	1.664	1.990	2.374	2.639
90		1.291	1.662	1.987	2.368	2.632
100		1.290	1.660	1.984	2.364	2.626
110		1.289	1.659	1.982	2.361	2.621
120		1.289	1.658	1.980	2.358	2.617
∞		1.282	1.645	1.960	2.326	2.576

数据来源：由 Stata 的 function invttail 生成。

附录 5　F 分布的 10% 上端临界值

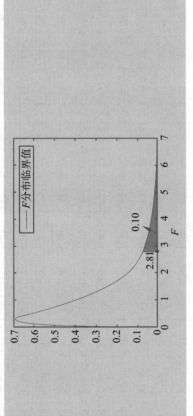

例如：$\Pr(F_{3,9} > 2.81) = 0.10$

分母自由度	分子自由度																			
	1	2	3	4	5	6	7	8	9	10	11	12	13	14	15	16	17	18	19	20	∞
1	39.86	49.50	53.59	55.83	57.24	58.20	58.91	59.44	59.86	60.19	60.47	60.71	60.90	61.07	61.22	61.35	61.46	61.57	61.66	61.74	63.33
2	8.53	9.00	9.16	9.24	9.29	9.33	9.35	9.37	9.38	9.39	9.40	9.41	9.41	9.42	9.42	9.43	9.43	9.44	9.44	9.44	9.49
3	5.54	5.46	5.39	5.34	5.31	5.28	5.27	5.25	5.24	5.23	5.22	5.22	5.21	5.20	5.20	5.20	5.19	5.19	5.19	5.18	5.13
4	4.54	4.32	4.19	4.11	4.05	4.01	3.98	3.95	3.94	3.92	3.91	3.90	3.89	3.88	3.87	3.86	3.86	3.85	3.85	3.84	3.76
5	4.06	3.78	3.62	3.52	3.45	3.40	3.37	3.34	3.32	3.30	3.28	3.27	3.26	3.25	3.24	3.23	3.22	3.22	3.21	3.21	3.10
6	3.78	3.46	3.29	3.18	3.11	3.05	3.01	2.98	2.96	2.94	2.92	2.90	2.89	2.88	2.87	2.86	2.85	2.85	2.84	2.84	2.72
7	3.59	3.26	3.07	2.96	2.88	2.83	2.78	2.75	2.72	2.70	2.68	2.67	2.65	2.64	2.63	2.62	2.61	2.61	2.60	2.59	2.47
8	3.46	3.11	2.92	2.81	2.73	2.67	2.62	2.59	2.56	2.54	2.52	2.50	2.49	2.48	2.46	2.45	2.45	2.44	2.43	2.42	2.29
9	3.36	3.01	2.81	2.69	2.61	2.55	2.51	2.47	2.44	2.42	2.40	2.38	2.36	2.35	2.34	2.33	2.32	2.31	2.30	2.30	2.16
10	3.29	2.92	2.73	2.61	2.52	2.46	2.41	2.38	2.35	2.32	2.30	2.28	2.27	2.26	2.24	2.23	2.22	2.22	2.21	2.20	2.068

续表

分母自由度	分子自由度																			
	1	2	3	4	5	6	7	8	9	10	11	12	13	14	15	16	17	18	19	20	∞
11	3.23	2.86	2.66	2.54	2.45	2.39	2.34	2.30	2.27	2.25	2.23	2.21	2.19	2.18	2.17	2.16	2.15	2.14	2.13	2.12	1.97
12	3.18	2.81	2.61	2.48	2.39	2.33	2.28	2.24	2.21	2.19	2.17	2.15	2.13	2.12	2.10	2.09	2.08	2.08	2.07	2.06	1.90
13	3.14	2.76	2.56	2.43	2.35	2.28	2.23	2.20	2.16	2.14	2.12	2.10	2.08	2.07	2.05	2.04	2.03	2.02	2.01	2.01	1.85
14	3.10	2.73	2.52	2.39	2.31	2.24	2.19	2.15	2.12	2.10	2.07	2.05	2.04	2.02	2.01	2.00	1.99	1.98	1.97	1.96	1.80
15	3.07	2.70	2.49	2.36	2.27	2.21	2.16	2.12	2.09	2.06	2.04	2.02	2.00	1.99	1.97	1.96	1.95	1.94	1.93	1.92	1.76
16	3.05	2.67	2.46	2.33	2.24	2.18	2.13	2.09	2.06	2.03	2.01	1.99	1.97	1.95	1.94	1.93	1.92	1.91	1.90	1.89	1.72
17	3.03	2.64	2.44	2.31	2.22	2.15	2.10	2.06	2.03	2.00	1.98	1.96	1.94	1.93	1.91	1.90	1.89	1.88	1.87	1.86	1.69
18	3.01	2.62	2.42	2.29	2.20	2.13	2.08	2.04	2.00	1.98	1.95	1.93	1.92	1.90	1.89	1.87	1.86	1.85	1.84	1.84	1.66
19	2.99	2.61	2.40	2.27	2.18	2.11	2.06	2.02	1.98	1.96	1.93	1.91	1.89	1.88	1.86	1.85	1.84	1.83	1.82	1.81	1.63
20	2.97	2.59	2.38	2.25	2.16	2.09	2.04	2.00	1.96	1.94	1.91	1.89	1.87	1.86	1.84	1.83	1.82	1.81	1.80	1.79	1.61
21	2.96	2.57	2.36	2.23	2.14	2.08	2.02	1.98	1.95	1.92	1.90	1.87	1.86	1.84	1.83	1.81	1.80	1.79	1.78	1.78	1.59
22	2.95	2.56	2.35	2.22	2.13	2.06	2.01	1.97	1.93	1.90	1.88	1.86	1.84	1.83	1.81	1.80	1.79	1.78	1.77	1.76	1.57
23	2.94	2.55	2.34	2.21	2.11	2.05	1.99	1.95	1.92	1.89	1.87	1.84	1.83	1.81	1.80	1.78	1.77	1.76	1.75	1.74	1.55
24	2.93	2.54	2.33	2.19	2.10	2.04	1.98	1.94	1.91	1.88	1.85	1.83	1.81	1.80	1.78	1.77	1.76	1.75	1.74	1.73	1.53
25	2.92	2.53	2.32	2.18	2.09	2.02	1.97	1.93	1.89	1.87	1.84	1.82	1.80	1.79	1.77	1.76	1.75	1.74	1.73	1.72	1.52
26	2.91	2.52	2.31	2.17	2.08	2.01	1.96	1.92	1.88	1.86	1.83	1.81	1.79	1.77	1.76	1.75	1.73	1.72	1.71	1.71	1.50
27	2.90	2.51	2.30	2.17	2.07	2.00	1.95	1.91	1.87	1.85	1.82	1.80	1.78	1.76	1.75	1.74	1.72	1.71	1.70	1.70	1.49
28	2.89	2.50	2.29	2.16	2.06	2.00	1.94	1.90	1.87	1.84	1.81	1.79	1.77	1.75	1.74	1.73	1.71	1.70	1.69	1.69	1.48
29	2.89	2.50	2.28	2.15	2.06	1.99	1.93	1.89	1.86	1.83	1.80	1.78	1.76	1.75	1.73	1.72	1.71	1.69	1.68	1.68	1.47
30	2.88	2.49	2.28	2.14	2.05	1.98	1.93	1.88	1.85	1.82	1.79	1.77	1.75	1.74	1.72	1.71	1.70	1.69	1.68	1.67	1.46
31	2.87	2.48	2.27	2.14	2.04	1.97	1.92	1.88	1.84	1.81	1.79	1.77	1.75	1.73	1.71	1.70	1.69	1.68	1.67	1.66	1.45
32	2.87	2.48	2.26	2.13	2.04	1.97	1.91	1.87	1.83	1.81	1.78	1.76	1.74	1.72	1.71	1.69	1.68	1.67	1.66	1.65	1.44
33	2.86	2.47	2.26	2.12	2.03	1.96	1.91	1.86	1.83	1.80	1.77	1.75	1.73	1.72	1.70	1.69	1.67	1.66	1.65	1.64	1.43
34	2.86	2.47	2.25	2.12	2.02	1.96	1.90	1.86	1.82	1.79	1.77	1.75	1.73	1.71	1.69	1.68	1.67	1.66	1.65	1.64	1.42

续表

分母自由度	\ 分子自由度																				
	1	2	3	4	5	6	7	8	9	10	11	12	13	14	15	16	17	18	19	20	∞
35	2.85	2.46	2.25	2.11	2.02	1.95	1.90	1.85	1.82	1.79	1.76	1.74	1.72	1.70	1.69	1.67	1.66	1.65	1.64	1.63	1.41
36	2.85	2.46	2.24	2.11	2.01	1.94	1.89	1.85	1.81	1.78	1.76	1.73	1.71	1.70	1.68	1.67	1.66	1.65	1.64	1.63	1.40
37	2.85	2.45	2.24	2.10	2.01	1.94	1.89	1.84	1.81	1.78	1.75	1.73	1.71	1.69	1.68	1.66	1.65	1.64	1.63	1.62	1.40
38	2.84	2.45	2.23	2.10	2.01	1.94	1.88	1.84	1.80	1.77	1.75	1.72	1.70	1.69	1.67	1.66	1.65	1.63	1.62	1.61	1.39
39	2.84	2.44	2.23	2.09	2.00	1.93	1.88	1.83	1.80	1.77	1.74	1.72	1.70	1.68	1.67	1.65	1.64	1.63	1.62	1.61	1.38
40	2.84	2.44	2.23	2.09	2.00	1.93	1.87	1.83	1.79	1.76	1.74	1.71	1.70	1.68	1.66	1.65	1.64	1.62	1.61	1.61	1.38
50	2.81	2.41	2.20	2.06	1.97	1.90	1.84	1.80	1.76	1.73	1.70	1.68	1.66	1.64	1.63	1.61	1.60	1.59	1.58	1.57	1.33
60	2.79	2.39	2.18	2.04	1.95	1.87	1.82	1.77	1.74	1.71	1.68	1.66	1.64	1.62	1.60	1.59	1.58	1.56	1.55	1.54	1.29
70	2.78	2.38	2.16	2.03	1.93	1.86	1.80	1.76	1.72	1.69	1.66	1.64	1.62	1.60	1.59	1.57	1.56	1.55	1.54	1.53	1.27
80	2.77	2.37	2.15	2.02	1.92	1.85	1.79	1.75	1.71	1.68	1.65	1.63	1.61	1.59	1.57	1.56	1.55	1.53	1.52	1.51	1.24
90	2.76	2.36	2.15	2.01	1.91	1.84	1.78	1.74	1.70	1.67	1.64	1.62	1.60	1.58	1.56	1.55	1.54	1.52	1.51	1.50	1.23
100	2.76	2.36	2.14	2.00	1.91	1.83	1.78	1.73	1.69	1.66	1.64	1.61	1.59	1.57	1.56	1.54	1.53	1.52	1.50	1.49	1.21
120	2.75	2.35	2.13	1.99	1.90	1.82	1.77	1.72	1.68	1.65	1.63	1.60	1.58	1.56	1.55	1.53	1.52	1.50	1.49	1.48	1.19
150	2.74	2.34	2.12	1.98	1.89	1.81	1.76	1.71	1.67	1.64	1.61	1.59	1.57	1.55	1.53	1.52	1.50	1.49	1.48	1.47	1.17
200	2.73	2.33	2.11	1.97	1.88	1.80	1.75	1.70	1.66	1.63	1.60	1.58	1.56	1.54	1.52	1.51	1.49	1.48	1.47	1.46	1.14
∞	2.71	2.30	2.08	1.94	1.85	1.77	1.72	1.67	1.63	1.60	1.57	1.55	1.52	1.50	1.49	1.47	1.46	1.44	1.43	1.42	1.00

数据来源：由 Stata 的 function invFtail 生成。

附录 6　F 分布的 5% 上端临界值

分母自由度	\\ 分子自由度	1	2	3	4	5	6	7	8	9	10	11	12	13	14	15	16	17	18	19	20	∞
1		161.45	199.50	215.71	224.58	230.16	233.99	236.77	238.88	240.54	241.88	242.98	243.91	244.69	245.36	245.95	246.46	246.92	247.32	247.69	248.01	254.31
2		18.51	19.00	19.16	19.25	19.30	19.33	19.35	19.37	19.38	19.40	19.40	19.41	19.42	19.42	19.43	19.43	19.44	19.44	19.44	19.45	19.50
3		10.13	9.55	9.28	9.12	9.01	8.94	8.89	8.85	8.81	8.79	8.76	8.74	8.73	8.71	8.70	8.69	8.68	8.67	8.67	8.66	8.53
4		7.71	6.94	6.59	6.39	6.26	6.16	6.09	6.04	6.00	5.96	5.94	5.91	5.89	5.87	5.86	5.84	5.83	5.82	5.81	5.80	5.63
5		6.61	5.79	5.41	5.19	5.05	4.95	4.88	4.82	4.77	4.74	4.70	4.68	4.66	4.64	4.62	4.60	4.59	4.58	4.57	4.56	4.36
6		5.99	5.14	4.76	4.53	4.39	4.28	4.21	4.15	4.10	4.06	4.03	4.00	3.98	3.96	3.94	3.92	3.91	3.90	3.88	3.87	3.67
7		5.59	4.74	4.35	4.12	3.97	3.87	3.79	3.73	3.68	3.64	3.60	3.57	3.55	3.53	3.51	3.49	3.48	3.47	3.46	3.44	3.23
8		5.32	4.46	4.07	3.84	3.69	3.58	3.50	3.44	3.39	3.35	3.31	3.28	3.26	3.24	3.22	3.20	3.19	3.17	3.16	3.15	2.93
9		5.12	4.26	3.86	3.63	3.48	3.37	3.29	3.23	3.18	3.14	3.10	3.07	3.05	3.03	3.01	2.99	2.97	2.96	2.95	2.94	2.71
10		4.96	4.10	3.71	3.48	3.33	3.22	3.14	3.07	3.02	2.98	2.94	2.91	2.89	2.86	2.85	2.83	2.81	2.80	2.79	2.77	2.54
11		4.84	3.98	3.59	3.36	3.20	3.09	3.01	2.95	2.90	2.85	2.82	2.79	2.76	2.74	2.72	2.70	2.69	2.67	2.66	2.65	2.40
12		4.75	3.89	3.49	3.26	3.11	3.00	2.91	2.85	2.80	2.75	2.72	2.69	2.66	2.64	2.62	2.60	2.58	2.57	2.56	2.54	2.30
13		4.67	3.81	3.41	3.18	3.03	2.92	2.83	2.77	2.71	2.67	2.63	2.60	2.58	2.55	2.53	2.51	2.50	2.48	2.47	2.46	2.21
14		4.60	3.74	3.34	3.11	2.96	2.85	2.76	2.70	2.65	2.60	2.57	2.53	2.51	2.48	2.46	2.44	2.43	2.41	2.40	2.39	2.13
15		4.54	3.68	3.29	3.06	2.90	2.79	2.71	2.64	2.59	2.54	2.51	2.48	2.45	2.42	2.40	2.38	2.37	2.35	2.34	2.33	2.07
16		4.49	3.63	3.24	3.01	2.85	2.74	2.66	2.59	2.54	2.49	2.46	2.42	2.40	2.37	2.35	2.33	2.32	2.30	2.29	2.28	2.01
17		4.45	3.59	3.20	2.96	2.81	2.70	2.61	2.55	2.49	2.45	2.41	2.38	2.35	2.33	2.31	2.29	2.27	2.26	2.24	2.23	1.96
18		4.41	3.55	3.16	2.93	2.77	2.66	2.58	2.51	2.46	2.41	2.37	2.34	2.31	2.29	2.27	2.25	2.23	2.22	2.20	2.19	1.92
19		4.38	3.52	3.13	2.90	2.74	2.63	2.54	2.48	2.42	2.38	2.34	2.31	2.28	2.26	2.23	2.21	2.20	2.18	2.17	2.16	1.88
20		4.35	3.49	3.10	2.87	2.71	2.60	2.51	2.45	2.39	2.35	2.31	2.28	2.25	2.22	2.20	2.18	2.17	2.15	2.14	2.12	1.84
21		4.32	3.47	3.07	2.84	2.68	2.57	2.49	2.42	2.37	2.32	2.28	2.25	2.22	2.20	2.18	2.16	2.14	2.12	2.11	2.10	1.81
22		4.30	3.44	3.05	2.82	2.66	2.55	2.46	2.40	2.34	2.30	2.26	2.23	2.20	2.17	2.15	2.13	2.11	2.10	2.08	2.07	1.78
23		4.28	3.42	3.03	2.80	2.64	2.53	2.44	2.37	2.32	2.27	2.24	2.20	2.18	2.15	2.13	2.11	2.09	2.08	2.06	2.05	1.76

续表

分母自由度	\								分子自由度											
	1	2	3	4	5	6	7	8	9	10	11	12	13	14	15	16	17	18	19	20	∞
24	4.26	3.40	3.01	2.78	2.62	2.51	2.42	2.36	2.30	2.25	2.22	2.18	2.15	2.13	2.11	2.09	2.07	2.05	2.04	2.03	1.73
25	4.24	3.39	2.99	2.76	2.60	2.49	2.40	2.34	2.28	2.24	2.20	2.16	2.14	2.11	2.09	2.07	2.05	2.04	2.02	2.01	1.71
26	4.23	3.37	2.98	2.74	2.59	2.47	2.39	2.32	2.27	2.22	2.18	2.15	2.12	2.09	2.07	2.05	2.03	2.02	2.00	1.99	1.69
27	4.21	3.35	2.96	2.73	2.57	2.46	2.37	2.31	2.25	2.20	2.17	2.13	2.10	2.08	2.06	2.04	2.02	2.00	1.99	1.97	1.67
28	4.20	3.34	2.95	2.71	2.56	2.45	2.36	2.29	2.24	2.19	2.15	2.12	2.09	2.06	2.04	2.02	2.00	1.99	1.97	1.96	1.65
29	4.18	3.33	2.93	2.70	2.55	2.43	2.35	2.28	2.22	2.18	2.14	2.10	2.08	2.05	2.03	2.01	1.99	1.97	1.96	1.94	1.64
30	4.17	3.32	2.92	2.69	2.53	2.42	2.33	2.27	2.21	2.16	2.13	2.09	2.06	2.04	2.01	1.99	1.98	1.96	1.95	1.93	1.62
31	4.16	3.30	2.91	2.68	2.52	2.41	2.32	2.25	2.20	2.15	2.11	2.08	2.05	2.03	2.00	1.98	1.96	1.95	1.93	1.92	1.61
32	4.15	3.29	2.90	2.67	2.51	2.40	2.31	2.24	2.19	2.14	2.10	2.07	2.04	2.01	1.99	1.97	1.95	1.94	1.92	1.91	1.59
33	4.14	3.28	2.89	2.66	2.50	2.39	2.30	2.23	2.18	2.13	2.09	2.06	2.03	2.00	1.98	1.96	1.94	1.93	1.91	1.90	1.58
34	4.13	3.28	2.88	2.65	2.49	2.38	2.29	2.23	2.17	2.12	2.08	2.05	2.02	1.99	1.97	1.95	1.93	1.92	1.90	1.89	1.57
35	4.12	3.27	2.87	2.64	2.49	2.37	2.29	2.22	2.16	2.11	2.07	2.04	2.01	1.99	1.96	1.94	1.92	1.91	1.89	1.88	1.56
36	4.11	3.26	2.87	2.63	2.48	2.36	2.28	2.21	2.15	2.11	2.07	2.03	2.00	1.98	1.95	1.93	1.92	1.90	1.88	1.87	1.55
37	4.11	3.25	2.86	2.63	2.47	2.36	2.27	2.20	2.14	2.10	2.06	2.02	2.00	1.97	1.95	1.93	1.91	1.89	1.88	1.86	1.54
38	4.10	3.24	2.85	2.62	2.46	2.35	2.26	2.19	2.14	2.09	2.05	2.02	1.99	1.96	1.94	1.92	1.90	1.88	1.87	1.85	1.53
39	4.09	3.24	2.85	2.61	2.46	2.34	2.26	2.19	2.13	2.08	2.04	2.01	1.98	1.95	1.93	1.91	1.89	1.88	1.86	1.85	1.52
40	4.08	3.23	2.84	2.61	2.45	2.34	2.25	2.18	2.12	2.08	2.04	2.00	1.97	1.95	1.92	1.90	1.89	1.87	1.85	1.84	1.51
50	4.03	3.18	2.79	2.56	2.40	2.29	2.20	2.13	2.07	2.03	1.99	1.95	1.92	1.89	1.87	1.85	1.83	1.81	1.80	1.78	1.44
60	4.00	3.15	2.76	2.53	2.37	2.25	2.17	2.10	2.04	1.99	1.95	1.92	1.89	1.86	1.84	1.82	1.80	1.78	1.76	1.75	1.39
70	3.98	3.13	2.74	2.50	2.35	2.23	2.14	2.07	2.02	1.97	1.93	1.89	1.86	1.84	1.81	1.79	1.77	1.75	1.74	1.72	1.35
80	3.96	3.11	2.72	2.49	2.33	2.21	2.13	2.06	2.00	1.95	1.91	1.88	1.84	1.82	1.79	1.77	1.75	1.73	1.72	1.70	1.32
90	3.95	3.10	2.71	2.47	2.32	2.20	2.11	2.04	1.99	1.94	1.90	1.86	1.83	1.80	1.78	1.76	1.74	1.72	1.70	1.69	1.30
100	3.94	3.09	2.70	2.46	2.31	2.19	2.10	2.03	1.97	1.93	1.89	1.85	1.82	1.79	1.77	1.75	1.73	1.71	1.69	1.68	1.28
120	3.92	3.07	2.68	2.45	2.29	2.18	2.09	2.02	1.96	1.91	1.87	1.83	1.80	1.78	1.75	1.73	1.71	1.69	1.67	1.66	1.25
150	3.90	3.06	2.66	2.43	2.27	2.16	2.07	2.00	1.94	1.89	1.85	1.82	1.79	1.76	1.73	1.71	1.69	1.67	1.66	1.64	1.22
200	3.89	3.04	2.65	2.42	2.26	2.14	2.06	1.98	1.93	1.88	1.84	1.80	1.77	1.74	1.72	1.69	1.67	1.66	1.64	1.62	1.19
∞	3.84	3.00	2.60	2.37	2.21	2.10	2.01	1.94	1.88	1.83	1.79	1.75	1.72	1.69	1.67	1.64	1.62	1.60	1.59	1.57	1.00

例如：分子自由度＝5，分母自由度＝50时，$p(F>2.40)=0.05$。
数据来源：由Stata的function invFtail生成。

附录 7　F 分布的 1% 上端临界值

分母自由度	\	分子自由度																			
	1	2	3	4	5	6	7	8	9	10	11	12	13	14	15	16	17	18	19	20	∞
1	4 052.18	4 999.50	5 403.35	5 624.58	5 763.65	5 858.99	5 928.36	5 981.07	6 022.47	6 055.85	6 083.32	6 106.32	6 125.86	6 142.67	6 157.28	6 170.10	6 181.43	6 191.53	6 200.58	6 208.73	6 365.86
2	98.50	99.00	99.17	99.25	99.30	99.33	99.36	99.37	99.39	99.40	99.41	99.42	99.42	99.43	99.43	99.44	99.44	99.44	99.45	99.45	99.50
3	34.12	30.82	29.46	28.71	28.24	27.91	27.67	27.49	27.35	27.23	27.13	27.05	26.98	26.92	26.87	26.83	26.79	26.75	26.72	26.69	26.13
4	21.20	18.00	16.69	15.98	15.52	15.21	14.98	14.80	14.66	14.55	14.45	14.37	14.31	14.25	14.20	14.15	14.11	14.08	14.05	14.02	13.46
5	16.26	13.27	12.06	11.39	10.97	10.67	10.46	10.29	10.16	10.05	9.96	9.89	9.82	9.77	9.72	9.68	9.64	9.61	9.58	9.55	9.02
6	13.75	10.92	9.78	9.15	8.75	8.47	8.26	8.10	7.98	7.87	7.79	7.72	7.66	7.60	7.56	7.52	7.48	7.45	7.42	7.40	6.88
7	12.25	9.55	8.45	7.85	7.46	7.19	6.99	6.84	6.72	6.62	6.54	6.47	6.41	6.36	6.31	6.28	6.24	6.21	6.18	6.16	5.65
8	11.26	8.65	7.59	7.01	6.63	6.37	6.18	6.03	5.91	5.81	5.73	5.67	5.61	5.56	5.52	5.48	5.44	5.41	5.38	5.36	4.86
9	10.56	8.02	6.99	6.42	6.06	5.80	5.61	5.47	5.35	5.26	5.18	5.11	5.05	5.01	4.96	4.92	4.89	4.86	4.83	4.81	4.31
10	10.04	7.56	6.55	5.99	5.64	5.39	5.20	5.06	4.94	4.85	4.77	4.71	4.65	4.60	4.56	4.52	4.49	4.46	4.43	4.41	3.91
11	9.65	7.21	6.22	5.67	5.32	5.07	4.89	4.74	4.63	4.54	4.46	4.40	4.34	4.29	4.25	4.21	4.18	4.15	4.12	4.10	3.60
12	9.33	6.93	5.95	5.41	5.06	4.82	4.64	4.50	4.39	4.30	4.22	4.16	4.10	4.05	4.01	3.97	3.94	3.91	3.88	3.86	3.36
13	9.07	6.70	5.74	5.21	4.86	4.62	4.44	4.30	4.19	4.10	4.02	3.96	3.91	3.86	3.82	3.78	3.75	3.72	3.69	3.66	3.17
14	8.86	6.51	5.56	5.04	4.69	4.46	4.28	4.14	4.03	3.94	3.86	3.80	3.75	3.70	3.66	3.62	3.59	3.56	3.53	3.51	3.00
15	8.68	6.36	5.42	4.89	4.56	4.32	4.14	4.00	3.89	3.80	3.73	3.67	3.61	3.56	3.52	3.49	3.45	3.42	3.40	3.37	2.87
16	8.53	6.23	5.29	4.77	4.44	4.20	4.03	3.89	3.78	3.69	3.62	3.55	3.50	3.45	3.41	3.37	3.34	3.31	3.28	3.26	2.75
17	8.40	6.11	5.18	4.67	4.34	4.10	3.93	3.79	3.68	3.59	3.52	3.46	3.40	3.35	3.31	3.27	3.24	3.21	3.19	3.16	2.65
18	8.29	6.01	5.09	4.58	4.25	4.01	3.84	3.71	3.60	3.51	3.43	3.37	3.32	3.27	3.23	3.19	3.16	3.13	3.10	3.08	2.57
19	8.18	5.93	5.01	4.50	4.17	3.94	3.77	3.63	3.52	3.43	3.36	3.30	3.24	3.19	3.15	3.12	3.08	3.05	3.03	3.00	2.49
20	8.10	5.85	4.94	4.43	4.10	3.87	3.70	3.56	3.46	3.37	3.29	3.23	3.18	3.13	3.09	3.05	3.02	2.99	2.96	2.94	2.42
21	8.02	5.78	4.87	4.37	4.04	3.81	3.64	3.51	3.40	3.31	3.24	3.17	3.12	3.07	3.03	2.99	2.96	2.93	2.90	2.88	2.36
22	7.95	5.72	4.82	4.31	3.99	3.76	3.59	3.45	3.35	3.26	3.18	3.12	3.07	3.02	2.98	2.94	2.91	2.88	2.85	2.83	2.31
23	7.88	5.66	4.76	4.26	3.94	3.71	3.54	3.41	3.30	3.21	3.14	3.07	3.02	2.97	2.93	2.89	2.86	2.83	2.80	2.78	2.26

续表

分母自由度	\	\	\	\	\	\	\	\	分子自由度	\	\	\	\	\	\	\	\	\	\	\
	1	2	3	4	5	6	7	8	9	10	11	12	13	14	15	16	17	18	19	20	∞
24	7.82	5.61	4.72	4.22	3.90	3.67	3.50	3.36	3.26	3.17	3.09	3.03	2.98	2.93	2.89	2.85	2.82	2.79	2.76	2.74	2.21
25	7.77	5.57	4.68	4.18	3.85	3.63	3.46	3.32	3.22	3.13	3.06	2.99	2.94	2.89	2.85	2.81	2.78	2.75	2.72	2.70	2.17
26	7.72	5.53	4.64	4.14	3.82	3.59	3.42	3.29	3.18	3.09	3.02	2.96	2.90	2.86	2.81	2.78	2.75	2.72	2.69	2.66	2.13
27	7.68	5.49	4.60	4.11	3.78	3.56	3.39	3.26	3.15	3.06	2.99	2.93	2.87	2.82	2.78	2.75	2.71	2.68	2.66	2.63	2.10
28	7.64	5.45	4.57	4.07	3.75	3.53	3.36	3.23	3.12	3.03	2.96	2.90	2.84	2.79	2.75	2.72	2.68	2.65	2.63	2.60	2.06
29	7.60	5.42	4.54	4.04	3.73	3.50	3.33	3.20	3.09	3.00	2.93	2.87	2.81	2.77	2.73	2.69	2.66	2.63	2.60	2.57	2.03
30	7.56	5.39	4.51	4.02	3.70	3.47	3.30	3.17	3.07	2.98	2.91	2.84	2.79	2.74	2.70	2.66	2.63	2.60	2.57	2.55	2.01
31	7.53	5.36	4.48	3.99	3.67	3.45	3.28	3.15	3.04	2.96	2.88	2.82	2.77	2.72	2.68	2.64	2.61	2.58	2.55	2.52	1.98
32	7.50	5.34	4.46	3.97	3.65	3.43	3.26	3.13	3.02	2.93	2.86	2.80	2.74	2.70	2.65	2.62	2.58	2.55	2.53	2.50	1.96
33	7.47	5.31	4.44	3.95	3.63	3.41	3.24	3.11	3.00	2.91	2.84	2.78	2.72	2.68	2.63	2.60	2.56	2.53	2.51	2.48	1.93
34	7.44	5.29	4.42	3.93	3.61	3.39	3.22	3.09	2.98	2.89	2.82	2.76	2.70	2.66	2.61	2.58	2.54	2.51	2.49	2.46	1.91
35	7.42	5.27	4.40	3.91	3.59	3.37	3.20	3.07	2.96	2.88	2.80	2.74	2.69	2.64	2.60	2.56	2.53	2.50	2.47	2.44	1.89
36	7.40	5.25	4.38	3.89	3.57	3.35	3.18	3.05	2.95	2.86	2.79	2.72	2.67	2.62	2.58	2.54	2.51	2.48	2.45	2.43	1.87
37	7.37	5.23	4.36	3.87	3.56	3.33	3.17	3.04	2.93	2.84	2.77	2.71	2.65	2.61	2.56	2.53	2.49	2.46	2.44	2.41	1.85
38	7.35	5.21	4.34	3.86	3.54	3.32	3.15	3.02	2.92	2.83	2.75	2.69	2.64	2.59	2.55	2.51	2.48	2.45	2.42	2.40	1.84
39	7.33	5.19	4.33	3.84	3.53	3.30	3.14	3.01	2.90	2.81	2.74	2.68	2.62	2.58	2.54	2.50	2.46	2.43	2.41	2.38	1.82
40	7.31	5.18	4.31	3.83	3.51	3.29	3.12	2.99	2.89	2.80	2.73	2.66	2.61	2.56	2.52	2.48	2.45	2.42	2.39	2.37	1.80
50	7.17	5.06	4.20	3.72	3.41	3.19	3.02	2.89	2.78	2.70	2.63	2.56	2.51	2.46	2.42	2.38	2.35	2.32	2.29	2.27	1.68
60	7.08	4.98	4.13	3.65	3.34	3.12	2.95	2.82	2.72	2.63	2.56	2.50	2.44	2.39	2.35	2.31	2.28	2.25	2.22	2.20	1.60
70	7.01	4.92	4.07	3.60	3.29	3.07	2.91	2.78	2.67	2.59	2.51	2.45	2.40	2.35	2.31	2.27	2.23	2.20	2.18	2.15	1.54
80	6.96	4.88	4.04	3.56	3.26	3.04	2.87	2.74	2.64	2.55	2.48	2.42	2.36	2.31	2.27	2.23	2.20	2.17	2.14	2.12	1.49
90	6.93	4.85	4.01	3.53	3.23	3.01	2.84	2.72	2.61	2.52	2.45	2.39	2.33	2.29	2.24	2.21	2.17	2.14	2.11	2.09	1.46
100	6.90	4.82	3.98	3.51	3.21	2.99	2.82	2.69	2.59	2.50	2.43	2.37	2.31	2.27	2.22	2.19	2.15	2.12	2.09	2.07	1.43
120	6.85	4.79	3.95	3.48	3.17	2.96	2.79	2.66	2.56	2.47	2.40	2.34	2.28	2.23	2.19	2.15	2.12	2.09	2.06	2.03	1.38
150	6.81	4.75	3.91	3.45	3.14	2.92	2.76	2.63	2.53	2.44	2.37	2.31	2.25	2.20	2.16	2.12	2.09	2.06	2.03	2.00	1.33
200	6.76	4.71	3.88	3.41	3.11	2.89	2.73	2.60	2.50	2.41	2.34	2.27	2.22	2.17	2.13	2.09	2.06	2.03	2.00	1.97	1.28
∞	6.63	4.61	3.78	3.32	3.02	2.80	2.64	2.51	2.41	2.32	2.25	2.18	2.13	2.08	2.04	2.00	1.97	1.93	1.90	1.88	1.00

例：分子自由度＝5，分母自由度＝50 时，$p(F>3.41)=0.01$。

数据来源：由 Stata 的 function invFtail 生成。

附录 8 χ^2 分布的上端临界值

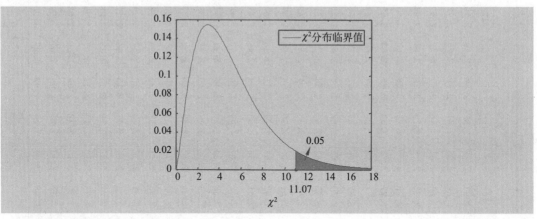

例如:Pr.$(\chi^2 > 11.07) = 0.05 (df = 5)$

自由度	显著性水平		
	0.10	0.05	0.01
1	2.71	3.84	6.63
2	4.61	5.99	9.21
3	6.25	7.81	11.34
4	7.78	9.49	13.28
5	9.24	11.07	15.09
6	10.64	12.59	16.81
7	12.02	14.07	18.48
8	13.36	15.51	20.09
9	14.68	16.92	21.67
10	15.99	18.31	23.21
11	17.28	19.68	24.72
12	18.55	21.03	26.22
13	19.81	22.36	27.69
14	21.06	23.68	29.14
15	22.31	25.00	30.58
16	23.54	26.30	32.00
17	24.77	27.59	33.41
18	25.99	28.87	34.81
19	27.20	30.14	36.19

续表

自由度	显著性水平		
	0.10	0.05	0.01
20	28.41	31.41	37.57
21	29.62	32.67	38.93
22	30.81	33.92	40.29
23	32.01	35.17	41.64
24	33.20	36.42	42.98
25	34.38	37.65	44.31
26	35.56	38.89	45.64
27	36.74	40.11	46.96
28	37.92	41.34	48.28
29	39.09	42.56	49.59
30	40.26	43.77	50.89
31	41.42	44.99	52.19
32	42.58	46.19	53.49
33	43.75	47.40	54.78
34	44.90	48.60	56.06
35	46.06	49.80	57.34
36	47.21	51.00	58.62
37	48.36	52.19	59.89
38	49.51	53.38	61.16
39	50.66	54.57	62.43
40	51.81	55.76	63.69
50	63.17	67.50	76.15
60	74.40	79.08	88.38
70	85.53	90.53	100.43
80	96.58	101.88	112.33
90	107.57	113.15	124.12
100	118.50	124.34	135.81
120	140.23	146.57	158.95
200	226.02	233.99	249.45
500	540.93	553.13	576.49
1 000	1 057.72	1 074.68	1 106.97

数据来源：由 Stata 的 function invchi2tail 生成。

附录9 DW检验：5%显著性水平下 d_L 和 d_U 的临界值（单侧检验）

n	k=2 d_L	k=2 d_U	k=3 d_L	k=3 d_U	k=4 d_L	k=4 d_U	k=5 d_L	k=5 d_U	k=6 d_L	k=6 d_U	k=7 d_L	k=7 d_U	k=8 d_L	k=8 d_U	k=9 d_L	k=9 d_U	k=10 d_L	k=10 d_U	k=11 d_L	k=11 d_U
6	0.610	1.400	—	—	—	—	—	—	—	—	—	—	—	—	—	—	—	—	—	—
7	0.700	1.356	0.467	1.896	—	—	—	—	—	—	—	—	—	—	—	—	—	—	—	—
8	0.763	1.332	0.559	1.777	0.367	2.287	—	—	—	—	—	—	—	—	—	—	—	—	—	—
9	0.824	1.320	0.629	1.699	0.455	2.128	0.296	2.588	—	—	—	—	—	—	—	—	—	—	—	—
10	0.879	1.320	0.697	1.641	0.525	2.016	0.376	2.414	0.243	2.822	—	—	—	—	—	—	—	—	—	—
11	0.927	1.324	0.758	1.604	0.595	1.928	0.444	2.283	0.315	2.645	0.203	3.004	—	—	—	—	—	—	—	—
12	0.971	1.331	0.812	1.579	0.658	1.864	0.512	2.177	0.380	2.506	0.268	2.832	0.171	3.149	—	—	—	—	—	—
13	1.010	1.340	0.861	1.562	0.715	1.816	0.574	2.094	0.444	2.390	0.328	2.692	0.230	2.985	0.147	3.266	—	—	—	—
14	1.045	1.350	0.905	1.551	0.767	1.779	0.632	2.030	0.505	2.296	0.389	2.572	0.286	2.848	0.200	3.111	0.127	3.360	—	—
15	1.077	1.361	0.946	1.543	0.814	1.750	0.685	1.977	0.562	2.220	0.447	2.471	0.343	2.727	0.251	2.979	0.175	3.216	0.111	3.438
16	1.106	1.371	0.982	1.539	0.857	1.728	0.734	1.935	0.615	2.157	0.502	2.388	0.398	2.624	0.304	2.860	0.222	3.090	0.155	3.304
17	1.133	1.381	1.015	1.536	0.897	1.710	0.779	1.900	0.664	2.104	0.554	2.318	0.451	2.537	0.356	2.757	0.272	2.975	0.198	3.184
18	1.158	1.391	1.046	1.535	0.933	1.696	0.820	1.872	0.710	2.060	0.603	2.258	0.502	2.461	0.407	2.668	0.321	2.873	0.244	3.073
19	1.180	1.401	1.074	1.536	0.967	1.685	0.859	1.848	0.752	2.023	0.649	2.206	0.549	2.396	0.456	2.589	0.369	2.783	0.290	2.974
20	1.201	1.411	1.100	1.537	0.998	1.676	0.894	1.828	0.792	1.991	0.691	2.162	0.595	2.339	0.502	2.521	0.416	2.704	0.336	2.885
21	1.221	1.420	1.125	1.538	1.026	1.669	0.927	1.812	0.829	1.964	0.731	2.124	0.637	2.290	0.546	2.461	0.461	2.633	0.380	2.806
22	1.239	1.429	1.147	1.541	1.053	1.664	0.958	1.797	0.863	1.940	0.769	2.090	0.677	2.246	0.588	2.407	0.504	2.571	0.424	2.735
23	1.257	1.437	1.168	1.543	1.078	1.660	0.986	1.785	0.895	1.920	0.804	2.061	0.715	2.208	0.628	2.360	0.545	2.514	0.465	2.670
24	1.273	1.446	1.188	1.546	1.101	1.656	1.013	1.775	0.925	1.902	0.837	2.035	0.750	2.174	0.666	2.318	0.584	2.464	0.506	2.613
25	1.288	1.454	1.206	1.550	1.123	1.654	1.038	1.767	0.953	1.886	0.868	2.013	0.784	2.144	0.702	2.280	0.621	2.419	0.544	2.560
26	1.302	1.461	1.224	1.553	1.143	1.652	1.062	1.759	0.979	1.873	0.897	1.992	0.816	2.117	0.735	2.246	0.657	2.379	0.581	2.513
27	1.316	1.469	1.240	1.556	1.162	1.651	1.084	1.753	1.004	1.861	0.925	1.974	0.845	2.093	0.767	2.216	0.691	2.342	0.616	2.470
28	1.328	1.476	1.255	1.560	1.181	1.650	1.104	1.747	1.028	1.850	0.951	1.959	0.874	2.071	0.798	2.188	0.723	2.309	0.649	2.431

续表

n	$k=2$		$k=3$		$k=4$		$k=5$		$k=6$		$k=7$		$k=8$		$k=9$		$k=10$		$k=11$	
	d_L	d_U	d_L	d_U	d_L	d_U	d_L	d_U	d_L	d_U	d_L	d_U	d_L	d_U	d_L	d_U	d_L	d_U	d_L	d_U
29	1.341	1.483	1.270	1.563	1.198	1.650	1.124	1.743	1.050	1.841	0.975	1.944	0.900	2.052	0.826	2.164	0.753	2.278	0.681	2.396
30	1.352	1.489	1.284	1.567	1.214	1.650	1.143	1.739	1.071	1.833	0.998	1.931	0.926	2.034	0.854	2.141	0.782	2.251	0.712	2.363
31	1.363	1.496	1.297	1.570	1.229	1.650	1.160	1.735	1.090	1.825	1.020	1.920	0.950	2.018	0.879	2.120	0.810	2.226	0.741	2.333
32	1.373	1.502	1.309	1.574	1.244	1.650	1.177	1.732	1.109	1.819	1.041	1.909	0.972	2.004	0.904	2.102	0.836	2.203	0.769	2.306
33	1.383	1.508	1.321	1.577	1.258	1.651	1.193	1.730	1.127	1.813	1.061	1.900	0.994	1.991	0.927	2.085	0.861	2.181	0.796	2.281
34	1.393	1.514	1.333	1.580	1.271	1.652	1.208	1.728	1.144	1.808	1.079	1.891	1.015	1.978	0.950	2.069	0.885	2.162	0.821	2.257
35	1.402	1.519	1.343	1.584	1.283	1.653	1.222	1.726	1.160	1.803	1.097	1.884	1.034	1.967	0.971	2.054	0.908	2.144	0.845	2.236
36	1.411	1.525	1.354	1.587	1.295	1.654	1.236	1.724	1.175	1.799	1.114	1.876	1.053	1.957	0.991	2.041	0.930	2.127	0.868	2.216
37	1.419	1.530	1.364	1.590	1.307	1.655	1.249	1.723	1.190	1.795	1.131	1.870	1.071	1.948	1.011	2.029	0.951	2.112	0.891	2.197
38	1.427	1.535	1.373	1.594	1.318	1.656	1.261	1.722	1.204	1.792	1.146	1.864	1.088	1.939	1.029	2.017	0.970	2.098	0.912	2.180
39	1.435	1.540	1.382	1.597	1.328	1.658	1.273	1.722	1.218	1.789	1.161	1.859	1.104	1.932	1.047	2.007	0.990	2.085	0.932	2.164
40	1.442	1.544	1.391	1.600	1.338	1.659	1.285	1.721	1.230	1.786	1.175	1.854	1.120	1.924	1.064	1.997	1.008	2.072	0.952	2.150
41	1.449	1.549	1.399	1.603	1.348	1.660	1.296	1.720	1.243	1.784	1.189	1.849	1.135	1.918	1.080	1.988	1.025	2.061	0.971	2.136
42	1.456	1.553	1.407	1.606	1.357	1.662	1.306	1.720	1.255	1.781	1.202	1.845	1.149	1.911	1.096	1.980	1.042	2.050	0.989	2.123
43	1.463	1.558	1.415	1.609	1.366	1.663	1.317	1.720	1.266	1.779	1.215	1.841	1.163	1.906	1.111	1.972	1.058	2.040	1.006	2.110
44	1.469	1.562	1.423	1.612	1.375	1.665	1.326	1.720	1.277	1.778	1.227	1.838	1.176	1.900	1.125	1.965	1.074	2.031	1.022	2.099
45	1.475	1.566	1.430	1.615	1.383	1.666	1.336	1.720	1.287	1.776	1.238	1.835	1.189	1.895	1.139	1.958	1.089	2.022	1.038	2.088
46	1.481	1.570	1.437	1.618	1.391	1.668	1.345	1.720	1.298	1.775	1.250	1.832	1.201	1.891	1.152	1.951	1.103	2.014	1.054	2.078
47	1.487	1.574	1.444	1.620	1.399	1.669	1.354	1.720	1.307	1.774	1.260	1.829	1.213	1.886	1.165	1.945	1.117	2.006	1.069	2.069
48	1.493	1.578	1.450	1.623	1.406	1.671	1.362	1.721	1.317	1.773	1.271	1.826	1.224	1.882	1.178	1.940	1.130	1.999	1.083	2.060
49	1.498	1.581	1.456	1.626	1.414	1.672	1.370	1.721	1.326	1.772	1.281	1.824	1.235	1.879	1.190	1.935	1.143	1.992	1.097	2.052
50	1.503	1.585	1.462	1.628	1.421	1.674	1.378	1.721	1.335	1.771	1.291	1.822	1.246	1.875	1.201	1.930	1.156	1.986	1.110	2.044
51	1.509	1.588	1.468	1.631	1.427	1.675	1.386	1.722	1.343	1.770	1.300	1.820	1.256	1.872	1.212	1.925	1.168	1.980	1.123	2.036
52	1.514	1.592	1.474	1.633	1.434	1.677	1.393	1.722	1.351	1.769	1.309	1.818	1.266	1.869	1.223	1.921	1.179	1.974	1.136	2.029
53	1.518	1.595	1.480	1.636	1.440	1.678	1.400	1.723	1.359	1.769	1.318	1.817	1.276	1.866	1.233	1.917	1.191	1.969	1.148	2.022
54	1.523	1.598	1.485	1.638	1.446	1.680	1.407	1.723	1.367	1.768	1.326	1.815	1.285	1.863	1.243	1.913	1.201	1.964	1.159	2.016

续表

n	$k=2$		$k=3$		$k=4$		$k=5$		$k=6$		$k=7$		$k=8$		$k=9$		$k=10$		$k=11$	
	d_L	d_U	d_L	d_U	d_L	d_U	d_L	d_U	d_L	d_U	d_L	d_U	d_L	d_U	d_L	d_U	d_L	d_U	d_L	d_U
55	1.528	1.601	1.490	1.641	1.452	1.681	1.414	1.724	1.374	1.768	1.334	1.814	1.294	1.861	1.253	1.909	1.212	1.959	1.170	2.010
56	1.532	1.605	1.495	1.643	1.458	1.683	1.420	1.725	1.382	1.768	1.342	1.812	1.303	1.858	1.263	1.906	1.222	1.954	1.181	2.004
57	1.536	1.608	1.500	1.645	1.464	1.684	1.426	1.725	1.389	1.768	1.350	1.811	1.311	1.856	1.272	1.903	1.232	1.950	1.192	1.999
58	1.540	1.610	1.505	1.647	1.469	1.686	1.433	1.726	1.395	1.767	1.358	1.810	1.319	1.854	1.281	1.900	1.242	1.946	1.202	1.994
59	1.545	1.613	1.510	1.650	1.474	1.687	1.438	1.727	1.402	1.767	1.365	1.809	1.327	1.852	1.289	1.897	1.251	1.942	1.212	1.989
60	1.549	1.616	1.514	1.652	1.480	1.689	1.444	1.727	1.408	1.767	1.372	1.808	1.335	1.850	1.298	1.894	1.260	1.939	1.222	1.984
61	1.552	1.619	1.519	1.654	1.485	1.690	1.450	1.728	1.415	1.767	1.379	1.807	1.342	1.849	1.306	1.891	1.269	1.935	1.231	1.980
62	1.556	1.622	1.523	1.656	1.490	1.692	1.455	1.729	1.421	1.767	1.385	1.807	1.350	1.847	1.314	1.889	1.277	1.932	1.240	1.976
63	1.560	1.624	1.527	1.658	1.494	1.693	1.461	1.730	1.427	1.768	1.392	1.806	1.357	1.846	1.321	1.887	1.285	1.929	1.249	1.972
64	1.563	1.627	1.532	1.660	1.499	1.695	1.466	1.730	1.432	1.767	1.398	1.805	1.364	1.844	1.329	1.884	1.293	1.926	1.258	1.968
65	1.567	1.629	1.536	1.662	1.503	1.696	1.471	1.731	1.438	1.767	1.404	1.805	1.370	1.843	1.336	1.882	1.301	1.923	1.266	1.964
66	1.570	1.632	1.539	1.664	1.508	1.697	1.476	1.732	1.443	1.767	1.410	1.804	1.377	1.842	1.343	1.880	1.309	1.920	1.274	1.961
67	1.574	1.634	1.543	1.666	1.512	1.699	1.481	1.732	1.449	1.768	1.416	1.804	1.383	1.841	1.350	1.879	1.316	1.917	1.282	1.957
68	1.577	1.637	1.547	1.668	1.516	1.700	1.485	1.733	1.454	1.768	1.422	1.803	1.389	1.840	1.356	1.877	1.323	1.915	1.290	1.954
69	1.580	1.639	1.551	1.670	1.521	1.701	1.490	1.734	1.459	1.768	1.427	1.803	1.395	1.838	1.363	1.875	1.330	1.913	1.297	1.951
70	1.583	1.641	1.554	1.672	1.525	1.703	1.494	1.735	1.464	1.768	1.433	1.802	1.401	1.838	1.369	1.874	1.337	1.910	1.305	1.948
71	1.586	1.644	1.558	1.673	1.528	1.704	1.499	1.736	1.468	1.769	1.438	1.802	1.407	1.837	1.376	1.872	1.344	1.908	1.312	1.945
72	1.589	1.646	1.561	1.675	1.532	1.705	1.503	1.737	1.473	1.769	1.443	1.802	1.412	1.836	1.382	1.871	1.350	1.906	1.319	1.943
73	1.592	1.648	1.564	1.677	1.536	1.707	1.507	1.737	1.478	1.769	1.448	1.802	1.418	1.835	1.387	1.869	1.357	1.904	1.326	1.940
74	1.595	1.650	1.568	1.679	1.540	1.708	1.511	1.738	1.482	1.769	1.453	1.801	1.423	1.834	1.393	1.868	1.363	1.902	1.332	1.938
75	1.598	1.652	1.571	1.680	1.543	1.709	1.515	1.739	1.487	1.770	1.458	1.801	1.428	1.834	1.399	1.867	1.369	1.901	1.339	1.935
76	1.601	1.654	1.574	1.682	1.547	1.710	1.519	1.740	1.491	1.770	1.462	1.801	1.433	1.833	1.404	1.866	1.375	1.899	1.345	1.933
77	1.604	1.656	1.577	1.683	1.550	1.712	1.523	1.741	1.495	1.770	1.467	1.801	1.438	1.832	1.410	1.864	1.380	1.897	1.351	1.931
78	1.606	1.658	1.580	1.685	1.554	1.713	1.527	1.741	1.499	1.771	1.471	1.801	1.443	1.832	1.415	1.863	1.386	1.896	1.357	1.929
79	1.609	1.660	1.583	1.687	1.557	1.714	1.530	1.742	1.503	1.771	1.476	1.801	1.448	1.831	1.420	1.862	1.392	1.894	1.363	1.927
80	1.611	1.662	1.586	1.688	1.560	1.715	1.534	1.743	1.507	1.772	1.480	1.801	1.453	1.831	1.425	1.861	1.397	1.893	1.369	1.925

续表

n	k=2 d_L	k=2 d_U	k=3 d_L	k=3 d_U	k=4 d_L	k=4 d_U	k=5 d_L	k=5 d_U	k=6 d_L	k=6 d_U	k=7 d_L	k=7 d_U	k=8 d_L	k=8 d_U	k=9 d_L	k=9 d_U	k=10 d_L	k=10 d_U	k=11 d_L	k=11 d_U
81	1.614	1.664	1.589	1.690	1.563	1.716	1.537	1.744	1.511	1.772	1.484	1.801	1.457	1.830	1.430	1.861	1.402	1.891	1.374	1.923
82	1.616	1.666	1.592	1.691	1.566	1.718	1.541	1.745	1.515	1.772	1.488	1.801	1.462	1.830	1.435	1.860	1.407	1.890	1.380	1.921
83	1.619	1.668	1.594	1.693	1.569	1.719	1.544	1.745	1.518	1.773	1.492	1.801	1.466	1.830	1.439	1.859	1.412	1.889	1.385	1.919
84	1.621	1.669	1.597	1.694	1.572	1.720	1.547	1.746	1.522	1.773	1.496	1.801	1.470	1.829	1.444	1.858	1.417	1.888	1.390	1.918
85	1.624	1.671	1.600	1.696	1.575	1.721	1.550	1.747	1.525	1.774	1.500	1.801	1.474	1.829	1.448	1.857	1.422	1.886	1.396	1.916
86	1.626	1.673	1.602	1.697	1.578	1.722	1.554	1.748	1.529	1.774	1.504	1.801	1.478	1.829	1.453	1.857	1.427	1.885	1.401	1.915
87	1.628	1.674	1.605	1.699	1.581	1.723	1.557	1.749	1.532	1.774	1.507	1.801	1.482	1.828	1.457	1.856	1.431	1.884	1.406	1.913
88	1.630	1.676	1.607	1.700	1.584	1.724	1.560	1.749	1.536	1.775	1.511	1.801	1.486	1.828	1.461	1.855	1.436	1.883	1.410	1.912
89	1.632	1.678	1.610	1.701	1.586	1.725	1.563	1.750	1.539	1.775	1.515	1.801	1.490	1.828	1.465	1.855	1.440	1.882	1.415	1.910
90	1.635	1.679	1.612	1.703	1.589	1.726	1.566	1.751	1.542	1.776	1.518	1.801	1.494	1.827	1.469	1.854	1.445	1.881	1.420	1.909
91	1.637	1.681	1.614	1.704	1.592	1.727	1.569	1.752	1.545	1.776	1.522	1.801	1.498	1.827	1.473	1.854	1.449	1.880	1.424	1.908
92	1.639	1.683	1.617	1.705	1.594	1.729	1.571	1.752	1.548	1.777	1.525	1.802	1.501	1.827	1.477	1.853	1.453	1.880	1.429	1.907
93	1.641	1.684	1.619	1.707	1.597	1.730	1.574	1.753	1.551	1.777	1.528	1.802	1.505	1.827	1.481	1.853	1.457	1.879	1.433	1.905
94	1.643	1.686	1.621	1.708	1.599	1.731	1.577	1.754	1.554	1.778	1.531	1.802	1.508	1.827	1.485	1.852	1.461	1.878	1.438	1.904
95	1.645	1.687	1.623	1.709	1.602	1.732	1.579	1.755	1.557	1.778	1.535	1.802	1.512	1.827	1.489	1.852	1.465	1.877	1.442	1.903
96	1.647	1.689	1.625	1.710	1.604	1.733	1.582	1.755	1.560	1.779	1.538	1.802	1.515	1.827	1.492	1.851	1.469	1.876	1.446	1.902
97	1.649	1.690	1.628	1.712	1.606	1.734	1.585	1.756	1.563	1.779	1.541	1.802	1.518	1.826	1.496	1.851	1.473	1.876	1.450	1.901
98	1.650	1.692	1.630	1.713	1.609	1.735	1.587	1.757	1.566	1.779	1.544	1.803	1.522	1.826	1.499	1.850	1.477	1.875	1.454	1.900
99	1.652	1.693	1.632	1.714	1.611	1.735	1.590	1.758	1.568	1.780	1.547	1.803	1.525	1.826	1.503	1.850	1.480	1.874	1.458	1.899
100	1.654	1.694	1.634	1.715	1.613	1.736	1.592	1.758	1.571	1.780	1.550	1.803	1.528	1.826	1.506	1.850	1.484	1.874	1.462	1.898
150	1.720	1.747	1.706	1.760	1.693	1.774	1.679	1.788	1.665	1.802	1.651	1.817	1.637	1.832	1.622	1.846	1.608	1.862	1.593	1.877
200	1.758	1.779	1.748	1.789	1.738	1.799	1.728	1.809	1.718	1.820	1.707	1.831	1.697	1.841	1.686	1.852	1.675	1.863	1.665	1.874
300	1.804	1.817	1.797	1.824	1.791	1.831	1.784	1.838	1.777	1.845	1.770	1.852	1.763	1.859	1.756	1.866	1.749	1.873	1.742	1.880
400	1.831	1.841	1.826	1.846	1.821	1.851	1.816	1.856	1.811	1.861	1.806	1.866	1.800	1.872	1.795	1.877	1.790	1.882	1.785	1.887
500	1.849	1.857	1.845	1.861	1.841	1.865	1.837	1.869	1.833	1.873	1.829	1.877	1.825	1.882	1.821	1.886	1.817	1.890	1.812	1.894
600	1.863	1.869	1.859	1.873	1.856	1.876	1.853	1.879	1.849	1.883	1.846	1.886	1.842	1.890	1.839	1.893	1.836	1.896	1.832	1.900

续表

n	$k=2$		$k=3$		$k=4$		$k=5$		$k=6$		$k=7$		$k=8$		$k=9$		$k=10$		$k=11$	
	d_L	d_U	d_L	d_U	d_L	d_U	d_L	d_U	d_L	d_U	d_L	d_U	d_L	d_U	d_L	d_U	d_L	d_U	d_L	d_U
700	1.873	1.879	1.870	1.882	1.867	1.884	1.864	1.887	1.861	1.890	1.859	1.893	1.856	1.896	1.853	1.899	1.850	1.902	1.847	1.905
800	1.881	1.886	1.879	1.889	1.876	1.891	1.874	1.894	1.871	1.896	1.869	1.899	1.866	1.901	1.864	1.904	1.861	1.907	1.859	1.909
900	1.888	1.893	1.886	1.895	1.884	1.897	1.882	1.899	1.879	1.902	1.877	1.904	1.875	1.906	1.873	1.908	1.870	1.911	1.868	1.913
1 000	1.894	1.898	1.892	1.900	1.890	1.902	1.888	1.904	1.886	1.906	1.884	1.908	1.882	1.910	1.880	1.912	1.878	1.914	1.876	1.916
1 500	1.914	1.916	1.912	1.918	1.911	1.919	1.910	1.920	1.908	1.922	1.907	1.923	1.906	1.924	1.904	1.926	1.903	1.927	1.902	1.929
2 000	1.925	1.927	1.924	1.928	1.923	1.929	1.922	1.930	1.921	1.931	1.920	1.932	1.919	1.934	1.918	1.935	1.917	1.936	1.916	1.937

n	$k=12$		$k=13$		$k=14$		$k=15$		$k=16$		$k=17$		$k=18$		$k=19$		$k=20$		$k=21$	
	d_L	d_U	d_L	d_U	d_L	d_U	d_L	d_U	d_L	d_U	d_L	d_U	d_L	d_U	d_L	d_U	d_L	d_U	d_L	d_U
6	—	—	—	—	—	—	—	—	—	—	—	—	—	—	—	—	—	—	—	—
7	—	—	—	—	—	—	—	—	—	—	—	—	—	—	—	—	—	—	—	—
8	—	—	—	—	—	—	—	—	—	—	—	—	—	—	—	—	—	—	—	—
9	—	—	—	—	—	—	—	—	—	—	—	—	—	—	—	—	—	—	—	—
10	—	—	—	—	—	—	—	—	—	—	—	—	—	—	—	—	—	—	—	—
11	—	—	—	—	—	—	—	—	—	—	—	—	—	—	—	—	—	—	—	—
12	—	—	—	—	—	—	—	—	—	—	—	—	—	—	—	—	—	—	—	—
13	—	—	—	—	—	—	—	—	—	—	—	—	—	—	—	—	—	—	—	—
14	—	—	—	—	—	—	—	—	—	—	—	—	—	—	—	—	—	—	—	—
15	—	—	—	—	—	—	—	—	—	—	—	—	—	—	—	—	—	—	—	—
16	0.098	3.503	—	—	—	—	—	—	—	—	—	—	—	—	—	—	—	—	—	—
17	0.138	3.378	0.087	3.557	—	—	—	—	—	—	—	—	—	—	—	—	—	—	—	—
18	0.177	3.265	0.123	3.441	0.078	3.603	—	—	—	—	—	—	—	—	—	—	—	—	—	—
19	0.220	3.159	0.160	3.335	0.111	3.496	0.070	3.642	—	—	—	—	—	—	—	—	—	—	—	—
20	0.263	3.063	0.200	3.234	0.145	3.395	0.100	3.543	0.063	3.676	—	—	—	—	—	—	—	—	—	—
21	0.307	2.976	0.240	3.141	0.182	3.300	0.132	3.448	0.091	3.583	0.057	3.705	—	—	—	—	—	—	—	—
22	0.349	2.897	0.281	3.057	0.220	3.211	0.166	3.358	0.120	3.495	0.083	3.619	0.052	3.731	—	—	—	—	—	—
23	0.391	2.826	0.322	2.979	0.259	3.129	0.202	3.272	0.153	3.409	0.110	3.535	0.076	3.650	0.048	3.753	—	—	—	—

续表

n	k=12 d_L	k=12 d_U	k=13 d_L	k=13 d_U	k=14 d_L	k=14 d_U	k=15 d_L	k=15 d_U	k=16 d_L	k=16 d_U	k=17 d_L	k=17 d_U	k=18 d_L	k=18 d_U	k=19 d_L	k=19 d_U	k=20 d_L	k=20 d_U	k=21 d_L	k=21 d_U
24	0.431	2.761	0.362	2.908	0.297	3.053	0.239	3.193	0.186	3.327	0.141	3.454	0.102	3.572	0.070	3.678	0.044	3.773	—	—
25	0.470	2.702	0.400	2.844	0.335	2.983	0.275	3.119	0.221	3.251	0.172	3.376	0.130	3.494	0.094	3.604	0.065	3.702	0.041	3.790
26	0.508	2.649	0.438	2.784	0.373	2.919	0.312	3.051	0.256	3.179	0.205	3.303	0.160	3.420	0.120	3.531	0.087	3.633	0.060	3.724
27	0.544	2.600	0.475	2.730	0.409	2.860	0.348	2.987	0.291	3.112	0.238	3.233	0.191	3.349	0.149	3.460	0.112	3.563	0.081	3.658
28	0.578	2.555	0.510	2.680	0.445	2.805	0.383	2.928	0.325	3.050	0.271	3.168	0.222	3.282	0.178	3.392	0.138	3.495	0.104	3.592
29	0.612	2.515	0.544	2.634	0.479	2.754	0.418	2.874	0.359	2.992	0.305	3.107	0.254	3.219	0.208	3.327	0.166	3.430	0.129	3.528
30	0.643	2.477	0.577	2.592	0.513	2.708	0.451	2.823	0.393	2.937	0.337	3.050	0.286	3.159	0.238	3.266	0.195	3.368	0.156	3.465
31	0.674	2.443	0.608	2.553	0.545	2.665	0.484	2.776	0.425	2.887	0.370	2.996	0.317	3.103	0.269	3.208	0.224	3.309	0.183	3.405
32	0.703	2.411	0.638	2.518	0.576	2.625	0.515	2.732	0.457	2.840	0.401	2.946	0.349	3.050	0.299	3.153	0.253	3.252	0.211	3.348
33	0.731	2.382	0.667	2.484	0.606	2.588	0.546	2.692	0.488	2.796	0.432	2.899	0.379	3.000	0.329	3.100	0.282	3.198	0.239	3.293
34	0.758	2.355	0.695	2.454	0.634	2.553	0.575	2.654	0.518	2.754	0.462	2.854	0.409	2.954	0.359	3.051	0.312	3.147	0.267	3.240
35	0.783	2.330	0.722	2.425	0.662	2.521	0.603	2.619	0.547	2.716	0.492	2.813	0.439	2.910	0.388	3.005	0.340	3.099	0.295	3.190
36	0.808	2.306	0.748	2.398	0.689	2.492	0.631	2.586	0.575	2.680	0.520	2.774	0.467	2.868	0.417	2.961	0.369	3.053	0.323	3.142
37	0.831	2.285	0.772	2.374	0.714	2.464	0.657	2.555	0.602	2.646	0.548	2.738	0.495	2.829	0.445	2.920	0.397	3.009	0.351	3.097
38	0.854	2.265	0.796	2.351	0.739	2.438	0.683	2.526	0.628	2.614	0.574	2.703	0.523	2.792	0.472	2.880	0.424	2.968	0.378	3.054
39	0.875	2.246	0.819	2.329	0.763	2.413	0.707	2.499	0.653	2.585	0.600	2.671	0.549	2.757	0.499	2.843	0.451	2.929	0.404	3.013
40	0.896	2.228	0.840	2.309	0.785	2.391	0.731	2.473	0.678	2.557	0.626	2.641	0.575	2.725	0.525	2.808	0.477	2.892	0.431	2.974
41	0.916	2.212	0.861	2.290	0.807	2.369	0.754	2.449	0.701	2.530	0.650	2.612	0.599	2.694	0.550	2.775	0.502	2.857	0.456	2.937
42	0.935	2.197	0.882	2.272	0.829	2.349	0.776	2.427	0.724	2.506	0.673	2.585	0.624	2.664	0.575	2.744	0.527	2.823	0.481	2.902
43	0.953	2.182	0.901	2.256	0.849	2.330	0.797	2.406	0.746	2.482	0.696	2.559	0.647	2.637	0.599	2.714	0.551	2.792	0.506	2.869
44	0.971	2.169	0.920	2.240	0.869	2.312	0.818	2.386	0.768	2.460	0.718	2.535	0.670	2.610	0.622	2.686	0.575	2.762	0.530	2.837
45	0.988	2.156	0.938	2.225	0.888	2.296	0.838	2.367	0.788	2.439	0.740	2.512	0.691	2.586	0.644	2.659	0.598	2.733	0.553	2.807
46	1.004	2.144	0.955	2.211	0.906	2.280	0.857	2.349	0.808	2.420	0.760	2.491	0.713	2.562	0.666	2.634	0.620	2.706	0.576	2.778
47	1.020	2.133	0.972	2.198	0.923	2.265	0.875	2.332	0.828	2.401	0.780	2.470	0.733	2.540	0.687	2.610	0.642	2.680	0.598	2.750
48	1.036	2.122	0.988	2.186	0.940	2.251	0.893	2.316	0.846	2.383	0.800	2.450	0.753	2.518	0.708	2.587	0.663	2.656	0.619	2.724
49	1.050	2.112	1.004	2.174	0.957	2.237	0.910	2.301	0.864	2.366	0.818	2.432	0.773	2.498	0.728	2.565	0.684	2.632	0.640	2.699

续表

n	k=12 d_L	k=12 d_U	k=13 d_L	k=13 d_U	k=14 d_L	k=14 d_U	k=15 d_L	k=15 d_U	k=16 d_L	k=16 d_U	k=17 d_L	k=17 d_U	k=18 d_L	k=18 d_U	k=19 d_L	k=19 d_U	k=20 d_L	k=20 d_U	k=21 d_L	k=21 d_U
50	1.064	2.103	1.019	2.163	0.973	2.225	0.927	2.287	0.882	2.350	0.836	2.414	0.792	2.479	0.747	2.544	0.703	2.610	0.660	2.675
51	1.078	2.094	1.033	2.153	0.988	2.212	0.943	2.273	0.898	2.335	0.854	2.398	0.810	2.461	0.766	2.524	0.723	2.588	0.680	2.653
52	1.091	2.085	1.047	2.143	1.003	2.201	0.959	2.260	0.915	2.321	0.871	2.382	0.827	2.443	0.784	2.506	0.742	2.568	0.699	2.631
53	1.104	2.077	1.061	2.133	1.017	2.190	0.974	2.248	0.931	2.307	0.887	2.367	0.845	2.427	0.802	2.488	0.760	2.549	0.718	2.610
54	1.117	2.070	1.074	2.124	1.031	2.180	0.989	2.236	0.946	2.294	0.903	2.352	0.861	2.411	0.819	2.470	0.778	2.530	0.737	2.590
55	1.129	2.062	1.087	2.116	1.045	2.170	1.003	2.225	0.961	2.281	0.919	2.338	0.877	2.396	0.836	2.454	0.795	2.512	0.754	2.571
56	1.140	2.055	1.099	2.108	1.058	2.161	1.017	2.215	0.975	2.270	0.934	2.325	0.893	2.381	0.852	2.438	0.812	2.495	0.772	2.553
57	1.152	2.049	1.111	2.100	1.071	2.152	1.030	2.205	0.989	2.258	0.949	2.313	0.908	2.368	0.868	2.423	0.828	2.479	0.788	2.536
58	1.163	2.043	1.123	2.092	1.083	2.143	1.043	2.195	1.003	2.247	0.963	2.301	0.923	2.354	0.883	2.409	0.844	2.464	0.805	2.519
59	1.173	2.037	1.134	2.085	1.095	2.135	1.055	2.186	1.016	2.237	0.977	2.289	0.937	2.342	0.898	2.395	0.859	2.449	0.821	2.503
60	1.184	2.031	1.145	2.079	1.106	2.127	1.068	2.177	1.029	2.227	0.990	2.278	0.951	2.330	0.913	2.382	0.874	2.434	0.836	2.487
61	1.194	2.026	1.156	2.072	1.118	2.120	1.080	2.168	1.041	2.218	1.003	2.267	0.965	2.318	0.927	2.369	0.889	2.421	0.851	2.473
62	1.203	2.020	1.166	2.066	1.129	2.113	1.091	2.160	1.053	2.208	1.016	2.257	0.978	2.307	0.941	2.357	0.903	2.407	0.866	2.458
63	1.213	2.016	1.176	2.060	1.139	2.106	1.102	2.153	1.065	2.200	1.028	2.248	0.991	2.296	0.954	2.345	0.917	2.395	0.880	2.445
64	1.222	2.011	1.186	2.055	1.149	2.100	1.113	2.145	1.077	2.191	1.040	2.238	1.003	2.286	0.967	2.334	0.931	2.383	0.894	2.432
65	1.231	2.006	1.195	2.049	1.160	2.093	1.124	2.138	1.088	2.183	1.052	2.229	1.016	2.276	0.980	2.323	0.944	2.371	0.908	2.419
66	1.239	2.002	1.204	2.044	1.169	2.087	1.134	2.131	1.099	2.176	1.063	2.221	1.027	2.266	0.992	2.313	0.956	2.360	0.921	2.407
67	1.248	1.998	1.213	2.039	1.179	2.082	1.144	2.125	1.109	2.168	1.074	2.212	1.039	2.257	1.004	2.303	0.969	2.349	0.934	2.395
68	1.256	1.994	1.222	2.035	1.188	2.076	1.154	2.118	1.119	2.161	1.085	2.205	1.050	2.249	1.016	2.293	0.981	2.338	0.947	2.384
69	1.264	1.990	1.231	2.030	1.197	2.071	1.163	2.112	1.129	2.154	1.095	2.197	1.061	2.240	1.027	2.284	0.993	2.328	0.959	2.373
70	1.272	1.987	1.239	2.026	1.206	2.066	1.172	2.106	1.139	2.148	1.105	2.190	1.072	2.232	1.038	2.275	1.005	2.318	0.971	2.362
71	1.280	1.983	1.247	2.022	1.214	2.061	1.182	2.101	1.149	2.141	1.115	2.182	1.082	2.224	1.049	2.266	1.016	2.309	0.983	2.352
72	1.287	1.980	1.255	2.018	1.223	2.056	1.190	2.095	1.158	2.135	1.125	2.176	1.092	2.217	1.060	2.258	1.027	2.300	0.994	2.342
73	1.294	1.976	1.263	2.014	1.231	2.052	1.199	2.090	1.167	2.129	1.135	2.169	1.102	2.209	1.070	2.250	1.038	2.291	1.005	2.333
74	1.301	1.973	1.270	2.010	1.239	2.047	1.207	2.085	1.176	2.124	1.144	2.163	1.112	2.202	1.080	2.242	1.048	2.283	1.016	2.324
75	1.308	1.970	1.277	2.006	1.247	2.043	1.215	2.080	1.184	2.118	1.153	2.156	1.121	2.195	1.090	2.235	1.058	2.275	1.027	2.315

续表

n	k=12 d_L	k=12 d_U	k=13 d_L	k=13 d_U	k=14 d_L	k=14 d_U	k=15 d_L	k=15 d_U	k=16 d_L	k=16 d_U	k=17 d_L	k=17 d_U	k=18 d_L	k=18 d_U	k=19 d_L	k=19 d_U	k=20 d_L	k=20 d_U	k=21 d_L	k=21 d_U
76	1.315	1.968	1.285	2.003	1.254	2.039	1.223	2.076	1.193	2.113	1.162	2.151	1.131	2.189	1.099	2.228	1.068	2.267	1.037	2.306
77	1.321	1.965	1.292	2.000	1.261	2.035	1.231	2.071	1.201	2.108	1.170	2.145	1.140	2.182	1.109	2.221	1.078	2.259	1.047	2.298
78	1.328	1.962	1.298	1.997	1.269	2.031	1.239	2.067	1.209	2.103	1.179	2.139	1.148	2.176	1.118	2.214	1.088	2.252	1.057	2.290
79	1.334	1.960	1.305	1.993	1.276	2.028	1.246	2.063	1.217	2.098	1.187	2.134	1.157	2.170	1.127	2.207	1.097	2.245	1.067	2.282
80	1.340	1.957	1.312	1.990	1.283	2.024	1.253	2.059	1.224	2.093	1.195	2.129	1.165	2.165	1.136	2.201	1.106	2.238	1.076	2.275
81	1.346	1.955	1.318	1.988	1.289	2.021	1.261	2.055	1.232	2.089	1.203	2.124	1.173	2.159	1.144	2.195	1.115	2.231	1.086	2.268
82	1.352	1.953	1.324	1.985	1.296	2.018	1.268	2.051	1.239	2.085	1.210	2.119	1.182	2.154	1.153	2.189	1.124	2.225	1.095	2.261
83	1.358	1.950	1.330	1.982	1.302	2.014	1.274	2.047	1.246	2.081	1.218	2.114	1.189	2.149	1.161	2.183	1.132	2.218	1.103	2.254
84	1.363	1.948	1.336	1.980	1.309	2.011	1.281	2.044	1.253	2.076	1.225	2.110	1.197	2.143	1.169	2.178	1.141	2.212	1.112	2.247
85	1.369	1.946	1.342	1.977	1.315	2.008	1.287	2.040	1.260	2.073	1.232	2.105	1.205	2.139	1.177	2.172	1.149	2.206	1.121	2.241
86	1.374	1.944	1.348	1.975	1.321	2.006	1.294	2.037	1.267	2.069	1.239	2.101	1.212	2.134	1.184	2.167	1.157	2.201	1.129	2.234
87	1.380	1.943	1.353	1.972	1.327	2.003	1.300	2.034	1.273	2.065	1.246	2.097	1.219	2.129	1.192	2.162	1.165	2.195	1.137	2.228
88	1.385	1.941	1.359	1.970	1.332	2.000	1.306	2.031	1.280	2.062	1.253	2.093	1.226	2.125	1.199	2.157	1.172	2.190	1.145	2.223
89	1.390	1.939	1.364	1.968	1.338	1.998	1.312	2.028	1.286	2.058	1.259	2.089	1.233	2.120	1.206	2.152	1.180	2.184	1.153	2.217
90	1.395	1.937	1.369	1.966	1.344	1.995	1.318	2.025	1.292	2.055	1.266	2.085	1.240	2.116	1.213	2.148	1.187	2.179	1.161	2.211
91	1.399	1.936	1.374	1.964	1.349	1.993	1.324	2.022	1.298	2.052	1.272	2.082	1.246	2.112	1.220	2.143	1.194	2.174	1.168	2.206
92	1.404	1.934	1.379	1.962	1.354	1.990	1.329	2.019	1.304	2.048	1.278	2.078	1.253	2.108	1.227	2.139	1.201	2.169	1.175	2.201
93	1.409	1.932	1.384	1.960	1.360	1.988	1.335	2.017	1.310	2.045	1.285	2.075	1.259	2.104	1.234	2.134	1.208	2.165	1.183	2.196
94	1.413	1.931	1.389	1.958	1.365	1.986	1.340	2.014	1.315	2.042	1.290	2.071	1.265	2.101	1.240	2.130	1.215	2.160	1.190	2.191
95	1.418	1.930	1.394	1.956	1.370	1.984	1.345	2.011	1.321	2.040	1.296	2.068	1.272	2.097	1.247	2.126	1.222	2.156	1.197	2.186
96	1.422	1.928	1.399	1.955	1.375	1.982	1.351	2.009	1.326	2.037	1.302	2.065	1.278	2.093	1.253	2.122	1.228	2.152	1.203	2.181
97	1.427	1.927	1.403	1.953	1.380	1.980	1.356	2.007	1.332	2.034	1.308	2.062	1.283	2.090	1.259	2.119	1.235	2.147	1.210	2.177
98	1.431	1.926	1.408	1.951	1.384	1.978	1.361	2.004	1.337	2.031	1.313	2.059	1.289	2.087	1.265	2.115	1.241	2.143	1.217	2.172
99	1.435	1.924	1.412	1.950	1.389	1.976	1.366	2.002	1.342	2.029	1.319	2.056	1.295	2.083	1.271	2.111	1.247	2.139	1.223	2.168
100	1.439	1.923	1.416	1.948	1.394	1.974	1.370	2.000	1.347	2.026	1.324	2.053	1.300	2.080	1.277	2.108	1.253	2.135	1.229	2.164
150	1.579	1.892	1.564	1.908	1.549	1.924	1.534	1.940	1.519	1.956	1.504	1.972	1.489	1.989	1.474	2.006	1.458	2.023	1.443	2.040

续表

n	$k=12$		$k=13$		$k=14$		$k=15$		$k=16$		$k=17$		$k=18$		$k=19$		$k=20$		$k=21$	
	d_L	d_U	d_L	d_U	d_L	d_U	d_L	d_U	d_L	d_U	d_L	d_U	d_L	d_U	d_L	d_U	d_L	d_U	d_L	d_U
200	1.654	1.885	1.643	1.897	1.632	1.908	1.621	1.920	1.610	1.931	1.599	1.943	1.588	1.955	1.577	1.967	1.565	1.979	1.554	1.991
300	1.735	1.887	1.728	1.894	1.721	1.902	1.714	1.909	1.707	1.916	1.699	1.924	1.692	1.931	1.685	1.939	1.678	1.946	1.670	1.954
400	1.780	1.893	1.774	1.898	1.769	1.903	1.764	1.909	1.759	1.914	1.753	1.919	1.748	1.925	1.743	1.930	1.737	1.936	1.732	1.941
500	1.808	1.898	1.804	1.902	1.800	1.907	1.796	1.911	1.792	1.915	1.787	1.919	1.783	1.924	1.779	1.928	1.775	1.932	1.770	1.937
600	1.829	1.903	1.825	1.907	1.822	1.910	1.818	1.914	1.815	1.917	1.811	1.921	1.808	1.924	1.804	1.928	1.801	1.931	1.797	1.935
700	1.844	1.908	1.841	1.911	1.838	1.914	1.835	1.917	1.832	1.920	1.829	1.923	1.826	1.926	1.823	1.929	1.820	1.932	1.817	1.935
800	1.856	1.912	1.853	1.914	1.851	1.917	1.848	1.919	1.846	1.922	1.843	1.925	1.841	1.927	1.838	1.930	1.835	1.933	1.833	1.935
900	1.866	1.915	1.863	1.918	1.861	1.920	1.859	1.922	1.857	1.924	1.854	1.927	1.852	1.929	1.850	1.931	1.847	1.934	1.845	1.936
1 000	1.874	1.918	1.872	1.920	1.870	1.922	1.868	1.924	1.866	1.927	1.864	1.929	1.862	1.931	1.859	1.933	1.857	1.935	1.855	1.937
1 500	1.900	1.930	1.899	1.931	1.898	1.933	1.896	1.934	1.895	1.935	1.894	1.937	1.892	1.938	1.891	1.939	1.889	1.941	1.888	1.942
2 000	1.915	1.938	1.914	1.939	1.913	1.940	1.912	1.941	1.911	1.942	1.910	1.943	1.909	1.944	1.908	1.945	1.907	1.946	1.906	1.947

注：n 为观察值的个数；k 为解释变量的个数，包括截距项。

数据来源：http://web.stanford.edu/~clint/bench/。

参 考 文 献

[1] 〔美〕阿德金斯，希尔. 应用Stata学习计量经济学原理[M]. 4版. 曹书军，等，译. 重庆：重庆大学出版社，2015.
[2] 〔美〕卡梅伦，特里维迪. 用Stata学微观计量经济学[M]. 肖光恩，等，译. 重庆：重庆大学出版社，2015.
[3] 〔美〕查特吉，哈迪. 例解回归分析[M]. 5版. 郑忠国，等，译. 北京：机械工业出版社，2013.
[4] 陈强. 高级计量经济学及Stata应用[M]. 北京：高等教育出版社，2010.
[5] 〔美〕格林. 计量经济分析[M]. 6版. 张成思，译. 北京：中国人民大学出版社，2011.
[6] 〔美〕古扎拉蒂，波特. 计量经济学基础[M]. 5版. 费剑平，译. 北京：中国人民大学出版社，2010.
[7] 〔美〕古扎拉蒂，波特. 经济计量学精要[M]. 4版. 张涛，译. 北京：机械工业出版社，2010.
[8] 〔美〕汉密尔顿. 应用STATA做统计分析[M]. 2版. 郭志刚，等，译. 重庆：重庆大学出版社，2011.
[9] 胡咏梅. 计量经济学基础与STATA应用[M]. 北京：北京师范大学出版社，2010.
[10] 〔美〕肯尼迪. 计量经济学指南[M]. 5版. 陈彦斌，等，译. 北京：中国人民大学出版社，2010.
[11] 〔美〕拉玛纳山. 应用经济计量学[M]. 5版. 薛菁睿，译. 北京：机械工业出版社，2003.
[12] 李子奈，潘文卿. 计量经济学[M]. 3版. 北京：高等教育出版社，2010.
[13] 〔美〕莫瑞. 现代计量经济学[M]. 费剑平. 译. 北京：机械工业出版社，2009.
[14] 潘文卿，李子奈. 计量经济学学习指南与练习[M]. 北京：高等教育出版社，2010.
[15] 庞皓. 计量经济学[M]. 2版. 北京：科学出版社，2010.
[16] 〔美〕平狄克，鲁宾费尔德. 计量经济模型与经济预测[M]. 4版. 钱小军，等，译. 北京：机械工业出版社，1999.
[17] 〔美〕施图德蒙德. 应用计量经济学[M]. 6版. 杜江，等，译. 北京：机械工业出版社，2011.
[18] 〔美〕斯托克，沃森. 计量经济学[M]. 3版. 沈根祥，孙燕，译. 上海：上海格致出版社，2012.
[19] Thomas R L. Modern Econometrics: an introduction[M]. Upper Saddle River: Prentice Hall，1996.

[20] 吴晓刚. 线性回归分析基础[M]. 上海：上海格致出版社，2011.
[21] 〔美〕伍德里奇. 计量经济学导论[M]. 5版. 张成思，等，译. 北京：中国人民大学出版社，2015.
[22] 〔美〕希尔，〔澳〕格里菲思，利姆. 计量经济学原理[M]. 4版. 邹洋，等，译. 大连：东北财经大学出版社，2013.
[23] 谢宇. 回归分析[M]. 北京：社会科学文献出版社，2013.
[24] 张晓峒. 计量经济学基础[M]. 4版. 天津：南开大学出版社，2014.